集群企业共享经济
环境规制与集群价值共创路径研究

Environmental Regulations and
Values Co-creating on Sharing Economics of Clustered Firms

何中兵◎著

·北 京·

图书在版编目（CIP）数据

集群企业共享经济环境规制与集群价值共创路径研究/何中兵著．
—北京：中国经济出版社，2018.12
ISBN 978-7-5136-5523-1

Ⅰ.①集… Ⅱ.①何… Ⅲ.①企业集群—企业管理—研究 Ⅳ.①F276.4

中国版本图书馆 CIP 数据核字（2019）第 001923 号

责任编辑　贺　静　郭国玺
责任印制　马小宾
封面设计　任燕飞工作室

出版发行　中国经济出版社
印 刷 者　北京富泰印刷有限责任公司
经 销 者　各地新华书店
开　　本　710mm×1000mm　1/16
印　　张　19.75
字　　数　338 千字
版　　次　2018 年 12 月第 1 版
印　　次　2018 年 12 月第 1 次
定　　价　68.00 元
广告经营许可证　京西工商广字第 8179 号

中国经济出版社 **网址** www.economyph.com **社址** 北京市西城区百万庄北街 3 号 **邮编** 100037
本版图书如存在印装质量问题，请与本社发行中心联系调换（联系电话：010-68330607）

序言 Preface

我的学生何中兵博士提出要我为他即将出版、基于博士学位论文修改完成的《集群企业共享经济环境规制与集群价值共创路径研究》一书写序，基于导师的职责，欣然同意是我自然而然的选择。

何中兵于2002年进入武汉大学商学院攻读企业管理硕士，当时他的研究方向是人力资源管理，毕业后去哈尔滨工业大学（威海）工作，成为一名高校教师。2009年经过几年的努力，他考入武汉大学经济与管理学院企业管理专业攻读博士，成为我的学生。

我的研究方向主要为管理学理论和企业战略管理理论，为企业管理专业的博士研究生开设了两门课程——管理学理论专题和企业战略管理理论专题。我一直认为，作为博士研究生，特别是作为学科发展历史较短的管理学博士研究生，应该在认真梳理管理学理论与企业战略管理思想、理论发展历程的基础上，以历史为经，以重要人物的思想、流派和著作为纬，较为深入地研究管理和企业战略管理的含义，组织管理和企业战略管理活动的基本特点，知晓理论发展的历史沿革、流派、人物和思想；熟悉管理学、企业战略管理研究的基本对象、基本问题，了解管理学、企业战略管理理论研究的主要逻辑、主要框架与主要脉络。我一直坚信，对这些基本问题辨不清、理不明就很容易在自我的研究、治学过程中陷于茫茫的丛林，游离在学术的边缘，甚至深陷难以自拔的混沌之中，而这些问题近年来正在中国管理学学科的发展中密集出现。

在企业战略管理理论专题的多年讲授中，我逐渐对迈克尔·波特（Michael E. Porter）的思想和理论有所偏好，很是欣赏他对哈佛大学商学院企业战略管理理论的继承（如肯尼斯·安德鲁斯的企业战略管理分析逻辑、SCP

分析模式等），以及被人们赞誉的框架分析①。可能，也应该是受我个人偏好的影响，何中兵也对波特情有独钟，他不仅较为详细地梳理了波特的思想，还尽自己的努力收集了波特发表的论文，编辑成册打印供自己学习，并送给我作为参考。在这本著作中，何中兵所依据的“集群”“结构—行为—绩效”等理论和分析方法，都可以看到波特熠熠生辉的思想光芒，体会到何中兵对波特思想的崇敬。

何中兵的读博历程可谓艰苦且漫长。他是一位非脱产的学生，要完成基本的教学、科研工作量，还要顾及家庭生活和孩子的学习成长，学习时间稀缺；他的学习过程不是那么连续，在攻读学位中还要不断地补充、完善自己的知识结构，学习、追赶快速发展的学科研究方法。

我们都知道，博士阶段的研究，特别是博士论文的撰写是学者学术生涯的重要起点，依据博士论文完善的《集群企业共享经济环境规制与集群价值共创路径研究》一书是何中兵新的科学研究起点的重要著作。在该书中，何中兵依据波特提出的集群理论，结合中国近一个时期经济转型、经济结构调整、互联网技术快速发展的大势，以及自己学校所在地区——威海市的产业发展状况开展了研究。集群理论是一个十分重要的理论，这是波特在探讨国家竞争优势中依据的一个经济现象和一个分析点。波特认为：“在《国家竞争优势》一书中，引入了‘集群’的概念，集群即指在某一特定区域下的一个特别领域，存在着一群相互关联的公司、供应商、关联产业和专门化的制度和协会。”“集群不仅仅降低交易成本，提高效率，而且改进激励方式，创造出信息、专业化制度、名声等集体财富。更为重要的是，集群能够改善创新的条件，加速生产率的成长，也更有利于新企业的形成。”② 从这些在20世纪90年代形成基本概念，对集群产生的巨大经济作用的表述中可以体会到集群对一个国家或地区竞争力形成、影响的重要性；在我国经济转型、经济和互联网技术快速的发展过程中，交易成本理论、协同消费理论和多边市场理论在解释集群问题的基本原理，运用集群提升地方经济的重要性；在自己研究工作中感兴趣的“双创”领域深化对集群问题理论、机理探索的意义。这些基本的问题都在何中兵的研究工作中得到了体现。

① 丹尼尔·A. 雷恩. 管理思想史［M］. 孙建敏，等，译. 北京：中国人民大学出版社，2009：476.
② 迈克尔·波特. 国家竞争优势［M］. 李明轩，等，译. 北京：华夏出版社，2002：2.

本书一共有七章，前三章主要是介绍、研究、分析和探索集群的相关概念，集群企业与其环境的关系，集群企业可持续发展的机理；随后的三章主要是对自己形成的观点和结论进行验证，正如前面已经提到的，在验证过程中，本书形成的观点得到了较好的证实。从整体上看，该书是对波特理论热爱到使用的一次尝试，也是在自己始终关注的“双创”领域研究的演练，更是结合中国经济转型过程中可以采用的集群问题的探讨。对集群问题感兴趣的读者可以在该书中了解到集群，特别是企业集群的基本概念、需要依赖的因素以及在当今经济和科学技术发展过程中需要关注的制度要素与运行机理。但在本书的撰写过程中，我一直在关注和提醒一个问题：如何将自己研究问题简略化、明了化？如何像波特那样将十分复杂的产业问题、企业战略问题的研究浓缩在“五力模型”“价值链”和“钻石模型”的分析框架中？又如何使用更为经典的理论在集群企业—共享经济环境规制—集群价值—共创路径问题之间修建更为宽阔和坚实的“桥梁”？

值得高兴的是，在何中兵完成博士论文答辩后，根据博士论文的研究内容，通过细化，已经在《中国软科学》上连续发表了自己的研究成果，这也从一个方面证明了，何中兵的研究思想正在得到学术界的认可和接纳。

该书即将付梓出版，作为何中兵的导师，我感到十分欣慰，也为何中兵的研究成就感到骄傲。与此同时，更希望本书出版后能够得到读者的意见和不同看法，接受实践的检验，为何中兵今后更为深入的研究打下基础、创造条件。

最后，祝愿何中兵在今后的学术道路上凭借着自己的聪明与智慧、踏实与勤奋，为中国的管理学理论、为中国的建设事业作出自己更大的贡献。

谭力文

2018 年初秋于武昌珞珈山

前言 Foreword

共享经济将改变人类未来的生活方式。在我国，共享经济是实现新旧功能转化、形成新业态、促进传统产业升级的重要途径。共享经济还可以突破产权约束，提高社会资源的配置效果，缩短社会等级差别，改善社会财富分配不均的状况，促进社会和谐与稳定。发展共享经济具有重要的经济意义和社会意义。

研究表明，共享经济的可持续发展面临着一些较为严重的问题。比如，作为准公共品的共享物品破坏严重，负的经济外部性突出，基于市场机制自发形成的共享经济自身也具有不可克服的缺陷。引导共享经济发展，需要发挥“有形之手”的作用，健全公共服务体系，规范市场机制，提高对共享经济过程的监督与控制。构建共享经济的环境规制体系至关重要。

共享经济可持续发展的核心在于企业共享经济模式的可持续发展能力。企业的共享经济模式打破了传统商业模式的束缚，通过互联网平台识别并创造用户价值，在动态的企业生态网络中实现价值转化，并通过有效的价值链治理维系或调整利益相关者结构。探求共享经济可持续发展模式，不能局限于平台方的利润获取，还需依法依规保障供给方和需求方的合法权利，实现多赢局面。因此，宏观层面和中观层面的共享经济可持续发展问题与微观层面的企业共享经济模式的可持续发展能力之间存在着内在的必然联系。

主流共享经济理论中有三种理论：交易成本理论、协同消费理论和多边市场理论。运用这些理论可以分别解释共享经济行为产生的诱因、动机以及实现共享产品或服务交易的市场特征。这些理论只能从一个或几个研究视角解释共享经济或企业共享经济模式中存在的问题，无法系统阐释共享经济或企业共享经济模式的可持续发展机理。在原有主流理论的基础上，有必要通过系统分析企业共享经济环境规制、共享经济路径选择以及共享经济效益之间的内在联系，阐释企业共享经济模式可持续能力的形成机理与治理机制。

产业集群是现代经济的主要表现形式，集群企业必将成为现代企业的组织方式。因此，要实证研究与拓展一般性的企业共享经济理论，可以把集群企业共享经济模式作为首选研究对象。

从选址动机、协同方式以及集群网络治理的特点分析，集群企业战略模式可以纳入企业共享经济模式范畴。理由如下：第一，降低交易成本是集群企业选址和共享产业聚合优势的主要动因；第二，集群企业的集群营销、协同生产、协同创新的动机和合作方式与协同消费具有相似的行为逻辑；第三，集群网络也具有多边市场机制，数字化平台在集群时空范围内具有更为有效的治理机制。实证研究进一步证明，共享经济环境诱因与共享途径中含有集群因素，而且共享经济的实施具有创造性破坏的过程特征，对原有经济结构、产业形态和演进趋势均具有显著影响。因此，集群企业共享经济模式的环境规制机制与战略选择之间存在着内在联系。

当集群企业战略纳入企业共享经济范畴后，集群企业共享经济诱因、产生共享经济环境约束以及共享经济可持续发展的战略路径之间便产生了依赖关系。集群企业利益相关者可以通过多边或双边治理机制影响企业选择共享经济的环境诱因、共享渠道以及利益分配机制。集群企业共享经济模式则影响产业集群资源配置、产业结构、竞争态势以及由此形成的演进趋势。产业集群的网络集群环境规制与集群企业共享经济模式相互作用，影响集群共享经济的可持续发展能力。

本书采用跨学科研究范式，在“结构—行为—绩效”架构下，系统研究集群企业共享经济模式的集群环境规制力量、实施共享经济的战略路径、组织设计以及由此产生的可持续发展能力。通过理论的整合与深化，形成了阐释集群企业共享经济的新概念和新命题，从而在产业集群时空中发展和完善企业共享经济理论。本书实现了三个方面的创新：

第一，系统分析了集群企业共享经济模式的环境诱因及其规制力量，针对交易成本理论存在的不足，通过理论分析和 CFA 检验，构建并验证了集群共享经济、集群社会资本、集群竞争力和集群选择力四个新概念。运用这些新概念及其测评方法，可以更全面而客观地分析影响集群企业管理者选择并实施共享经济模式的环境诱因、社会资本结构以及影响其战略选择的市场经济和社会选择的区域环境力量。

第二，比较与分析了实施集群企业共享经济模式的各种战略路径，针对协同消费理论中存在的不足，通过理论分析和实证检验，构建并检验了集群价值共创力、集群网络嵌入力、集群共享创新力和集群共享生产力四个新概念。运用这些概念及其测评方法，可以更为系统而深入地描述集群企业实施共享经济模式的有效战略路径、有效组织形式以及由此产生的可持续发展能力。

第三，运用新构建的概念，采用跨学科研究方式，系统分析了集群企业共享经济模式环境规制与战略选择之间的相互作用。针对多边市场理论中存在的不足，构建了三个结构方程模型，实证检验并讨论了影响集群企业共享经济模式可持续发展的集群共享经济价值转化路径、集群网络规制路径、集群价值共创路径特征，从而系统揭示集群企业共享经济的可持续发展机理。

目录 Contents

图目录

表目录

第一章

>>> 导 论

第一节 研究背景

依据十九大报告，我国将在中高端消费、创新引领、绿色低碳、共享经济、现代供应链、人力资本服务等领域培育新增长点，形成新动能（光明日报理论部，2018）。当前，共享经济方兴未艾，2017 年，中国共享经济行业市场规模达 39450 亿元，增长率为 76.4%，与此同时，共有 50 家共享企业倒闭和停业（祝乃娟，2017）。共享经济可持续发展的障碍涉及公共道德与社会监督（金培，2017）、边界与规模经济（周业安，2017）、新业态与传统产业的冲突（冯其予，2017）等经济或社会环境问题，主要因素则在于企业盈利模式的可持续性。

目前为此，三种主流理论可以用来解释企业共享经济模式的范式选择：交易成本理论、协同消费理论和多边市场理论（刘奕、夏长杰，2016），分别用于解释企业共享经济诱因、共享行为方式和多边市场机制。运用交易成本理论分析，数字化平台可以降低交易成本（搜索成本、联系成本和签约成本），促进共享经济的形成和繁荣（Rogers B，2015）。共享经济中社会关系主要依靠社会规范的互惠和约束机制（Owang J，2014），除了经济诱因，企业共享经济还有更多的社会诱因，如获取便利和高质量的服务（Bardhi F，2012）、增加社会联系（Golovin M，2015）、共享技术进步（Schor J，2016）和寻求实现可持续发展（Gurley B，2016）。交易成本理论的解释力具有片面性。片面强调经济诱因，会误导企业共享经济的目标以及战略选择。

总结协同消费理论成果，共享活动包含转售、交易、借租、租赁、赠予和交换等协同消费方式，可以突破共享物品所有权的约束，获取感知所有权的体验（Heinrichs，2013），所有权不再是消费者欲望的最终表现形式（Fraibergers，2015）。由于企业除了协同消费，还有协同采购、协同营销、协同生产和创新等多种其他共享活动形式，因此，协同消费理论具有局限性。将共享行为限定在消费领域，会影响企业共享经济的战略视野，限制共享经济活动的识别与利用。

依据多边市场理论描述，共享经济数字平台，在陌生人之间形成信任和互动机制及开放、包容和互惠的价值理念，盘活闲置资本，形成竞争市场，降低信息不对称性，通过模式创新冲击低效行业增加消费者福利（Heinrichs，2013）。这一理论强调市场竞争和信任机制的作用，但对于市场失灵和逆向选择的公共治理机制却缺乏有效解释。因为共享经济具有创造性破坏的过程特征（Rogers，2015），影响耐用品的分配（Heinrichs，2013），拉低传统产业的价格（Schor，20216），对刺激需求和控制供给均具有一定影响（Hagiu，2011）。多边市场理论的不完整性不能系统阐释共享经济多边治理的复杂的社会属性。

值得关注的是，这些理论囿于经济学范畴，没有从管理学视角分析企业共享经济环境诱因、协同方式以及多边治理机制之间的相互联系，没有立足于组织主体去研究影响企业共享经济模式可持续发展的系统动力。因此，如果不对现有主流理论加以发展和完善，借以有效解决企业共享经济模式中存在的现实问题，实现共享经济的可持续发展将会是水中月、镜中花。

由于大量实证研究结果已经暴露出主流理论中存在着严重不足，近年来学者们开始重视企业共享经济理论的基础性理论研究，热点主要集中在四个领域：①共享经济研究边界的廓清以及概念范畴；②共享经济的基本特征和理论本质；③共享经济技术介质的研究；④共享经济的规制方式。研究趋势表现为：①由现象向理论过渡；②跨学科、跨区域研究；③定量研究增多。

依据企业共享经济理论，通过数字平台降低交易成本是推动共享经济的主要诱因，协同消费是共享经济的主要表现方式，多边市场是实施共享经济的体制基础。从选址动机、协同方式以及集群网络治理的特点分析，集群企业战略模式可以纳入企业共享经济模式范畴。理由如下：第一，降低交易成本是集群企业选址和共享产业聚合优势的主要动因；第二，通过集群网络进行的集群营销、协同生产、协同创新等行为的动机和合作方式与协同消费具有相似的行为逻辑；第三，集群网络具有多边市场机制，数字化平台在集群时空范围内具有更为有效的治理机制。

实证研究文献表明，企业共享经济的环境诱因与共享途径中均含有集群因素，如获取便利和高质量的服务、增加社会联系、共享技术进步、寻求实现可持续发展。实证文献证实，共享经济具有创造性破坏的过程特征，共享经济影响耐用品的分配、拉低传统产业的价格，其定价方式对刺激需求和控制供给均具有一定影响。研究未来企业共享经济模式的可持续发展，既需要分析数字平台企业的动态价值共创过程，也需要研究网状共享系统中的价值传递过程与治理机制，还需要考察开放式创新生态和城市智慧化的影响，因此，在产业集群时空中研究共享经济行为具有合理性和现实性。

集群企业及其利益相关者形成了共享产业聚合优势、共同演进和共担风险的利益共同体，利益相关者可以通过集群网络中多边或双边治理机制影响企业的战略行为。集群企业的战略选择也会影响产业结构及其演进趋势。集群企业共享经济战略选择不能仅限于在简单地共享产业集群中的物品或资源。集群企业应该从促进集群体系良性运行、推动产业集群可持续发展的角度合理选择自身的角色作用和战略路径。因此，集群企业共享经济诱因、共享经济环境规制与共享战略路径选择之间存在着依存关系。

以集群企业共享经济模式为研究对象，运用跨学科研究范式，通过理论的整合与深化，在企业共享经济理论、组织理论和战略管理理论中可以贡献一些新概念和新命题。运用这些新成果，则可以更为有效地解释集群企业共享经济模式可持续发展路径的影响因素。

第二节 研究目的与意义

一、研究目的

本书旨在理论分析和实证检验集群企业实施共享经济模式的环境结构、治理机制以及提高共享经济模式可持续能力的有效战略、组织形式和战略绩效考评方法，在“结构—行为—绩效”架构下，系统阐述集群企业共享经济环境规制和价值共创的路径特征。

本书研究目标可以分解为三个子目标。

（1）集群共享经济环境规制机制

理论分析与实证检验产业集群环境中影响集群企业管理者选择并实施共享经济模式的环境诱因、协同方式与有效治理机制。

（2）企业共享经济可持续发展机理

理论分析和实证检验提高集群企业共享经济可持续发展能力的有效战略路径与组织形式以及战略绩效考评方法。

（3）集群共享环境与企业战略之间的交互作用

理论分析和实证检验集群共享经济环境规制力量对企业战略选择的影响，以及企业共享经济模式适应环境规制并产生可持续战略绩效的原因。

二、研究意义

（一）理论意义

主流共享经济理论有三种：交易成本理论、协同消费理论和多边市场理论，这些理论可以用来解释企业共享经济的诱因、行为动机和交易机制，但是不能揭示共享经济可持续发展的机理。将集群企业共享经济模式纳入企业共享经济范畴，可以拓展企业共享经济理论，理论创新可以为阐释集群企业共享经济模式的环境诱因、行为动机以及运行机制提供更为丰富的理论，为提高企业共享经济的可持续能力提供更为直接而系统的解释范式。

1. 丰富关于集群企业共享经济战略环境分析的理论

（1）构建的新概念（集群共享经济、集群社会资本）及其测评方法，可以更为全面地评估影响集群企业实施共享经济模式的环境诱因以及集群网络环境，克服交易成本理论的诱因单一性和多边市场理论忽略共享经济社会环境特征的不足。运用这两个概念，可以综合分析集群企业共享经济模式赖以产生的经济和社会基础，从而拓展主流共享经济理论的范畴。

（2）构建的新概念（集群竞争力和集群选择力）及其测评方法，可以更为系统地评价影响集群企业共享经济过程与结果的市场机制和社会选择，克服主流经济理论关于企业共享经济模式的环境诱因、动机与交易机制的不足。运用这两个概念，可以综合评价影响集群企业共享经济利益相关者结构与治理机制的经济力量和社会力量。

2. 丰富关于提高集群企业共享经济竞争优势的理论

（1）构建的新概念（集群价值共创力和集群网络嵌入力）及其测评方法，可以更为准确地评价集群企业共享经济模式的可持续发展能力，弥补主流共享经济理论以及战略和组织理论中关于企业共享经济可持续发展研究方面的不足。运用这两个概念，可以综合评价集群企业共享经济模式的可持续发展能力。

（2）构建的新概念（集群共享生产力和集群共享创新力）及其测评方法可以用来综合实施集群企业共享经济模式的战略绩效，弥补主流企业共享经济理论、战略和组织理论中缺乏评价集群企业共享经济战略绩效的不足。运用这两个概念，可以系统评价集群企业共享经济模式的战略绩效。

3. 整合了关于集群共享经济可持续发展的理论

运用新构建的8个新概念，构建出3个结构方程模型，经过实证检验后得出的系列结论在“结构—行为—绩效”架构下，可以系统阐释集群企业共享经济环境规制机制以及价值共创获取持续发展能力的路径特征。这些结论弥补了主流企业共享经济理论、战略管理和组织理论中关于集群企业共享经济环境规制与战略选择方面研究的不足。运用这些命题，可以分析集群企业共享经济模式的环境规制机制和可持续发展机理。

除了拓展主流企业共享经济理论、企业战略管理理论和组织理论之外，这些结论对我国产业和产业集群创新和升级也具有重要的理论意义。

产业集群已经成为现代经济的主要表现形式（Porter，1998）。经过近30年的改革开放，我国实现了从农业经济向工业经济的转型，并已跨越工业化中期阶段，产业集聚程度正在不断加深（中国人民大学宏观经济分析与预测课题组，2013）。2011年以后，宏观经济增长速度呈持续下滑趋势，来自供给侧和需求侧的变化，共同塑造了经济新常态（李杨，2014）。在经济新常态下，高速增长转型为中高速增长，经济结构不断优化升级，要素驱动、投资驱动转向创新驱动（习近平，2014）。产业结构调整和创新升级成为学术界研究的热点。

由于劳动力、土地等要素成本的快速上涨，资源环境约束的日益趋紧，中国工业发展所需要的比较优势成本逐渐被削弱，工业经济亟须通过构建新的竞争优势形成新的增长动力并实现高质量可持续发展（贺俊，2014）。发展中国家的经济发展过程，可以说是技术、产业、制度和区域的多元结构不断转化和升级的过程，在研究发展大国工业化的时候，应重点研究技术多元结构和产业多元结构的关系以及转化升级的机理（谭崇台，2014）。

因此，通过税收和其他振兴政策提高产业集群升级能力（洪俊杰，2014），通过提高产业融合能力、智能化水准、本土化程度、公共治理能力、共享大数据平台、发展众筹融资模式等多种方式进行产业结构调整，提高企业创新绩效和产业升级能力（胡立军等，2015），这些措施都难以从产业集群的内在动力机制系统方面来阐释结构调整和创新能力升级的演进机制。

环境规制是产业结构调整的新动力（原毅军等，2014），比如，提高绿色全要素生产力，需要强化环境的规制力（李斌等，2013），只有从产业结构调整的深层原因考察，改善现有结构，从生存机制和外部环境两个方面，寻找我国产业结构的特点及问题的内生驱动和扭曲因素以实现两者的兼容，才是合理确定我国产业结构调整基础与政策取向的关键所在（中国人民大学宏观经济分析与预测课题组，2013）。

产业集群是一种介于市场与层级组织之间的双边或多边治理的产业组织（Williamson，1989），体现着区域或国家的时空竞争优势（Porter，1998）。作为组成产业集群的主要实体，集群企业可以利用经济外部性构建相对于非集群企业的产业竞争优势和区域竞争优势（Porter，2008），同时，其战略行为反作用于产业集群的结构与演进过程，可改善或妨碍产业集群的演化过程（Bell，2009）。顺理成章地，关于产业结构调整与创新升级问题，可以选择在“结构—行为—绩效”架构下研究产业集群环境对集群企业战略导向的规制问题以及集群企业战略选择对于构建自身竞争优势、促进产业、产业集群结构调整和升级的多维路径问题。

因此，本书关于集群企业共享经济模式环境规制与价值共创路径研究为产业集群结构调整与升级理论提供了一个新的视角。

（二）实践意义

2015 年国务院印发的《关于进一步促进产业集群发展的指导意见》和《中国制造 2025》明确提出，要推动产业集群转型升级，引导中小企业集群式发展，创新与创业是调整产业结构、促进产业升级、推动区域经济发展、提高企业、产业和产业集群国际竞争力的根本路径。

2015 年威海市经信委依据国务院《关于进一步促进产业集群发展的指导意见》，提出了新信息产业集群的发展目标为研发生产高端新信息产品，加快培植骨干企业，重点打造计算机外设产品产业化基地，新信息企业自主创新能力显著增强，科技成果加速转化，到2016年实现销售收入1500亿元，到2018年实现销售收入2000亿元。

笔者以威海新信息产业集群中的企业为调研对象，研究内容包含集群企业共享经济环境规制和价值共创的多维路径特征。研究结论可以用来分析如何通过市场和社会选择调节集群企业集群网络结构与竞争态势，这对于威海市政府管理部门制定促进或调节新信息产业集群企业共享经济模式的公共政策具有参考价值。

研究还得出了集群企业共享经济模式可持续发展路径的一些新结论，可以用来分析集群企业如何选择有利于共享经济持续发展的战略路径和组织形式，如何评价集群企业共享经济模式的战略绩效。这些结论对集群企业管理者识别集群共享环境与制定有效共享经济模式具有指导意义。

由于我国乃至世界范围的产业集群的结构和研究规律都具有一定的相似性，以往关于产业、产业集群升级的研究成果不能从影响产业结构调整和升级的内源动力出发，对产业多元结构的关系和转化升级原理进行阐释。因此，本书的结论还可以借鉴其他区域类似新信息产业集群的结构调整和结构升级以及如何通过建设产业集群促进双创局面的公共管理和企业实践。

党的十九大报告明确将共享经济作为治国发展理念之一。共享经济是实现新旧功能转化、促进产业融合、提高产业结构调整与升级的重要途径，因此，本书结论对促进供给侧改革、提高“互联网+”背景下产业结构调整与升级均有一定的借鉴意义。

第三节 核心概念界定

采用跨学科研究范式，在结构—行为—绩效架构下，系统解析集群企业共享经济环境机制和集群价值共创路径特征的多个学科背景，需要界定一些适应于进行跨学科比较研究和理论整合分析的新概念。传统理论被区分为不同的理论范畴，主流企业共享经济理论以及关于集群企业的环境分析理论、组织理论、战略管理理论和制度理论并没有提供内涵一致的系列概念和命题。本书在主流理论基础上，通过理论的整合与深化构建了一些内涵相互联系可以用来系统分析集群企业共享经济环境规制与价值共创机制的核心概念及其相关定义。这些概念分为四组。第一组概念包括产业集群和集群企业，分别描述和界定了集群企业共享经济模式的环境和组织主体。第二组到第四组概念分别用来分析集群企业共享经济环境规制与价值共创路径特征。

第二组概念主要用来描述集群企业共享经济模式的环境属性。产业聚合时空用来分析产业集群时空结构，集群共享经济和集群社会资本用来评估有利于共享经济模式的集群共享经济和社会环境特征，集群竞争力和集群选择力用来评价影响集群企业战略行为的直接经济和社会力量。运用这组概念，可以系统分析集群企业共享经济模式赖以形成与持续发展的区域环境特征。

第三组概念主要用来分析利益相关者主导下的制度环境规制集群企业战略导向的社会选择机制。集群社会产权用来评估集群企业实施共享经济模式的资质要求，集群共享价值用来描述集群企业利益相关者的共同利益诉求，集群社会创业用来描述集群企业的理性战略行为，集群社会绩效用来评估利益相关者对集群企业社会创业所创造的共享价值的认可程度。集群共享合法性、集群共享声誉和集群共享地位则可以用来分析集群企业获取社会产权的必要条件，通过创造共享价值谋求共享经济模式持续发展的路径特征。

第四组概念用来分析和评价集群企业如何实现共享经济模式的可持续发展。集群价值共创力可以用来评价集群企业提高集群企业可持续发展能力的战略理性程度。集群网络嵌入力用来评价集群企业提高集群价值共创力所需的有效组织形式。集群共享竞争力用来评估集群企业共享经济模式的可持续发展能力，其中包括集群共享生产力和集群共享创新力，即采用共享经济模式所形成的生产力和创新力。

一、产业集群与集群企业

产业集群与集群企业是本书进行理论研究时使用的可以相互阐释的相关概念，产业集群是集群企业赖以与其他构成实体协同生产与创新的区域网络环境，集群企业是形成产业集群、影响产业集群结构、治理与演进机制的主要经济与社会实体。

（一）产业集群

依据 Porter（2008）的定义，产业集群是在特定的区域中相互作用的公司与相互联系的机构，通过共享与互补性连接而成的地理上接近的群体。这一概念不仅指出了其构成实体在空间上集中的这一地理接近性属性，更为重要的是，它强调了构成实体之间的相互作用与相互联系的网络关系以及这种网络关系具有竞争优势的结构特征。

本书运用这一概念来界定集群企业共享经济模式的战略环境，为运用与产业集群相关的理论来分析集群企业共享经济模式的时空环境结构、利益相关者结构及其治理机制、共享经济的存在形式、规制集群企业共享经济模式的制度环境特征等内容奠定理论基础。

（二）集群企业

多数学者认可的权威概念是：集群企业是在区域网络的基础上，通过各种方式发展非贸易联系从而提高其创新与竞争能力的企业（Scott & Storper，1989）。本书第三章将集群企业置于产业聚合体系中，运用制度理论和组织理论解析其多元角色后，将其界定为在具有多重时空结构的产业聚合体系中扮演多元角色并需要服从多维制度逻辑，可以通过整合产业经济、网络经济、区域经济和全球化经济优势，提高不同时空范围内竞合优势的混合组织。

集群企业是区别于传统企业的混合性组织。由于主流战略和组织理论均源于非集群企业的研究，运用这些理论难以完整地揭示集群企业的本质属性，因此，有必要对其进行界定。

二、集群共享经济时空环境属性概念

产业集群是集群企业组采用共享经济模式所具有区域特色的经济社会环境。有关产业集群的研究成果均可作为研究产业集群结构与演进趋势的理论依据。在课题研究中，需要将产业集群理论转化为集群企业战略环境分析的范式，从不同角度解读集群企业战略环境的需要，构建适用于集群企业共享经济模式环境分析的理论概念。

（一）产业聚合时空

以产业集群多学科解释范式为依据，可以将产业聚合时空界定为产业聚合体系形成和影响的地理和制度约束范围，包括自然环境、要素市场、制度体系、实体关系的治理与演进机制等要素，具有地理时空、网络时空以及制度时空三重含义。

产业聚合时空中具有同质性产业集聚时空、集群网络、钻石体系以及全球价值链治理等四个层面的时空结构，不同的时空范围存在着不同形式的共享经济，存在着多元利益相关者以及多维制度逻辑（社会福利逻辑、商务逻辑、公共部门逻辑和混合逻辑）以及动态社会选择机制。

通过对产业聚合体系时空结构和制度环境的分析，本书提出，用集群共享经济和集群社会资本来描述集群企业共享经济模式所处环境的基本经济和社会属性，用产业竞争力和社会选择力来刻画影响集群企业战略行为的经济力量和社会力量。这四种产业聚合要素相互影响、共同影响集群企业的战略行为。

（二）集群共享经济

运用产业集群理论，分析产业集群中存在的有利于企业共享和发展的经济外部性如共享基础设施、公共服务和知识溢出效应等，产业集群的这些环境特征都可以成为集群企业选择共享经济模式的重要诱因。但是，在主流共享经济理论中，只有降低交易成本和协同消费两种解释范式，因此，构建集群共享经济概念可以更为系统而真实地揭示集群企业选择共享经济模式的环境诱因。

整合产业集群理论和共享经济理论，可以构建集群共享经济的概念。集群共享经济是指集群企业实施共享经济模式时的集群环境诱因，其中既包括降低交易成本的经济诱因，也包该诱因以外的其他诱因，即利用产业聚合优势，通过共享区域性经济资源，降低交易成本、盘活存量资产、减少基础性投入，提高持续创新能力和生产能力。

依据共享集群经济资源类别对集群企业共享经济模式持续竞争优势可能产生的影响，可以将这些诱因分为三类。一类是共享经济资源，如共享基础设施、剩余物品、创意、技术等，这类诱因与直接减少创新和生产费用相关。第二类是共享公共服务，这类诱因与降低交易成本相关，包括降低搜索成本、联系成本和签约成本。第三类是共享市场机制，这类诱因源于同质性产业集聚和良好的市场竞争机制可以减少机会主义，增加共享经济的选项，从而降低因共享而产生的路径锁定风险。

（三）集群社会资本

除了集群共享经济，集群网络也为集群企业实施共享经济模式提供了便利的区域条件。集群企业可以利用集群网络更好地识别共享经济机会，整合产业集群共享经济资源，提高经济效率和经济效益。集群企业可以通过集群网络优先与其他国内或国际的产业集群进行沟通或建立潜在的联系，构建共享经济网络。集群企业可以通过选择供应商、顾客以及竞争战略塑造集群网络结构与竞争态势，影响产业集群结构和演进趋势。

集群企业是否以及如何嵌入集群网络，则会受集群网络属性的影响。集群网络通过市场机制和利益相关者的关系治理影响集群企业的集群意识并规制集群企业的战略导向。集群企业只有服从集群网络的制度逻辑，才能嵌入集群网络之中并实施共享经济模式。集群企业管理者需要有意识地构建并治理企业所能利用的网络资源，提高实施共享经济模式的网络能力。

依据集群企业影响钻石体系和产业集群良性发展的角色作用，以及集群网络规制集群价值共创导向的社会属性，可以用集群社会资本来描述影响集群企业共享经济模式的产业集群网络结构特征。集群社会资本是指存在于集群企业及其协同组织之间便于集群企业识别共享经济机会、整合共享经济资源、协调集群价值共创过程、提高集群价值共创的区域性网络属性。

（四）集群竞争力

市场竞争是推动集群共享体系演进与发展的内在动力，也是优化共享经济资源配置的体制基础。共享经济理论解释了共享经济的动机、行为以及多边交易现象，但是忽略了市场竞争因素。凡是企业主体行为，均存在市场竞争。集群企业只有具备了足够的产业竞争能力，才能共享经济模式持续发展。要想深入了解影响集群企业共享经济可持续发展能力的集群企业共享环境特征，就必须分析其中的市场竞争力。

借鉴波特的五力模型，可以构建“集群竞争力”的概念来描述影响集群企业共享经济盈利能力的市场影响力。集群竞争力是指产业集群中影响集群企业行为经济价值导向的产业竞争力，其中包括供应商的讨价还价能力、顾客的讨价还价能力、同行竞争力、潜在进入者的竞争力以及替代品生产者的竞争力。

集群竞争力是塑造产业竞争态势的基本因素，影响集群企业共享经济模式盈利空间的大小，是促使企业持续投资和创新的基本力量，也是推动产业集群创新与升级以及钻石体系良性运行的体制基础。因此，集群竞争力可以被视为影响集群企业共享经济模式的重要环境因素，是影响共享经济产业竞争态势的决定力量，是选择提高竞争优势的有效战略路径和依据，也是促使集群企业持续投资和创新的动力。

（五）集群选择力

产业集群中除了集群竞争力这种源于市场机制的作用力之外，还有政府部门及其管理机构等利益相关者通过双边或多边治理机制影响集群企业的战略行为。这种作用力源于利益相关者之间的博弈，促使集群企业满足具有多维结构的共享价值诉求。这种力量不同于市场竞争，而是通过制度逻辑来约束集群企业的共享经济模式，可以称之为社会选择力。

社会影响力形成于利益相关者双边或多边治理机制，影响集群企业实施共享经济模式所应该满足的共享价值结构与治理机制，促使集群企业通过创造共享价值提高其合法性、声誉和社会地位。在本书中，将这种影响集群企业共享经济模式可能创造的共享价值结构与治理机制的社会力量被称为“集群选择力”。集群选择力，是指集群企业利益相关者主导的影响集群共享经济体系中共享价值结构与治理机制的社会影响力。

集群选择力中的利益相关者包括政府管理机构、行业协会、消费者协会、公共媒体、工会等，这些利益相关者是社会不同群体利益的代表，具有不同的利益诉求。在产业集群的多边治理机制中，集群企业共享经济模式的利益相关者具有影响集群企业共享价值结构、协调共享经济资源配置、平衡共享经济收益、谋求共享经济可持续发展的社会监督和管理功能。由于集群企业共享经济模式有利于盘活产业集群中存量资产、提高协同创新和生产能力、催生新业态、促进产业和升级能力，因此，促进集群共享经济模式可持续发展必然是利益相关者主导的集群选择力的价值导向。

三、集群共享经济体系制度约束概念

产业聚合时空中存在影响集群企业战略行为的经济力量和社会力量，集群企业共享经济模式的利益相关者在双边和多边治理机制下提出诉求，并通过由此形成的制度逻辑约束集群企业的战略导向。集群企业在组织和实施共享经济模式时，需要得到利益相关者的认可、监督与评价。

为了系统分析集群共享经济体系制度约束机制，本书依据主流的制度和组织理论，构建了集群社会产权、集群共享价值、集群社会创业、集群社会绩效、集群共享合法性、集群共享声誉和集群共享地位共七个概念。运用这些概念，可以系统解析集群企业利益相关者如何通过制度逻辑约束集群企业的战略导向，集群企业如何通过共享经济模式为利益相关者创造共享价值并在集群共享经济体系中持续发展。

集群社会产权、集群共享价值、集群社会创业和集群共享绩效可以被用来界定集群企业共享经济模式的社会资质、价值导向、战略路径以及绩效评价方式。集群共享合法性、集群共享声誉和集群共享地位则可以用来具体解析集群企业实施共享经济模式时，在共享经济体系中所面临的制度约束条件以及集群企业共享经济模式的可持续发展路径。

（一）集群社会产权

依据产权理论和制度理论，将集群社会产权界定为集群企业实施共享经济模式的集群成员资质。只有获得了集群社会产权的企业才能实施集群共享经济模式，通过多维的创造共享价值的战略路径整合共享的产业经济、网络经济、区域经济和全球化经济等体制优势，形成集群共享优势，并在集群共享经济体系中放大利润池带来的利益。

集群企业共享经济模式的利益相关者通过集群社会产权分析来判断其集群共享价值、创造共享价值的路径和绩效是否符合集群共享经济体系的制度逻辑。集群社会产权集中体现了产业聚合时空中利益相关者主导的规制集群企业战略行为的制度要求。只有获得了社会产权的集群企业才可以嵌入产业聚合体系之中，并在合法性、声誉和地位基础上的动态社会选择机制下履行创造集群共享价值的集群社会责任。集群企业的利益相关者则依据集群社会产权的界定，对集群企业共享经济模式的合法性加以分析和甄别，依据集群企业共享经济模式所创造的共享价值来评估集群企业的社会绩效。

（二）集群共享价值

在集群共享经济体系中，分布于不同产业聚合时空范围的利益相关者具有不同的利益诉求。在集群意识和共享经济制度逻辑的约束下，集群企业及其利益相关者具有共同的利益诉求，即集群共享价值。集群共享价值是集群共享经济体系中所有利益相关者相互博弈的结果，代表集群共享经济体系的整体优化和长远发展的价值导向。

依照集群企业的利益相关者结构和治理机制特点，本书将集群共享价值界定为：在集群共享体系中受利益相关者集群意识主导的旨在追求优化共享经济结构、需求共享经济可持续发展的共同利益诉求。集群共享价值可以用来评价集群社会产权的价值导向，即获取集群社会产权的集群企业具有满足利益相关者集群共享价值的社会责任。

（三）集群社会创业

集群企业共享价值模式需要获取集群社会产权并满足集群共享价值所界定的利益诉求。这一制度约束特点决定了集群企业共享经济模式需要为利益相关者创造共享价值。集群企业只有具备了创造共享价值的能力，才能获取集群共享产权，只有不断地创造集群共享价值，满足多维利益相关者的利益诉求，才能在集群共享经济体系中持续发展。

依据波特教授（2012）提出的创造共享价值理论分析，集群企业通过满足集群共享价值实现可持续发展的战略行为可纳入社会创业范畴。通过整合波特的创造共享价值理念以及社会创业理论，在解析集群企业组织性质及其整合共享产业聚合经济优势的时空路径特征之后，本书将集群企业社会创业界定为：在产业共享经济体系的制度约束下获取社会产权的集群企业，通过多维共享经济路径提供或消费共享经济资源，整合共享经济体系优势，满足共享经济模式中利益相关者共享价值需求的公司政策和营运活动。

（四）集群共创绩效

集群企业通过集群社会创业方式创造集群共享价值，从而谋求集群共享经济模式的可持续发展，由此产生的企业绩效跨越了传统意义的组织边界，不仅涉及企业自身的竞争优势问题，还涉及对协同组织、产业集群和钻石体系健康发展所做出的贡献。因此，有必要构建集群社会绩效概念，以此来评估集群企业社会创业形成的社会认同程度。集群企业利益相关者可以依据集群社会绩效对集群企业的合法性、声誉进行判断，并付诸必要行为来影响其地位的变迁趋势。

依据组织理论和制度理论分析，集群企业需要通过集群社会创业来实现必要的社会绩效，获取合法性，积累声誉并谋求地位变迁。这种社会绩效建立在共享产业聚合优势基础上，源于集群企业创造共享价值的一系列价值链活动，因此，可以将集群企业社会创业绩效称为集群共创绩效。在本书中，集群企业共创绩效的定义为：在多边或双边治理机制下，集群企业扮演多种角色，整合产业聚合体系优势，通过生产社会产品或服务来创造共享价值并获取利益相关者的满意度。

集群共创绩效的测度指标，除了一般意义上反映企业竞争优势的生产力和创新能力指标外，还包含集群企业共享经济模式对集群共享体系聚合时空中的产业经济、网络经济、区域经济和全球化经济的所创造有利于集群共享体系可持续发展的集群共享价值，属于多维网络组织绩效。

（五）集群共享合法性

依据主流制度和组织理论，合法性是社会参与者依据对组织的认知，对组织尊敬程度的判断，或者依据认知与判断的结果所表现出来的接受、认可等态度。组织参与者的合法性判断体现出一种社会控制机制：通过赋予合法性，鼓励这些组织提高组织结构的合理性或者增加有益于社会参与者、社会群体和整个社会状况的社会实践活动。

利益相关者主导的合法性判断是影响集群企业能否获取集群社会产权、集群社会创业方式是否得到认可、集群社会绩效如何的依据。利益相关者依据通过合法性赋予的内涵，依照集群共享经济体系中的制度逻辑来影响和约束集群企业的战略行为、规制集群企业共享经济模式的营运活动。

依据一般意义的企业合法性定义，本书将集群企业的合法性界定为集群共享合法性，即：在产业聚合时空结构中，集群企业利益相关者对集群企业是否具有集群社会产权、是否具有创造集群共享价值的意愿和能力以及其集群社会绩效是否能满足集群共享经济体系中集群共享价值的利益诉求等问题所进行的认知、判断以及由此产生的接收或认可态度。

（六）集群共享声誉

声誉是用来考察社会动态选择机制的概念。依据组织理论，声誉源于企业过去的行动以及履行行动的特定方式，反映了局外人对组织行动的期望或组织的信仰。评价声誉的维度包括质量绩效、能代表企业特征的市场知识、为利益相关者创造价值的能力、满足多重利益相关者期望的过程中所取得的相关的成就，等等。概而言之，声誉是利益相关者对于组织在满足多元利益相关者的期望与要求时所做的总结。

与一般意义的企业声誉相比，集群企业的声誉评价者分布在产业共享经济体系聚合时空中，具有层次分明的多维利益诉求。社会福利逻辑、商务逻辑、公共部门逻辑以及混合逻辑均可作为集群共享声誉分析与判断的基础。在双边或多边治理机制的作用下，集群企业与利益相关者之间形成了关系更为密切的利益共同体，因此，声誉评价对于集群企业地位变迁具有更为显著的影响。更为重要的是，在集群意识支配下，集群共享绩效是集群共享声誉评价的核心内容。

依据组织理论中关于声誉的定义、集群企业属性、利益相关者诉求以及声誉的制度作用，可以将集群共享声誉界定为：利益相关者依据集群企业社会创业所产生的集群共享绩效，对集群企业的集群共享价值所作出的评价。集群共享声誉是利益相关者对于集群共享绩效评价和集群企业创造共享价值的预期。集群共享声誉评价直接影响着集群企业在集群共享经济体系中获取机会、资本与人员的能力，进而影响其集群共享地位。

（七）集群共享地位

在组织理论中，与声誉相关的另一概念是地位。地位具有多重内涵，如：社会总体中某个行动者的声誉地位、存在于人与人之间的与威信与尊重相关的等级关系；在给定的社会结构中，由主体间商定与接受的关于个体、群体、组织或者一个社会系统中活动的秩序或等级；在特定社会结构中，企业所拥有的由其层级位置所决定的声誉，等等。总之，企业地位是在特定的社会结构中由主体协商与接受的与声誉相匹配的秩序与等级。

在集群共享经济体系中，集群企业的地位与集群网络的闭合性、中心性以及价值链位置相关，集群共享产品与服务在市场中的声誉，集群企业在要素市场中、金融市场以及协同生产与创新过程中的声誉也会影响企业在集群共享经济体系中的受尊重程度，集群企业的地位体现了在集群共享绩效综合评价基础上的集群共享经济体系中的等级与秩序。

运用组织理论的一般性定义，结合集群共享经济体系的时空结构和治理机制特征，本书将集群共享地位界定为在集群共享经济体系中，位于不同层级结构的利益相关者通过双边或多边关系与治理机制，在集群共享绩效评价基础上，通过与集群企业的谈判、协商或者资质认证与监管所形成的与集群企业声誉相匹配的秩序与等级。

四、集群企业共享经济可持续模式概念

随着产业集群成为现代经济的主要表现形式，集群企业相应地成为现代组织的主要组织方式。主流企业管理理论均源于对非集群企业管理行为的研究。现有的企业战略管理和组织理论并不能有效阐释集群企业如何在集群共享经济体系中构建可持续发展的竞争优势，为此，本书构建了实现集群企业共享经济模式可持续发展的新概念：集群价值共创力、集群网络嵌入力、集群共享竞争力、集群共享生产力和集群共享创新力。这些新概念的内涵与前面一些阐释集群共享经济体系环境规制机制的新概念相呼应，可以一起用来

分析结构—行为—绩效架构下集群共享经济体系规制集群企业共享经济行为，以及集群企业通过创造共享价值实现共享经济模式可持续发展的路径特征。

（一）集群价值共创力

战略和组织是构建企业竞争优势的两个核心要素。传统的战略管理理论中并没有适合描述集群企业提高共享经济模式可持续发展能力的战略路径概念。依据集群共享经济体系规制集群企业战略行为的制度环境特征，集群企业需要服从多维制度逻辑，通过创造集群共享价值获取集群共享产权，积累集群共享声誉，凭借集群共创绩效谋求有利的社会的地位。在本书中，集群企业通过集群社会创业提高共享经济模式可持续发展能力的能力被称为集群价值共创力。

综合企业共享经济理论和创造共享价值理论，可以用集群价值共创力来描述集群企业实现共享经济可持续发展的战略执行力。集群价值共创力是指集群企业在集群共享经济诱因的影响下，在利益相关者主导的治理机制约束下，以社会创业方式创造集群范围内共享价值，实现共享经济可持续发展的集群共享战略能力。这是实现集群共享经济可持续发展的第一个基石。

依据波特提出的创造共享价值的战略路径特征和社会创业属性分析，可以从三个维度来评价集群价值共创力。一是可持续支持度，对企业的环境保护、不可再生资源的利用、弱势群体的关爱等社会责任感进行评价；二是协同的主动性，即是否主动共享剩余物品、互惠技术、空闲生产力或技术员工，是否进行协同生产或创新；三是竞争积极性，即是否主动投资创新，是否选择更高的质量标准，通过积极塑造竞争态势促进产业集群的发展。

（二）集群网络嵌入力

与战略相适应的组织结构是构建持续竞争优势的第二个核心要素。集群企业扮演着集群成员的角色，提高集群共创绩效，需要具有适应共享经济体系的组织结构。这是实现共享经济可持续的必要组织条件。集群企业需要服从集群网络中的多维制度逻辑，嵌入共享经济价值体系，才能整合共享资源，创造共享价值，实现共享经济的可持续性。具有合适的组织结构，并能有效嵌入、适应和动态改善集群共享经济的价值体系，是实现集群共享经济可持续发展的第二个必要条件。

提高组织适应环境的能力，一般方法是提高组织的模块化程度。在集群共享经济体系中，集群企业需要扮演多元角色、服从多维制度逻辑、具有开放性组织的特点，其模块化程度越高，其识别共享经济机会、整合共享经济资源、创造共享经济价值的能力越强。本书从模块化角度，构建集群网络嵌入力概念来评价集群企业适应集群共享经济体系的组织属性。

集群网络嵌入力是指集群企业为了有效地整合集群的共享资源、提高集群的价值共创力，通过模块化设计而展现的一种嵌入集群共享经济网络体系的开放式组织能力。这种能力可以用来评价集群企业组织结构是否有利于集群企业扮演共享经济的角色，是否有利于提高集群企业的集群价值共创力，是构建集群企业共享经济模式竞合优势和提高集群企业共享经济模式可持续能力的第二个基石。

（三）集群共享竞争力

有效的战略路径和组织形式可以提高企业的竞争力。由于集群企业具有混合组织的性质，其共享经济模式需要通过集群网络嵌入力来提高社会资本，需要通过集群价值共创力获取集群共享产权、积累集群共享声誉、谋求有利的集群共享地位，从而实现可持续发展。集群企业的有效战略路径和组织结构已打破传统的层级结构组织边界，因此，集群企业建立在共享经济基础上的战略优势超出了竞争优势范畴。本书构建了“集群共享竞争力”的概念来描述集群企业通过集群价值共创力和集群网络嵌入力构建的竞争优势。

集群共享竞争力是指集群企业在共享经济体系中，利用集群价值共创力和集群网络嵌入力来整合共享资源，为利益相关者创造共享价值，改善产业集群环境，在市场竞争和社会合作机制中谋求可持续发展的集群联动能力，可以从集群共享生产力和集群共享创新力两个维度来测评。

（四）集群共享生产力

生产力是企业竞争优势的第一种表现形式。盈利能力是企业生存与发展的基本条件，企业价值链活动形成的盈利能力一般用生产力来描述。实现集群企业共享经济模式的可持续发展，首先需要具有必要的盈利能力，因此，可以用“集群共享生产力”一词来评价集群企业竞合优势的盈利能力。集群共享生产力是指具有一定集群价值共创力和集群网络嵌入力的集群企业通过共享经济模式，在集群共享经济体系中获取的集群联动盈利能力。

虽然具有平台型或混合性组织特征的集群企业不同于传统的层级结构，但它仍然具有实体组织和法人代表的基本特征，因此，测度企业生产力的传统指标如利润增长率、销售利润率、投资回报率等仍然适用于对集群共享生产力的测度。之所以要突出“集群”二字，是因为集群企业共享经济模式的利润起源及其经济和社会影响都离不开集群环境，是产业集群共享体系与集群企业战略相互作用的结果。从起源上分析，集群利润属于集群共享经济形成的放大的利润池的一部分；从结果考察，集群企业的盈利能力有利于整个共享经济体系。

（五）集群共享创新力

创新力是企业竞争优势的第二种表现形式，是企业适应变化环境谋求长期发展的核心能力。具有集群价值共创力和集群网络嵌入力的集群企业可以共享集群网络中的信息、知识和创新，可以共享专业人才和价值链活动，通过与共享经济体系中的其他组织协同创新提高新产品开发和生产能力。这种集群企业的协同创新力可以用“集群共享创新力”来描述。

集群共享创新力是指集群企业通过集群价值共创力和集群网络嵌入力，创造或改进与产业集群共享经济体系相适应的共享经济模式的联动创新能力。之所以在“创新力”前面冠以“集群共享”，是因为集群企业共享经济模式的创新关系到产业集群共享经济价值体系的变革，创新的目的、创意的来源、创新的协同对象以及创新所产生的经济和社会影响都离不开集群共享战略。

第四节 研究内容与技术路径

一、研究内容

本书以集群企业共享经济模式为研究对象，通过调研集群企业管理者关于集群共享环境识别与价值共创的战略选择，围绕环境规制与价值共创路径的特征展开，基本内容包含理论研究和实证检验两大部分。

（一）理论研究内容

本书的理论研究围绕着“创造共享价值是集群企业共享经济模式的有效时空战略”这一主题展开，其中包含两部分内容：集群企业共享经济环境规制机制以及集群价值共创提高共享经济可持续发展能力的组织机理。前一部分论证了集群企业价值共创的必要性，后一部分论证了价值共创提高共享经济可持续能力的可行性。在“结构—行为—绩效”分析架构下，对适宜并有利于集群企业价值共创的集群共享环境结构与制度导向，价值共创适应产业集群时空环境整合共享经济的有效时空路径以及由此产生的时空绩效进行了系统的理论分析。

1. 集群共享经济的环境结构与治理机制

这部分理论研究包括产业集群中共享经济的时空结构与治理机制、集群企业价值共创的制度环境分析等内容。通过系统分析产业集群的时空环境，本书提出，用集群共享经济和集群社会资本描述集群共享经济的基本经济和社会属性，用集群竞争力和集群选择力评价集群企业价值共创战略导向产生影响的主要经济和社会力量。在此基础上，对集群企业社会创业的环境规制路径进行理论分析，在系列路径假设的基础上构建一个理论模型：集群共享经济规制路径模型。

集群共享经济价值转化模型展示了市场机制和社会选择力量中介于集群共享经济诱因影响集群价值共创的路径假设。集群价值共创网络规制路径模型展示了市场机制和社会选择力量如何对响集群网络结构和治理机制产生影响，从而规制集群企业价值共创的战略导向的理论假设。这两个模型分别从不同的角度展示了集群企业共享经济模式的环境规制路径特征。

2. 集群价值共创可持续发展的组织机理

这部分理论研究包括集群企业的组织属性、集群企业价值共创的战略路径、有效的组织形式与战略绩效评价方法。通过理论分析，本书将集群价值共创力和集群网络嵌入力作为提高集群共享经济可持续发展能力的核心要素，将集群创新力和集群生产力作为评价集群共享经济的战略绩效。在此基本上，对集群价值共创提高集群共享经济可持续能力的组织路径特征进行了理论分析、在系列路径假设基础上构建了一个理论模型。

本书理论研究的两部分内容自成体系又相互关联，为实证检验和通过整合与深化主流理论形成的新命题奠定了基础。

（二）实证检验内容

对理论研究中提出的所有新概念的测度结构进行 CFA 检验，藉以评价集群企业共享经济模式的共享诱因、经济与社会影响力、利益相关者、共享价值、组织方式以及战略绩效的结构特征。

在此基础上，对三个理论模型中所有路径假设进行实证检验。实证验证集群共享环境结构、治理机制及其规制集群共享经济导向的路径特征。实证检验集群企业共享经济模式的有效战略路径、组织形式以及战略绩效考评以及集群价值共创提高集群共享经济可持续发展能力的理论假设，也就是用实证方法论证本书主题：集群价值共创提高集群共享经济可持续发展能力。

1. 理论模型中潜变量CFA检验

理论研究所构建的两个理论模型中涉及的潜变量是运用跨学科研究所需的新定义，这些潜变量并没有可以直接测度的现存量表，需要依据相关理论或借鉴相近量表进行测度结构设计，因此，本书运用实证数据进行了量表的信度和效度检验。CFA检验包含八个新概念：集群共享经济、集群社会资本、集群竞争力、集群选择力、集群价值共创力、集群网络嵌入力、集群创新力和集群生产力。

2. 集群共享经济环境规制路径检验

这一部分对结构方程（集群共享经济价值转化模型和集群价值共创网络规制路径模型）进行了实证检验。为了细致而深入地了解集群企业共享经济环境规制集群企业价值共创战略导向的路径特征，本书逐个检验两个模型中涉及的单因素路径、中介效应路径、双因素路径和交互作用路径假设，最后分别对集群共享经济价值转化路径以及集群价值共创网络规制路径的综合路径进行了检验，从而系统地验证检验集群共享经济环境规制集群企业价值共创导向的路径特征。

3. 集群企业共享经济模式可持续性检验

本书对理论研究构建的集群企业共享经济可持续路径模型进行了实证检验。为了详尽地了解集群价值共创提高集群共享经济可持续能力的路径特征，本书对集群价值共创力和集群网络嵌入力影响集群创新力和集群生产力的单因素路径、中介路径、双因素作用路径和交互作用路径进行了实证检验，最后对建立在有效路径基础上的综合路径模型进行了检验，从而实证检验集群企业价值共创力和网络嵌入力提高集群企业共享的组织机理。

二、技术路线

本书以集群企业为分析单位，以集群共享经济为视角，以集群价值共创为线索，以社会创业理论为坐标，通过理论的整合与深化，运用跨学科研究方式，在“结构—行为—绩效”架构下理论分析和实证检验了集群共享经济环境规制集群价值共创导向以及集群价值共创导向提高集群共享经济可持续能力的路径特征，论证了集群价值共创提高集群共享经济的可持续能力。

本书运用聚合经济理论、产业集群理论、钻石体系理论以及全球价值链治理理论，将产业聚合时空分为四个层次，对不同时空范围中共享经济形式与治理机制进行了理论分析，详尽解析了集群企业在不同聚合时空中的利益相关者结构、利益诉求以及建立在基本治理机制下规制集群价值共创的双边或多边治理关系。然后，运用组织理论中关于合法性、声誉和地位方面的理论，推理和总结了利益相关者主导的制度环境规制集群价值共创的社会选择机制。

鉴于传统的制度和组织理论中并没有可用于直接阐释集群企业制度约束和组织性质的理论，本书构建了集群社会产权、集群共享价值、集群社会创业和集群共创绩效四个概念，用来分析集群企业适应集群共享经济体系的社会资质、价值导向、有效战略路径以及绩效评价方式。在主流制度理论基础上，构建了集群共享合法性、集群共享声誉和集群共享地位三个内涵存在密切联系的概念。运用这些概念，分析了集群共享经济体系约束集群企业共享经济模式的制度环境特征，构建理论模式和实证研究奠定了基础。

在翔实理论研究的基础上，本书提出用集群共享经济和集群社会资本描述集群企业共享经济环境的基本经济和社会属性，用集群竞争力和集群选择力评价影响集群价值共创的直接经济和社会力量，用集群价值共创评估集群企业共享经济环境规制集群企业战略选择的价值导向，对产业聚合要素影响集群企业共享经济诱因与集群价值共创之间的路径进行了分析，在系列假设的基础上构建了综合路径模型，从而完成了集群企业共享经济环境规制机制理论研究。

本书将集群企业置于产业聚合体系中，运用组织理论和战略管理理论分析了集群企业适应产业集群制度环境、需要扮演的多元角色、需要服从的多重制度逻辑，满足多元利益相关者共享价值需求的混合组织性质。运用比较研究方法，阐释了集群价值共创可以整合集群共享经济的优势，提高集群企业共享可持续发展能力的多维时空路径特征，打破传统组织的边界，解析了集群企业共享经济可持续发展能力的战略绩效形式。

在充分的逻辑推理和比较研究的基础上，提出用集群网络嵌入力评价集群企业适应集群网络环境的组织属性，用集群价值共创力评价提高集群共享经济可持续发展能力的理性程度，用集群共享生产力和集群共享创新力来评估集群企业共享经济的可持续能力，建立了系列假设基础上的理论模型，从而完成了集群价值共创提高共享经济可持续发展能力的理论研究。

理论研究之后，对理论模型中所有潜变量的测度结构进行了 CFA 检验。对理论模型中的所有直接路径、双因素效应、中介效应以及综合路径理论假设和结构方程模型进行了实证检验。

最后，对本书的结论、创新点和不足进行了讨论，对未来的研究前景进行了展望。具体路径如图 1－1 所示。

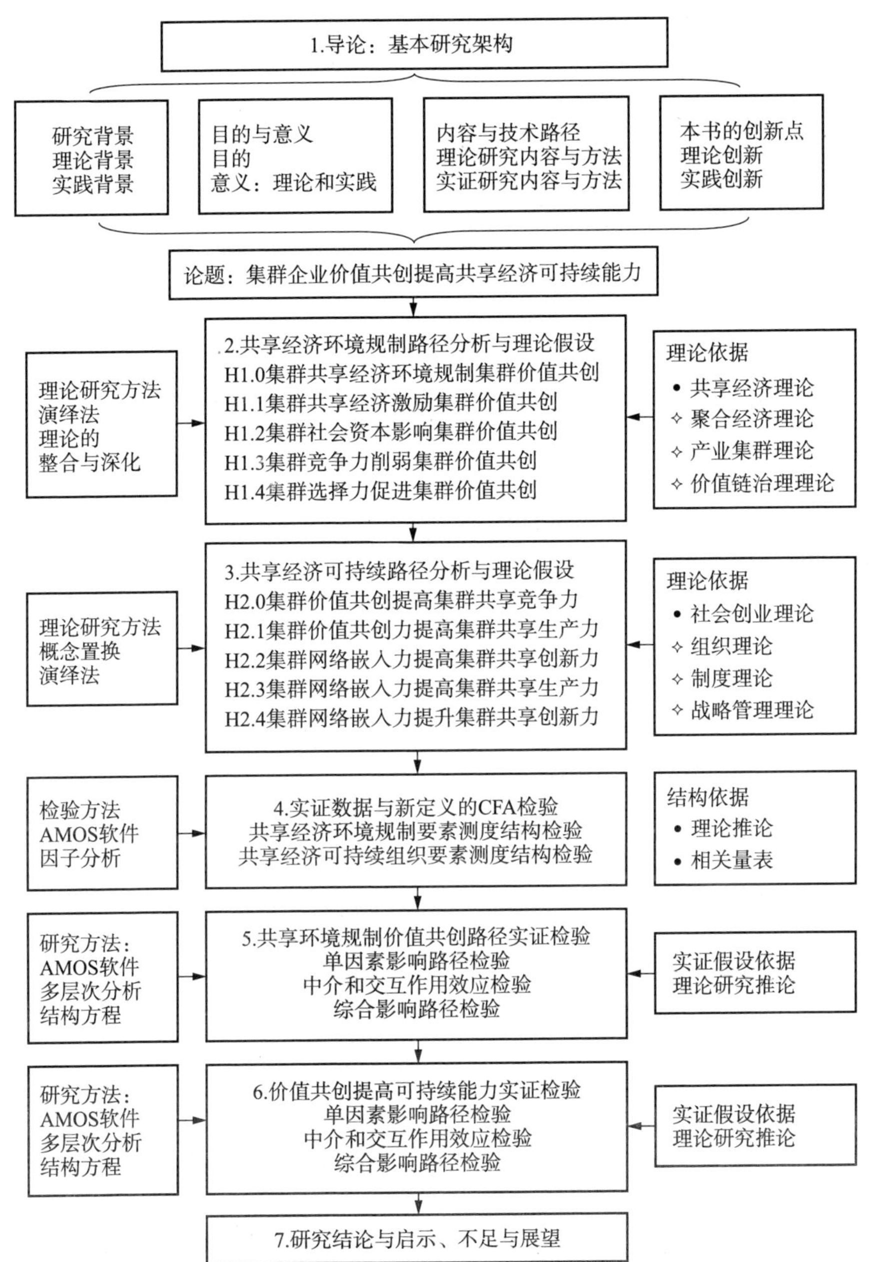

图 1－1 本书研究技术路径示意图

第五节　主要的创新点

1. 整合并构建跨学科新概念：集群价值共创

整合企业共享经济理论、社会创业理论和创造共享价值理论，结合集群企业的组织性质和战略选择特点，将协同生产与创新视为集群企业创造共享价值的核心利益诉求，将创造共享价值纳入社会创业和共享经济理论的范畴，构建了集群价值共创概念及其相关定义。这些通过跨学科整合主流理论而提出的概念可用来在“结构—行为—绩效”架构下系统地分析集群企业共享经济的环境规制战略导向以及提高集群共享经济可持续能力的战略路径。

2. 整合、构建系统的集群共享经济环境分析理论

整合企业共享经济理论和关于产业集群的多学科解释范式，解析了产业集群共享经济的时空结构与制度环境，构建了集群共享经济、集群社会资本、集群竞争力、集群选择力、集群共享价值一组定义，用来解释集群企业共享经济环境诱因、影响集群企业战略选择的经济和社会力量以及集群共享经济环境规制的价值导向，从经济与社会属性的双重视角理论分析并实证检验了集群企业共享经济环境规制集群价值共创导向的路径特征。

3. 整合、构建系统的集群共享经济模式竞争优势理论

综合运用企业共享经济理论、制度理论、组织理论和战略管理理论，在产业聚合时空中阐释了集群价值共创提高集群共享经济可持续能力的组织路径特点，构建了集群价值共创力、集群网络嵌入力来描述提高集群企业共享经济可持续能力的组织因素，构建了集群共享生产力和集群共享创新力两个概念来描述集群价值共创和战略绩效，理论分析并实证检验了集群价值共创提高集群共享经济可持续能力的组织路径特征。

第二章

>>> 集群企业共享经济环境规制分析

产业聚合环境是集群企业战略选择所面临的时空背景。产业聚合所形成的区域经济与产业结构优势有利于集群企业实施共享经济模式，虽然主流共享经济理论并没有把集群企业共享经济纳入其范畴之中，但是依据产业集群的解释方式，可以发现产业集群具有有利于集群企业选择并实施共享经济模式的有利时空环境，谋求集群共享经济可持续发展正是产业集群形成与发展的制度逻辑，是集群企业利益相关者的价值导向。

产业聚合环境对形成有利于集群共享经济的社会价值体系、提高集群企业价值共创的有效性、网络治理能力、本土化竞争优势以及国际化进程具有重要的作用，详尽分析产业聚合环境对于集群价值共创的区域经济或产业结构优势需要整合与深化关于产业集群的解释范式，其中包括：聚合经济理论、社会网络理论、产业集群理论以及全球价值链治理理论等。

将产业聚合时空的解释方式整合到企业共享经济的解释范式之中，可以逐层解析集群共享经济的区域经济或产业结构优势：同质性产业集聚可以共享基础设施建设和公共服务；区域性网络便于共享信息与知识创新；钻石体系具有有利于创新创业的制度时空；全球价值链体系便于共享集群网络优势。这些环境优势有利于提高集群企业共享经济的可持续能力。

在不同层次的共享经济时空中，集群企业具有不同的治理机制。利益相关者可以依据自身的利益诉求以及相应的制度逻辑对集群共享的合法性进行判断，依照集群共创绩效对其集群共享声誉进行评价，从而影响集群共享地位的定位和变迁。集群共享合法性基础上的集群共享产权获取与变迁机制、集群共享声誉基础上集群共享绩效评价机制以及集群共享地位基础上的利益相关者干预机制构成了影响集群企业共享经济模式可持续发展能力的集群共享经济选择机制。

通过分析集群共享经济环境属性，构建新概念集群共享经济来评价集群企业共享经济模式的环境诱因，构建新概念集群竞争力和集群选择力用来评估影响集群共享经济模式盈利能力的市场力量和促使集群企业选择共享经济模式的社会力量。这三个新概念可以用来更为系统地描述集群共享经济的环境特征。

在集群共享经济的环境诱因作用下，在集群竞争力和集群选择力的影响下，集群企业只有创造集群共享经济体系所倡导的共享价值，才能提高集群共享经济的可持续发展能力。新构建的集群价值共创概念源于钻石体系和产业集群形成的制度设计逻辑，集群体现了共享经济体系中所有利益相关者的价值共识，是提高集群共享经济可持续能力的理性战略导向。

第一节　集群企业共享经济分析与界定

在现有的主流企业共享经济理论中，并没有“集群企业共享经济”的概念。从共享经济的内涵、表现形式与基本特征而言，集群企业的战略行为可以纳入企业共享经济理论范畴。集群企业共享产业聚合优势的战略选择符合共享经济的行为特征，集群企业通过自身的角色作用和混合组织性质，满足多元利益相关者促进钻石体系良性和产业集群健康发展，符合集群共享经济的行为特征。

集群企业可以共享产业集群中专业的人才库、行业的非贸易输入、知识的溢出效应，共享基础设施、剩余资源，共享学习曲线效应和由此带来的不断增长的回报。这些集群环境共享诱因除了与降低交易成本相关之外，还包括盘活存量资本、减少基础设施投资和技术工人培训费用、充分利用产业集聚带来的规模经济和范围经济等战略动机。

主流共享经济理论中只有交易成本理论可以对企业共享经济诱因进行解释，但是降低交易成本并不能全面概括集群企业共享经济的环境诱因，而且如果将较低交易成本作为企业共享经济的唯一诱因，就容易误导共享经济社会体系的价值导向，影响企业共享经济的可持续发展能力。鉴于主流企业共享经济理论关于共享经济动机解释范式存在的不足，可以构建集群共享经济概念来描述集群企业共享经济的环境诱因。

集群共享经济是指集群企业实施共享经济模式时的集群环境诱因，其中既包括降低交易成本的经济诱因，也包该诱因以外的其他诱因，即可以利用产业聚合优势，通过共享区域性经济资源、降低交易成本、盘活存量资产、减少基础性投入等途径，提高持续创新和生产能力。

依据共享集群经济资源类别对企业持续竞争优势可能产生的影响，可以将这些诱因分为三类。第一类是共享经济资源，如共享基础设施、剩余物品、创意、技术等，这类诱因与直接减少创新和生产费用相关。第二类是共享公共服务，这类诱因与降低交易成本相关，其中包括降低搜索成本、联系成本和签约成本。第三类是共享市场机制，这类诱因源于同质性产业集聚和良好的市场竞争机制可以减少机会主义，增加共享经济的选项，从而降低因共享而产生的路径锁定风险。

第二节　集群企业共享经济环境结构与治理机制

一、集群共享经济时空环境结构

产业聚合经济理论、产业集群理论、钻石体系理论以及全球价值链治理理论分别从不同的视角揭示产业集群的结构特征。依据这些解释范式，可以将影响集群企业战略的时空环境（如图 2－1 所示）划分为同质性产业集聚时空、产业集群时空、国家创新时空以及全球价值链体系四重结构层次，不同层次的时空范围中存在着不同的共享经济形式，可以为集群企业减少基础性投入、防范机会主义行为、提高协同生产和创新能力提供产业聚合优势。

为了更为系统地分析产业集群环境结构特征，可以将产业聚合时空界定为产业聚合体系形成和影响的地理和制度约束范围，其中包括自然环境、要素市场、制度体系、实体关系的治理与演进机制等要素，具有地理时空、网络时空以及制度时空三重含义。产业聚合时空具有同质性产业集聚时空、集群网络、钻石体系以及全球价值链治理等四个层面的时空结构，存在着多元利益相关者以及多维制度逻辑（社会福利逻辑、商务逻辑、公共部门逻辑和混合逻辑）以及动态社会选择机制。在不同的时空范围中存在着不同的共享经济形式。

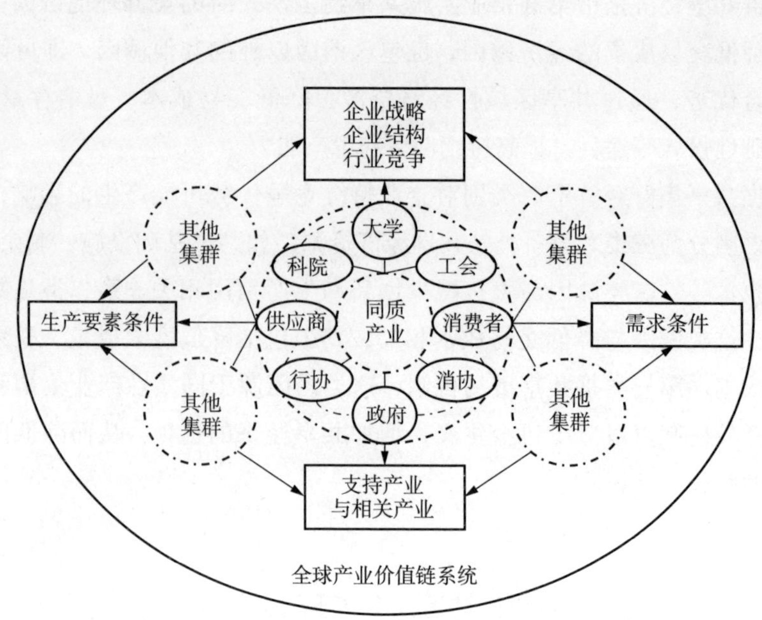

图 2-1　集群企业社会创业的多重时空结构

二、集群共享经济的存在形式

一般意义的共享经济存在三种类别：基于共享和租赁的产品服务、基于二手转让的产品再流动、基于资产和技能共享的协同生活方式。在产业聚合时空中，除了这三种常见的共享经济形式之外，还存在与产业集聚、集群网络以及价值链治理相关的更为广泛的共享经济形式。

（一）同质性产业聚合时空中的共享产业经济

1. 降低成本与防范机会主义

图 2-1 所示的同质性产业是产业聚合体系形成的中心。同质性产业在特定地理区域内的集聚可以形成共享的规模经济、区域经济和范围经济，从而降低基础性投入成本，还可以为集群企业提供共享专业的人才库、行业的非贸易输入、可以使用专门的信息和主意的传播最大化三大外在性，这些共享经济形式有利于降低集群企业的社会创业成本。

同质性聚合产业基本上由开放的成员组成，这些成员均愿意付出市场租金（Krugman，1991）。共享的同质性系统中没有任何特殊的组织形式、内部机构的忠诚度以及明确的函数关系（Combes，2005）。由于同质性产业聚合体系的每个联系与机会均可能被打破、替代或改变，伴随行业信息与价格变动的具有差异性的企业活动是互不关联的，因此可以预防机会主义（Mills，1980）。

2. 集体学习与不断增长的回报

相对稳定的同质性产业以集体知识、制度结构和社会习俗为基础，依附于生产系统的空间联系、不同的经济与社会参与者、特殊的文化及其象征系统，由此产生了动态的集体学习过程（Roberta，2013）。集体学习和学习曲线效应所带来的机会与不断增长的回报是解释产业集聚的重要机制，影响一般性的资源转化为专有资产的创造性过程（Micoael，2010）。同质性产业相关活动集合倾向于在不同的地方集聚，导致空间的异质性与产业的专业化并存，并带来了专用性资产投资的溢出效应（Krugman，1991）。在同质性产业中，这种集体学习和不断增长的回报有利于降低集群企业研发成本、增强社会创业的动机，活动的学习曲线效应、提高投入—产出比。

（二）产业集群时空中的共享网络经济

1. 有利于机会识别的网络渠道

依照集群网络理论，弱联系在集群网络更为重要（Granovetter，1973），更便于提高社会网络的信息沟通与知识管理效能（Watts，1999；Uzzi，2004）。经济关系本身并不是简单的经济决策的产出，而是根植于规范、制度以及一系列共享的假设意识之中（Kougut，2001）。企业通过集群网络获取规范化的系统知识、正式报告与缄默知识（Oliver，1990），本土成员可以通过集群网络优先进入与其他国内或国际的网络联系（Amit，1992）。

了解集群企业所在区域的多维利益相关者、识别共享机会、明确企业的共享动机与责任是实施共享经济模式的先决条件。在双边或多边治理机制的作用下，产业集群网络可以改善集群企业的信息收集与处理的基本条件，降低信息成本，因此有利于集群企业更为充分地了解多维的利益相关者诉求，探求未满足的社会需求，识别并评估共享经济机会。

2. 有利于协同生产与创新的社会资本

集群网络的优势在于结构关系历史的传承，依赖于信任的积累以及由此形成的区域性社会资本。集群网络实体的地理接近性形成了便于监督的环境、领导角色、公共利益意识的源头以及重要收益的期望，企业的自我认同和集群意识可以直接创造经济价值（Oliver，1988）。如果从双边关系、组织自我中心以及组织间的网络三个层面来分析，组织间网络决定集群网络的基本属性、影响要素包括实体之间的相对位置、关系强度以及动态博弈过程（Daniel，2004）。

由于存在着历史传承与信任积累而形成的区域性社会资本，集群企业可以通过共享经济活动嵌入其中获取相对于区域外企业的社会资本。嵌入区域网络中的集群企业还可以通过有效的关系治理，利用区域网络中的规范、制度以及信任机制提高在共享经济网络中的中心性与相对地位，从而获取并不断提高体现区域竞争优势的社会资本。区域网络关系结构还有利于集群企业的利益相关者对集群企业共享经济社会绩效进行及时而有效的评价。由于集群网络有利于集群企业共享经济的机会识别、协同生产和创新，因此，存在可以共享的集群网络经济。

（三）国家创新时空中的共享创新创业机制

1. 共享国家创新体制

钻石体系的基本功能是催生产业集群（Porter，1990），其中，大多数生产要素条件并非天生的，而是创造出来的，提升与使用专业化生产要素的效率尤为重要。集群企业选择苛刻的顾客需求、具有国际竞争力的本国国内供应商、规则、诱因、激烈的本土化竞争等战略举措，可以通过塑造竞争态势改善钻石体系环境。在钻石体系取得国家竞争优势的过程中，信息的获取、诠释以及投资和创新居于核心地位，信息会提升企业和产业的创新速度和发展方向。

影响产业集群战略要素聚合的时空机制源于国家体系，体现了“看得见的手”与“看不见的手”两种力量的相互作用，政府机构是产业集群要素聚合的促进者，市场机制则能够优化资源配置，促使集群企业投资与创新，提高国际竞争力，并促进产业与产业集群升级的动力机制。由钻石系统界定的生产要素市场状况、本土化需求、支撑与相关产业以及企业所在的产业结构与竞争态势是影响集群企业社会创业行为的基本要素。国家创新体系中的自然资源禀赋和公共政策有益于集群企业共享经济模式的可持续发展。

2. 共享协同生产与创新机制

专业化是产业集群的重要地理经济特征，出口导向性是区域经济长期繁荣与增长的源泉，因此，地理经济特征与运行质量是评价国家地区经济的重要标志，也是发展中经济体向发达经济体升级的控制要素，对提高生产力和生产力的增长速度具有重要的作用（Thomas，2014）。

从产业集群环境结构、治理机制以及企业活动的本质属性考察，企业共享经济活动具有社会创业即为利益相关者创造共享价值的特征。企业社会创业虽然可以跨越国家整合资源、创造社会价值，但是本土化条件仍然是国际竞争力的基础（Benjamin，2005；Scott，2010；Saul，2013）。在地理的接近性、文化的相似性以及制度的倾向性方面，集群共享经济活动具有显著的本土化优势。

在产业集群中，地理接近性有利于公共规范的形成，提高了互动的频率与影响力，便于社会价值体系的形成。运行良好的产业集群超越了层级式的网络结构，转化为由个体、企业和机构组成的具有无数重叠区和动态连接的点阵结构，这些连接是重复的、不断转换的，既有强联系又有弱联系，而且常常扩展到相关产业。产业集群中这种联系方式的适度变换对于生产力和创新的方向具有显著的影响，有利于集群企业动态调整企业共享经济的目标、过程与工具。

（四）全球价值链体系中的共享全球化经济

作为现代经济存在的主要形式，发达国家与发展中国家通过产业集群治理与升级机制将本土企业嵌入到世界价值链系统之中（John，2000）。全球价值链系统是集群企业赖以获取全球竞争优势的全球产业背景。依据全球价值链理论的基本框架（Gary，2011），可以从全球产业价值链结构与制度环境、价值链的治理与升级机制两个方面来解读集群企业可以共享的全球化经济。

1. 国际化产业链和制度环境

全球价值链的投入—产出结构包括产品设计、生产、市场营销、配送以及售后服务等活动，既涉及形成有形商品或无形商品或服务的基本价值链活动，又涉及相关产业的支持活动。制度是理解全球价值链体系结构与演进规律的重要环境因素。制度环境通过治理机制影响到价值链系统的空间分布、网络关系、升级路径以及动态演进趋势，进而影响到全球产业价值链的经济与社会产出。全球价值链活动嵌入在本土经济、社会与制度变迁之中，其经济与社会产出则依赖于本土化状况。

依据政策影响治理活动的范围，可将全球价值链治理的政策背景分为国际政策、区域或产业集群政策、产业政策以及公司政策。影响国际贸易以及跨国治理机制的贸易规则、税收、对外投资政策影响嵌入全球产业链治理机制的选择，产业集群与产业政策影响着本土化治理行为，公司政策则约束着企业主体的战略倾向，影响本土要素市场、基础设施建设、专业性人力资源的取得与培训、替代品的出现、创业等活动的本土化政策，并影响全球价值链形成与演变的利益相关者的角色作用的国际政策与公司政策。

依据共享经济的价值体系模型，企业所处的管制、税收、社会文化、宏观经济、政治、人口统计等环境中的社会价值体系影响企业共享经济的机会形成、资本以及人员的获取等。产业集群社会价值体系对企业行为的约束具体表现为商务逻辑、社会福利逻辑以及公共部门逻辑。从产业聚合区域治理的制度环境可以分析得出，产业聚合时空中区域、产业集群、国际贸易政策有利于形成企业共享经济机会以及共享经济模式的国际化。

2. 区域和全球价值链升级机制

集群企业在国际化产业链结构和制度环境中的战略行为主要表现为价值链治理，即确定价值链中金融、物质与人力资源如何被分配和流动的权威与权力关系，利用区域和全球价值链治理机制国际化并谋求价值链地位的升级。在全球价值链系统中，发达国家通过价值链治理将价值链高端的市场信息、技术要求与治理模式传送给处于价值链低端的发展中国家，而发展中国家则可以通过产业集群的本土化治理提高信息与知识的传播速度、创新与升级能力，本土化治理与全球价值链治理交互作用，共同促进各种类型的产业升级。

治理有助于提高创新速度、开拓新的市场，从而促进区域发展。区域治理在是一种非常有效的升级政策，可以总结为一种区域产业政策的新模型：强调治理与非治理机构的代表性，通过接近企业的机构实施治理，将企业家精神从私营扩展到公共部门，强调通过行业协会和生产者联盟自助。这表明产业集群内知识的产生与传播并不仅仅源于产业环境中偶然的协同，而是由公共或私营行动者所组成的政策网络塑造的。

发展中国家集群企业价值链升级是全球价值链系统动态演进的主要表现形式，包括流程升级、产品升级、职能升级以及价值链或行业之间的升级四种形式。流程的升级是指采用更先进的技术或重新组织生产系统，以此提高价值链活动的投入产出效率；产品的升级可以通过提高产品线的复杂程度，增加价值创造环节；职能升级则是在价值链中从事新的价值链活动，链或跨行业的升级是企业转向新的相关产业。第一种形式的升级可以发生在企业组织的边界之内，后三种形式的升级则发生在产业集群与全球产业链之中，需要多种治理机制的交互作用，其中主要是产业集群的本土治理与全球价值链治理。

在全球价值链体系中，集群企业可以共享国际产业链结构和制度环境、共享区域和全球治理的价值链升级机制，因此，存在共享的全球化经济。

三、集群共享经济与集群价值共创

（一）集群共享经济的共享价值

集群共享经济是吸引集群企业协同定位的主要原因，体现了集群企业管理者关于共享产业聚合优势的共识，因此，形成和促进共享经济是产业聚合体系中各利益相关者的共享价值。集群企业既是集群共享经济的受益者，也是形成、维系和促进集群共享经济的核心组织，是塑造产业竞争态势、优化产业结构、促进产业、产业集群创新和升级的动力所在，因此，集群企业管理者所和利益相关者达成共识的共享价值形式及其影响下的战略路径选择是解读产业集群环境规制集群企业战略导向的关键所在。

波特（2011）指出，企业共享价值存在于企业致力于增强竞争力以及，改善其所在生态群落的经济或社会状况的公司政策或运营活动之中，创造共享价值需要识别和拓展价值链活动的经济联系和社会联系。共享价值中的价值仍然等于收益减去成本，但是这里的收益和成本除了经济含义外，还包含社会收益和社会成本。

运用这一概念分析，集群企业共享价值体现在增强集群企业竞争力以及改善产业集群的经济状况和社会状况的公司政策和营运活动之中。从影响产业聚合体系的存在与发展的角度来说，就是要改善和发展产业集群的共享经济。改善和发展共享的产业聚合经济不仅是集群企业的共享价值之所在，也是产业集群聚合体系中影响集群企业战略选择的利益相关者的共同利益诉求。

依据钻石体系理论产业集群理论中关于集群企业的利益相关者结构和集群企业的角色作用分析，集群企业共享价值主要包括对区域环境可持续发展的支持度、协同生产与创新的主动性以及竞争的积极性。保护自然环境减少污染是共享经济得以延续的自然基础，协同生产和创新是产生共享经济的经济和社会保障，竞争是优化资源配置推动产业集群和钻石体系演进的体系动力，创造共享价值侧是集群实施共享经济模式的理性战略导向。

（二）集群价值共创的界定

假如把集群企业的共享价值界定为改善和发展产业集群共享经济，那么，集群企业的共享经济环境将存在市场失灵空间、集群企业满足利益相关者的共享价值目标，竞争与合作成为整合社会资源、治理利益关系的主要方式，利益相关者依据社会绩效而不仅仅是经济绩效评价集群企业的合法性、声誉和地位。

按照 James（2016）提出的市场失灵、使命、资源调动、绩效考评四个维度，集群企业具有社会创业型企业的特点。

在一般意义的社会创业理论中，社会创业就是“识别和追求创造社会价值的新机会，致力于创新和改进，不接受现有资源的限制而采取的无畏的行动”（Dees，1988），就是“创造更好社会价值的高尚使命，在复杂的社会环境中具有统一的目标和行动方案，识别为利益相关者创造更好社会价值机会的能力，在制定决策时承担风险、积极主动而且创新的行为倾向”（Mort，2003）。

将社会创业行为放在产业集群的共享经济环境中测试，那么，集群的企业社会创业含义是：识别创造共享经济的新机会，致力于创新和改进，不接受组织边界内资源的限制而采取的无畏的行动；或者是创造共享经济的高尚使命，在复杂的集群网络中具有统一的目标和行动方案，识别利益相关者创造共享价值的能力，在制定决策时承担风险、积极主动和创新的行为倾向。

通过概念置换得到的集群企业社会创业的定义，与波特（2011）提出的创造共享价值理念的内涵和战略路径基本一致，波特主张，企业管理者应扮演起社会企业家的角色，打破营利组织或非营利组织之间的界限，通过社会创业方式满足利益相关者共享价值而不是社会利益的需要，社会创业就是创造共享价值，因此，在产业集群时空中，集群企业为共享经济利益相关者创造共享价值的行为可以等同于社会创业，波特提出的创造共享价值的三条路径也适用于集群企业的社会创业。

Ilze Kileniece（2012）指出，私有利益、公共的或社会利益以及政治利益构成了一个平衡的价值创造和价值捕获三角治理结构。Heiko（2012）通过实证研究发现，集群企业可以通过为利益相关者创造波特所说的共享价值提高竞争优势。因此，可以将集群企业社会创业界定为在产业聚合体系时空中的共享经济制度约束下获取产业集群时空中社会产权的集群企业，通过多维时空路径，整合共享经济优势，满足利益相关者共享价值需求的公司政策和营运活动。集群企业社会创业路径主要有：保护自然环境，减少资源消耗维护区域自然环境的可持续发展；主动寻求协同生产与创新机会致力于扩大共享经济规模，改善共享经济结构；积极投资和创新，通过企业家精神塑造产业竞争态势，促进产业集群的发展。

依据集群企业时空战略的价值取向，可以将集群企业分成商业型集群企业和社会创业型集群企业两种类型，可以用集群价值共创来评价产业聚合体系影响集群企业共享价值取向以及集群企业满足产业集群共享经济中利益相关者共享价值的程度。集群价值共创是指集群企业在产业集群共享经济中利益相关者主导的环境规制作用下，通过创造共享价值满足多元利益相关利益诉求提高集群共享经济可持续能力的战略导向。

第三节　集群共享经济体系制度环境

集群价值共创不仅体现了集群企业适应产业聚合体系的基本策略，也反映了集群企业利益相关者在产业聚合体系中对集群共享经济的核心价值诉求，分布在产业集群不同时空范围的利益相关者依据不同的制度逻辑和治理机制和对集群企业共享经济模式的合法性进行分析和判断，依据集群价值共创的社会绩效对集群企业的声誉进行评价，对集群企业的地位变迁施加影响，从而形成了可以规制集群企业的集群价值共创力的制度环境。

一、集群价值共创的多重治理机制

（一）同质性产业治理机制

1. 同质性产业市场环境

同质性产业形成于追求经济外部性的同质性企业的协同定位。集聚区域不存在任何特殊的组织形式、内部机构的忠诚度以及明确的函数关系，企业的每个联系与机会均可能被信息、价格的随机变动打破、替代或改变（Combes，2005）。具有开放性组织特征的集群企业是产业集聚区域外部经济的生产者与消费者，均愿意为聚合经济付出市场租金（Krugman，1991）。

2. 多边和双边治理机制

依据产业聚合理论，在同质性产业聚合时空中，集群企业属于原子性的生产单位，其利益相关者主要是市场机制的参与维护者，这些利益相关者根据多边或双边治理机制，对集群企业的社会创业活动产生影响。

政府主管部门、行业协会代表社会公众的利益，通过公共政策和多边治理机制维护市场秩序，要求集群企业遵循公共部门逻辑。同行竞争者、潜在进入者与集群企业处于对等的市场竞争地位，通过竞争与合作的双边关系影响集群企业的产业地位与竞争力，并具有协同生产与创新的利益需求，要求集群企业服从包含商务逻辑在内的混合逻辑。

（二）集群网络治理机制

1. 信任基础上的网络环境

集群网络由活动、资源和活动主体构成，可以超越自身的行政边界与区域以外的其他产业集群网络相连接，为集群企业共享经济提供了共享社会资本。网络实体间的经济关系根植于依赖规范、制度以及一系列共享的假设意识之中，它们本身并不是简单的经济决策的产出（Olsen，1965），结构洞与网络的闭合性可以为企业提供社会资本（Ronald，2001）。集群网络依赖于信任基础上的双边关系、组织自我中心以及组织的网络结构以及多边和双边的治理机制。

2. 多边或双边的网络治理

集群企业利益相关者包括与集群企业具有双边或多边关系的所有网络节点组织，这些组织的网络利益诉求为分享信息与知识，提高协同生产与创新能力。这些组织与集群企业在结构中的相对位置、关系性质与治理机制影响集群企业在区域性网络中获取信息、吸收或创新知识的能力。因此，集群企业需要满足这些节点组织的利益诉求，获取社会资本，提高知识管理与创新能力。

（三）产业集群治理机制

1. 市场和层级之间的产业组织

产业集群形成于钻石体系，对于促进同质性产业规模的增加、区域经济绩效以及临近区域产业集群的发展具有重要的作用，而产业集群自身的发展状况也受这些因素的影响。在形成、维系和影响产业集群结构与运行机制的治理力量中，既有“看得见的手”的管理机构力量，又有“看不见的手”的市场作用。产业集群时空既包含地理上集聚的同质性产业，又包含区域性网络，还体现了国家创新体系的结构特征，因此，产业集群构成实体间的治理机制属于区域性混合治理机制，其中包含市场机制、层级治理以及网络治理。

2. 多边或双边的集群治理

产业集群中的政府、行业协会、大学、科研院所、国家或私营的公共服务机构、替代品生产者、本土供应商与顾客等都是集群企业的多元利益相关者，地理的接近性强化了它们之间的社会联系，使之成为集群企业的风险共担体。这些利益相关者的利益诉求在于提高产业集群时空中的协同生产与创新能力，共同承担相应风险，发展区域经济，提高产业集群在全球价值链系统中的升级能力。在区域性多边双边治理机制的作用下，这些利益相关者通过网络结构与演进机制影响到集群企业的创新方向、创新与创业能力。

生产要素市场和消费市场的政府管理部门、行业协会、中介机构等代表本土社区公众通过多边治理机制和公共部门逻辑要求集群企业遵守市场规则、维护消费者利益、减少能源和原材料消耗、促进就业、关照弱势群体、慈善捐赠等改善社会状况的行为，通过产品或服务的质量标准促使社会产品或服务更多地满足消费者更深层次的社会需求。替代品生产者、研发机构等组织则对集群企业具有协同生产与创新的利益诉求。

（四）全球价值链的制度环境与治理机制

1. 全球产业链结构与升级制度

在全球价值链时空中，集群企业嵌入的是全球产业链结构。治理与升级分别是以发达国家和发展中国家为主导的两种动态机制，发达国家治理的主要目的是确保能够满足质量要求和技术标准的前提下在全球经济中减低成本。发展中国家的全球价值链治理目的则是嵌入全球价值链系统，维系或升级价值链中的相对位置与竞争优势。以治理和升级为主导的全球价值链体系的制度环境通过治理机制影响到集群价值链系统的空间分布、网络关系、升级路径以及动态演进趋势，进而最后影响到集群企业社会创业国际化的经济产出与社会产出。

2. 双边或多边的国际治理

产业集群时空以外的利益相关者包括其他产业集群中的供应商与消费者、全球生产要素市场与消费市场管理部门、全球消费者与供应者。这些利益相关者在双边或多边治理机制的作用下，通过规范与规则对集群企业进入全球价值链系统的合法性与声誉进行判断与评价，这些利益相关者的利益诉求在于满足发达市场的技术与质量要求，实现全球经济的低成本优势。

全球价值链体系中的利益相关者类别与治理机制和产业集群中的具有相似之处。全球生产要素市场与消费市场的管理机构代表国际范围的公众对集群企业的社会活动提出利益诉求，全球消费者依据社会福利逻辑和商务逻辑对集群企业的社会产品或服务提出利益诉求，全球供应商混合逻辑提出协同生产与创新的利益诉求。集群企业只有满足全球价值链体系中利益相关者不同的利益诉求，才能通过区域与全球价值链治理活动的互动机制实现国际化。

二、多元利益相关者主导的制度逻辑

产业聚合体系中存在不同形式的共享经济，为了维系共享经济的持续发展和自身的利益诉求，依据产业聚合体系不同时空环境中的治理机制，利益相关者与集群企业之间形成了不同性质的双边或多边关系，通过关系治理形成了约束集群企业战略行为的制度逻辑。

（一）利益相关者的结构

集群企业共享经济中的利益相关者是规制集群企业集群价值共创的制度环境的主导者。依据图 2-1 中的产业聚合时空结构，依据集群价值共创制度环境分析结果，不同产业集群时空范围中分布着不同的利益相关者。这些利益相关者与集群企业之间形成不同性质的社会关系。集群企业可以依据不同的治理机制进行价值链或网络关系治理。集群企业共享经济环境中利益相关者的时空结构分布如图 2-2。

（二）利益相关者的关系属性

依据前面所分析的不同时空结构中利益相关者的利益诉求与治理机制，集群企业在实施共享经济模式时，涉及多元利益相关者。与集群企业具有双边和多边关系的利益相关者依据制度逻辑，要求集群企业集群价值共享，促进共享经济的可持续发展，从而形成了影响集群企业集群价值共创导向的多重治理机制。

在不同的产业聚合时空范围，利益相关者依据不同的体制基础，治理与集群企业的关系。集群企业在实施共享经济模式过程中，与不同利益相关者的关系性质与治理机制总结如表 2－1 所示。

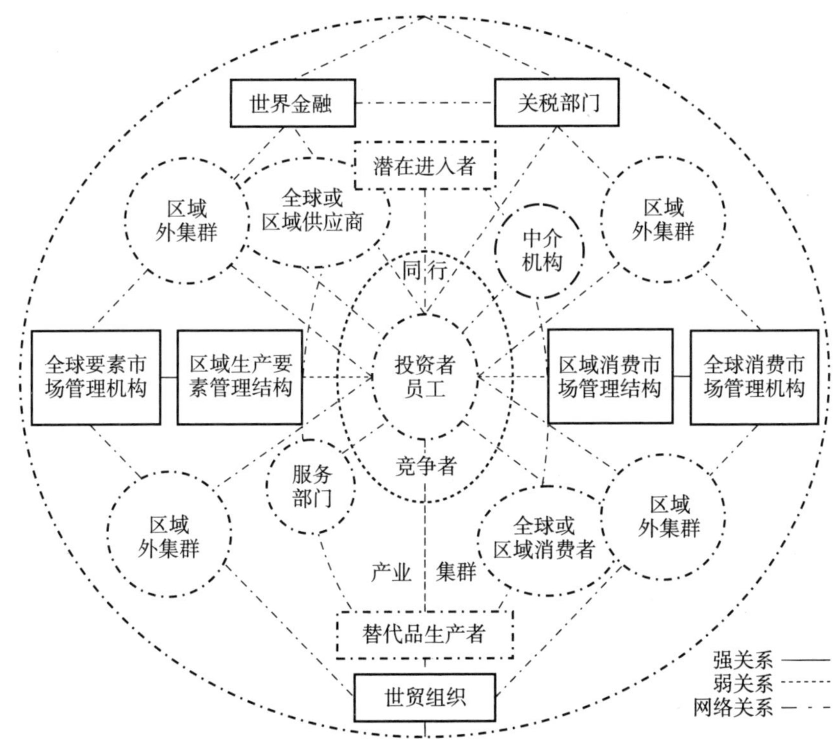

图 2－2 集群企业多元利益相关者结构图

表 2－1 判断集群企业合法性的利益相关者

时空范围	利益相关者	关系性质		治理机制
		强度	利益诉求	
集群企业	投资者	强关系	剩余索取权	公司治理
	员工		人力资本薪酬	契约
同质性产业	同行竞争者	网络关系	共享同质性优势	市场与网络治理
	潜在的进入者		共享同质性优势	
	行业协会		遵守行业规范与规则	网络治理
	工会组织		协调利益关系	沟通、谈判
产业集群	研发机构	网络关系	协同创新	信任、市场、层级与网络治理
	替代品生产者	网络关系	共享产业集群优势	
	本土供应商	网络关系	协同生产与创新	
	本土消费者	网络关系	产品与服务效用	
	公共与私营服务机构	网络关系	协同生产与创新	

续表

时空范围	利益相关者	关系性质		治理机制
		强度	利益诉求	
钻石体系	要素市场管理部门	弱关系	遵守本土规范、规则	公共政策与网络治理
	消费市场管理部门			
全球价值链系统	全球要素市场管理部门	弱关系	遵守全球规范、规则	全球市场与网络治理
	全球消费市场管理部门			
	全球供应商	网络关系	协同生产与创新	全球价值链治理
	全球消费者		产品与服务效用	全球市场与网络治理

（三）规制集群价值共创的制度逻辑

处于多元利益相关者多重治理机制之中的集群企业，具有混合组织性质，需要依照与利益相关者之间的关系属性服从必要的制度逻辑，才能有效嵌入集群网络之中以获取合法性并实施共享经济模式。因此，集群价值共创规制于集群共享经济环境中的制度逻辑。集群共享经济体系中的一般制度逻辑有社会福利逻辑、商务逻辑、公共部门逻辑。此外，还有涵盖这三种逻辑内涵的混合逻辑类型。

员工、消费者、工会组织、行业协会等的利益诉求属于社会福利逻辑；投资者、同行竞争者、供应商等的利益诉求体现为商务逻辑；生产要素与消费市场管理机构、行业协会的利益诉求则体现了公共部门逻辑。集群企业的一些利益相关者如研发机构、供应商、服务机构等所提出的协同生产与创新的利益诉求既符合社会福利逻辑（可以改善产业聚合状况），又符合商业逻辑（涉及价值链治理问题），还符合公共部门逻辑（实现区域经济或产业经济），可以归为混合逻辑。与集群企业具有竞争与合作关系的同行竞争者和潜在进入者的利益诉求也同时具有商务逻辑、社会福利逻辑和公共管理逻辑，因此也属于混合型逻辑。

在集群共享经济体系中，集群价值共创需要满足的制度逻辑可以总结如表 2-2 所示。

集群企业共享经济活动如要嵌入到产业聚合时空的社会价值体系中，则需要有效治理来体现这四种制度逻辑的利益相关者关系，合理确定集群价值共创的目标，有效控制共享经济活动的过程，不断提高需要综合平衡的社会绩效，不断为产业聚合时空中的不同层次的利益相关者创造共享的社会价值，使企业社会共享经济得以持续进行。四种制度逻辑是规制集群企业共享经济社会体系关系与治理机制的制度基础。

表 2－2　利益相关者影响集群企业的制度逻辑类别

<table>
<tr><th rowspan="2">时空范围</th><th rowspan="2">利益相关者</th><th colspan="2">关系性质</th><th rowspan="2">逻辑类别</th></tr>
<tr><th>强度</th><th>利益诉求</th></tr>
<tr><td rowspan="2">集群企业</td><td>投资者</td><td rowspan="2">强关系</td><td>剩余索取权</td><td>商务逻辑</td></tr>
<tr><td>员工</td><td>人力资本薪酬</td><td>社会福利逻辑</td></tr>
<tr><td rowspan="4">同质性产业</td><td>同行竞争者</td><td rowspan="4">网络关系</td><td>共享同质性优势</td><td rowspan="2">混合逻辑</td></tr>
<tr><td>潜在的进入者</td><td>共享同质性优势</td></tr>
<tr><td>行业协会</td><td>遵守行业规范与规则</td><td>公共部门逻辑</td></tr>
<tr><td>工会组织</td><td>协调利益关系</td><td>社会福利逻辑</td></tr>
<tr><td rowspan="4">产业集群</td><td>研发机构</td><td>网络关系</td><td>协同创新</td><td rowspan="2">混合逻辑</td></tr>
<tr><td>替代品生产者</td><td>网络关系</td><td>共享产业集群优势</td></tr>
<tr><td>本土供应商</td><td>网络关系</td><td>协同生产与创新</td><td>商务逻辑</td></tr>
<tr><td>本土消费者</td><td>网络关系</td><td>产品与服务效用</td><td>混合逻辑</td></tr>
<tr><td rowspan="2">钻石体系</td><td>要素市场管理部门</td><td rowspan="2">弱关系</td><td rowspan="2">遵守本土规范、规则</td><td rowspan="2">公共部门逻辑</td></tr>
<tr><td>消费市场管理部门</td></tr>
<tr><td rowspan="4">全球价值链系统</td><td>全球要素市场管理部门</td><td rowspan="2">弱关系</td><td rowspan="2">遵守全球规范、规则</td><td rowspan="2">公共部门逻辑</td></tr>
<tr><td>全球消费者市场管理部门</td></tr>
<tr><td>全球供应商</td><td rowspan="2">网络关系</td><td>协同生产与创新</td><td>混合逻辑</td></tr>
<tr><td>全球消费者</td><td>产品与服务效用</td><td>社会服务逻辑</td></tr>
</table>

第四节　集群价值共创的社会选择机制

产业聚合时空中不同层级的利益相关者通过制度逻辑与治理机制可以对集群企业的合法性进行共享经济活动分析与判断、对集群企业的声誉进行评价，从而动态影响集群价值的共创导向。合法性最终存在于利益相关者心里，声誉来源于组织圈外人的信任，地位是主体间的协议。那么，不同层次的利益相关者该如何评价集群企业共享经济的社会合法性？这些利益相关者又如何通过集群价值共创所产生的社会绩效对其声誉进行评价？集群企业声誉又如何影响集群企业在产业聚合社会价值体系中的地位？逐层解答这样一些问题，可以系统地了解集群共享经济体系影响集群价值共创的选择机制。

一、集群共享合法性界定与基本类别

（一）集群共享合法性界定

依据最为广泛接受的定义，合法性是社会参与者依据对组织的认知，对组织尊敬程度的判断或者作为认知与判断的结果所表现出来的接受、认可等态度（Alex，2011），组织参与者的合法性判断代表着一种社会控制机制：通过赋予合法性，鼓励这些组织、提高组织结构的合理性或者增加有益于社会参与者、社会群体和整个社会状况的社会实践活动。

利益相关者主导的合法性判断是影响企业社会价值体系嵌入性的核心要素，也是企业声誉与地位变迁的基础。利益相关者通过制度逻辑来影响和约束集群企业的战略行为。依据一般意义的企业合法性定义，可以将集群企业的合法性界定为与集群企业相关的实体在产业聚合时空结构中，对集群企业是否做出有益于单个利益相关者、产业集群和整个产业聚合时空中的社会关系结构、状况以及演进机制的活动的认知与判断。

在界定集群企业的合法性之后，可以进一步分析集群企业集群共享的合法性维度，即不同利益相关者如何依据集群共享经济的利益诉求，分析与判断集群共享经济行为带来的利益诉求的满足程度。

（二）集群共享合法性的评价维度

1. 集群共享合法性评价维度

社会参与者对组织合法性的评价建立在对组织行动的认知基础上，组织的行动可能与多重利益或风险相关联，而且其行动的方向对于不同的参与者具有不同的重要性（Ruef & Scott，1998）。基于企业特征合法性的评价，可依据程序的合法性、结果的合法性、结构的合法性以及组织特质的合法性等多维视角（Suchman，1995）。联系的合法性以组织与社会其他参与者之间的双边或多边社会关系的性质作为判断依据（Oliver，1995）。luiz（2007）将利益相关者视角下的集群企业的合法性总结为观众、组织行动参与者、评估者的认知特点、利益分配、服从机制等五个维度，每个维度下具有不同的类别。

评价集群企业合法性的五个维度充分体现了集群企业作为混合组织的组织属性，其内涵涵盖了集群企业实施共享经济模式需要遵循的四种制度逻辑，可以认为组织理论中关于利益相关者视角下的集群企业合法性的评价维度与类别适用于分析集群共享合法性分析。

（1）集群企业组织内共享合法性。投资者与员工是集群企业组织边界内的利益相关者，是组织活动的直接参与者，依据契约关系依法享有实物资本投资的剩余索取权以及个体形式人力资本投资的薪酬获取权，因此，涉及组织参与者与利益分配两个维度的合法性。组织内部的利益相关者依据商业逻辑与社会福利逻辑对集群企业的社会合法性进行分析与判断。

（2）同质性产业中共享合法性。同行竞争者、潜在进入者与集群企业具有竞合关系，都是市场机制的服从者，具有与集群企业对等的合法性分析与判断权，其合法性可以纳入组织参与者、服从机制与利益分配三个维度。行业协会与工会组织与集群企业在市场机制中具有多边关系，其合法性涉及组织参与者、服从机制两个维度。行业协会是集群企业行业资质的认定者，工会是利益关系协调者，因此分别涉及认知与利益维度。同质性产业中的利益相关者合法性依据分别包含了混合制度逻辑、公共部门逻辑、社会福利逻辑以及商务逻辑四种制度逻辑。

（3）产业集群中共享合法性。在产业集群中，替代品生产者属于可能产生新的行业的领导者，与同行竞争者、潜在进入者一样具有与集群企业对等的合法性判断类别。研发机构与本土供应商是集群企业协同生产或创新的组织参与者，需要认知集群企业的属性、谈判利益分配、共同服从于产业聚合机制，因此涉及参与者、认知、利益与服从四个维度。产业集群中存在的合法性涵盖了商务逻辑、社会福利逻辑、公共部门逻辑以及混合逻辑等四种制度逻辑。

（4）钻石体系中共享合法性。钻石体系属于体现国家意志的创新体系，政府机构对生产要素市场、消费者市场行使公共管理职能，通过公共政策与多边关系治理推动钻石体系的良性运行，其合法性判断具有服务机制、认知两个维度。公共与私营的服务机构属于集群企业协同生产与创新的参与者，共同服从与产业聚合机制。钻石体系中的合法性主要体现为社会福利逻辑与公共部门逻辑。

（5）全球价值链体系中共享合法性。在本土外的全球价值链系统中，全球要素市场与消费市场的管理机构评审集群企业的国际资质，要求其遵守全球价值链治理规范与规则，其合法性判断涉及认知与服从两个维度。全球供应商与全球消费者与本土供应商只存在时空范围的差别，其合法性判断具有相同的维度。全球价值链体系中的合法性体现了集群企业社会创业需要遵循的所有制度逻辑。

2. 集群共享合法性类别分析

按照利益相关者结构，在产业聚合体系中，不同的利益相关者具有不同的利益诉求和治理机制，因此利益相关者不同，利益相关者对集群企业行为要求的制度逻辑不同，集群企业合法性就具有不同的内涵，产业聚合时空中利益相关者对集群共享合法性进行分析与判断的类别总结如表 2-3 所示。

表 2-3 利益相关者视角下社会创业的合法性类别

范围	利益相关者	利益诉求	合法性维度	合法性类别
集群企业	投资者	剩余索取权	组织参与者	组织特征与联系的合法性
			利益分配	实际与道德合法性
	员工	人力资本薪酬	组织参与者	组织特征与联系的合法性
			利益分配	实际与道德合法性
同质性产业	同行竞争者	共享同质性产业经济优势	观众	媒体的合法性监管的合法性
			利益分配	实际与道德合法性
	潜在的进入者		观众	媒体的合法性监管的合法性
			利益分配	实际与道德合法性
	行业协会	遵守行业规范与规则	组织参与者	组织特征与联系的合法性
			服从机制	规范与规则的合法性
			认知特征	认知与社会政治的合法性
	工会组织	协调员工与组织利益分配	组织参与者	组织特征与联系的合法性
			利益分配	实际与道德合法性
产业集群	替代品生产者	共享产业集群竞争优势	观众	媒体的合法性监管的合法性
			利益分配	实际与道德合法性
	研发机构	协同创新	组织参与者	组织特征与联系的合法性
			服从机制	规范与规则的合法性
			认知特征	认知与社会政治的合法性
			利益分配	实际与道德合法性
	本土供应商	协同生产与创新	组织参与者	组织特征与联系的合法性
			服从机制	规范与规则的合法性
			认知特征	认知与社会政治的合法性
			利益分配	实际与道德合法性

续表

范围	利益相关者	利益诉求	合法性维度	合法性类别
产业集群	本土消费者	产品与服务效用	观众	媒体的合法性监管的合法性
			认知特征	认知与社会政治的合法性
	公共与私营服务机构	协同生产与创新	组织参与者	规范与规则的合法性
			服从机制	媒体与监管的合法性
钻石体系	要素市场管理部门	遵守本土规范、规则	服从机制	媒体与监管的合法性
	消费市场管理部门		认知特点	认知与社会政治的合法性
全球价值链系统	全球要素市场管理部门	遵守全球规范、规则	服从机制	媒体与监管的合法性
	全球消费市场管理部门		认知特点	认知与社会政治的合法性
	全球供应商	协同生产与创新	组织参与者	认知与社会政治的合法性
			服从机制	媒体与监管的合法性
			认知特点	认知与社会政治的合法性
			利益分配	实际与道德合法性
	全球消费者	产品与服务效用	观众	媒体的合法性监管的合法性
			认知特征	认知与社会政治的合法性

表2-3展示的利益相关者视角下集群共享合法性类别，可以帮助集群企业管理者系统了解集群企业共享产权的获取途径，以及影响集群共享产权的主要利益相关者的利益诉求。集群企业共享经济模式只有满足所有利益相关者的利益诉求，才有可能嵌入共享经济体系，创造共享价值。

二、集群共享声誉界定与类别分析

动态分析产业聚合时空中多维利益相关者如何运用制度逻辑影响集群企业的共享经济过程，需要借助组织理论中通常与合法性配套使用的另外两个核心概念：声誉和地位。

声誉具有与合法性相对应的多维内涵，产业聚合时空中的利益相关者可以依据合法性对集群企业社会活动的嵌入性进行分析与判断。通过收集集群共享绩效信息，依据集群共创价值，对其经济贡献和社会贡献进行评价，从而对集群企业的品牌价值产生影响。

在特定的时期中，集群共享绩效是利益相关者对集群共享声誉做出分析与判断的基础。在产业聚合时空中，不同时空范围的利益相关者对集群企业具有不同的利益诉求与制度逻辑，而且利益诉求具有动态变化的属性。因此，集群共享声誉是可以用来评价集群共享经济体系中利益相关者动态影响集群企业集群价值共创过程的关键。

（一）集群共享声誉的界定

Alex（2011）认为，声誉源于企业过去的行动以及履行行动的特定方式，反映了局外人对行动的期望或组织的信仰。评价声誉的维度包括质量绩效，代表企业特征的市场知识、为利益相关者创造价值的能力、满足多重利益相关者期望的过程中所取得的相关的成就，等等。概而言之，声誉是利益相关者对于组织在满足许多利益相关者的期望与要求时所做的总结。声誉存在于利益相关者的眼中，利益相关者是评价企业声誉的主体。利益相关者的利益诉求与企业社会绩效之间的相对状态与比较结果是声誉评价的核心内容。声誉评价可以对企业的地位变迁带来影响。声誉体现了利益相关者对企业未来创造共享价值趋势的期望。

与一般意义的企业声誉相比，集群共享声誉评价者聚合在产业聚合时空中，具有层次分明的多维利益诉求。社会福利逻辑、商务逻辑、公共部门逻辑以及混合逻辑可以作为集群共享声誉分析与判断的基础。在双边或多边治理机制的作用下，集群企业与利益相关者之间形成了关系更为密切的利益共同体，因此，利益相关者的声誉评价对集群共享地位变迁具有更为显著的影响。更为重要的是，在集群意识支配下，集群共享绩效是集群共享声誉评价的核心内容。

依据组织理论中关于声誉的定义、集群企业属性、利益相关者诉求以及声誉的制度作用，可以将集群共享声誉界定为利益相关者对集群企业过去的满足组织利益，促进同质性产业与产业集群发展，以及提高企业、产业、产业集群的升级与竞争力的集群共享绩效评价以及在未来创造集群共享价值的期望。集群共享声誉是利益相关者对于集群共享绩效评价和集群价值共创能力的预期。集群共享声誉评价直接影响集群企业在集群共享经济体系中获取机会、资本与人员的能力，进而影响其集群共享地位。

（二）集群共享声誉类别分类

集群企业以外的利益相关者都是集群共享声誉的评价者，集群共享声誉与集群共享合法性具有相近的评价维度与类别，如表 2-4 所示。

表2-4　利益相关者视角下集群共享声誉类别

范围	利益相关者	利益诉求	声誉维度	声誉类别
同质性产业	同行竞争者	共享同质性产业经济优势	观众	媒体的声誉监管的声誉
			利益分配	实际与道德声誉
	潜在的进入者		观众	媒体的声誉监管的声誉
			利益分配	实际与道德声誉
	行业协会	遵守行业规范与规则	组织参与者	组织特征与联系的声誉
			服从机制	规范与规则的声誉
			认知特征	认知与社会政治的声誉
	工会组织	协调员工与组织利益分配	组织参与者	组织特征与联系的声誉
			利益分配	实际与道德声誉
产业集群	替代品生产者	共享产业集群竞争优势	观众	媒体的声誉监管的声誉
			利益分配	实际与道德声誉
	研发机构	协同创新	组织参与者	组织特征与联系的声誉
			服从机制	规范与规则的声誉
			认知特征	认知与社会政治的声誉
			利益分配	实际与道德声誉
	本土供应商	协同生产与创新	组织参与者	组织特征与联系的声誉
			服从机制	规范与规则的声誉
			认知特征	认知与社会政治的声誉
			利益分配	实际与道德声誉
	本土消费者	产品与服务效用	观众	媒体的声誉监管的声誉
			认知特征	认知与社会政治的声誉
	公共与私营服务机构	协同生产与创新	组织参与者	规范与规则的声誉
			服从机制	媒体与监管的声誉
钻石体系	要素市场管理部门	遵守本土规范、规则	服从机制	媒体与监管的声誉
	消费市场管理部门		认知特点	认知与社会政治的声誉
全球价值链系统	全球要素市场管理部门	遵守全球规范、规则	服从机制	媒体与监管的声誉
	全球消费市场管理部门		认知特点	认知与社会政治的声誉
	全球供应商	协同生产与创新	组织参与者	认知与社会政治的声誉
			服从机制	媒体与监管的声誉
			认知特点	认知与社会政治的声誉
			利益分配	实际与道德声誉
	全球消费者	产品与服务效用	观众	媒体的声誉监管的声誉
			认知特征	认知与社会政治的声誉

表2-4列示了影响集群共享声誉的主要利益相关者，以及评价集群共享声誉的主要方式。集群企业共享经济模式能否获得可持续发展，关键在于集群企业能否在共享经济体系中通过为利益相关者创造共享价值、满足多元利益相关者的利益诉求，持续积累集群的共享声誉。

三、集群共享地位界定及其变迁方式

（一）集群企业的地位界定

在组织理论中，地位定义也是多维的，如："社会总体中某个行动者的声誉地位""存在于人与人之间的与威信与尊重相关的等级关系""给定的社会结构中，由主体间商定与接受的关于个体、群体、组织或者一个社会系统中活动的秩序或等级""在特定社会结构中，企业所拥有的由其层级位置所决定的声誉"（Alex，2011）。这些定义可以总结为：企业地位是在特定的社会结构中由主体协商与接受的与声誉相匹配的秩序与等级。

集群企业的地位与网络的闭合性、中心性以及价值链位置相关，企业产品与服务在市场中的声誉，企业在要素市场、金融市场以及协同生产与创新过程中的声誉也会影响到企业在社会价值体系中的受尊重程度，集群企业的地位体现了在社会绩效综合评价基础上的社会价值体系中的等级与秩序。

运用组织理论一般性定义，结合社会价值体系的结构特征，可以将集群共享地位界定为在集群共享经济体系中，位于不同层级结构的利益相关者通过双边或多边关系与治理机制，在特定社会绩效评价基础上，通过与集群企业的谈判、协商或者资质认证与监管所形成的与集群企业声誉相匹配的秩序与等级。

（二）集群共享合法性、声誉、地位的相互关系及其选择机制分析

1. 集群共享合法性与集群共享声誉

在组织合法性的类别中，认知维度的合法性与声誉具有接近之处，评价的内容也有重叠的部分，但是二者在揭示企业社会属性时具有显著的差别，前者的判断依据是历史上典型的组织特征（Aldrich，1994），后者则是从企业过去的行动总结出系列特征（Weigelt，1988）。关键的差异在于认知推理的性质，可以从评价依据、评价目的、核心、认知逻辑以及社会作用等维度（Alex，2011）对两者之间的差别进行区分，列表2-5所示：

表 2-5 合法性、声誉概念内涵比较表

比较维度	合法性	声誉	文献来源
评价依据	标志性象征	趋势性信号	Rao，1994
评价的目的	社会产权判断	组织间的比较	Deephouse & Carter，2005
评判的结果	接受与不接受	差异性	Deephouse & Suchman，2008
认知逻辑	社会性	经济逻辑	Deephouse &Suchman，2008
社会作用	进入同类群体	与其他成员区分开来	Barnett，2006

资料来源：Alex（2011）

运用合法性与声誉两个既具有内涵重叠与联系，又具有显著差别的概念，可以分析集群共享产权的获取以及集群企业在持续行使集群产权时社会资本的积累过程之间的相互联系。这种联系事实上体现了集群企业获取产业聚合时空中的社会产权，并通过集群价值共创积累社会资本的动态过程。

不同层面的利益相关者通过对集群共享合法性分析与判断，对集群企业能否进入产业聚合时空，是否具有集群价值共创能力形成了一种集群选择机制。集群企业取得合法性意味着获取了产业共享经济体系中的集群共享产权，具有与同类集群企业一起协同创新、生产，通过利用产业聚合时空优势获取国际竞争力的资格，这是集群共享经济过程法律意义的起点。

获取集群共享产权之后，集群企业需要通过集群价值共创活动创造共享价值，持续满足多维利益相关者的需要。而利益相关者则可以通过对集群共享绩效进行评价，对不同集群企业进行比较，通过给予与建立基于集群共享绩效的声誉机制，鼓励集群企业持续创造共享利益；同时，对集群共享绩效较差的企业进行监管、约束。如果说集群共享合法性判断是对集群企业在不同时空范围中集群共享产权资格的鉴定，那么，对集群共享声誉的评价则是对集群企业行使集群共享产权即集群价值共创过程的监管与评估。

2. 集群共享声誉与集群共享地位

取得合法性的企业通过为利益相关者创造价值，凭借声誉取得一定的地位。声誉是可以将同类组织区分开来的反映发展趋势的属性，是利益相关者与组织之间通过谈判取得新的合法地位的基础。运用声誉和地位，可以分析组织在社会结构中动态的发展过程。同时，两者之间在评价的主体、认知的形成过程、评价的目的、结果、认知逻辑以及社会作用等方面又存在着显著差异，如表 2-6 所示。

表 2-6　声誉与地位概念内涵比较表

比较维度	声誉	地位
评价依据	趋势性信号	等级关系　绩效期望　声誉
评价的目的	组织间的比较	组织间的比较
评判的结果	认知差异性	合法的等级序列
认知逻辑	经济逻辑	经济与社会逻辑
社会作用	与其他成员区分开来	取得结构化的位置

资料来源：Alex（2011）

声誉和地位两个概念可以用来分析集群共享经济的动态发展过程。集群企业组织外不同层面的利益相关者依据自身的利益诉求，对集群企业的集群价值共创能力进行分析与判断，依据对集群共享绩效认知的差异性以及集群共享组织间的比较将特定的集群企业与其他集群企业区分开来。不同层面的利益相关者对于集群共享声誉的判断本质上是对集群企业行使集群共享产权能力即集群价值共创所产生的集群共享绩效进行评价。由于多元的利益相关者具有不同的重要程度，集群企业在利益权衡后满足不同的利益诉求，因此，不同维度的集群共享声誉评价是不均衡的。

集群企业多维度的集群共享声誉结构特征及其量的积累是影响不同利益相关者对集群企业现有地位以及发展区域的认可程度与支持态度的依据。利益相关者对于集群企业的声誉评价为集群企业在产业集群中的结构化地位奠定了基础，与集群企业具有双边或多边关系的利益相关者可以依据产业聚合时空中的区域性网络与全球价值链系统结构，通过谈判、资质评价对集群企业进行比较，并将新的合法性判断赋予特定集群企业在区域网络或全球价值链体系中的结构化等级位置。集群企业通过集群价值共创所产生的集群共享绩效不断提高。

3. 集群共享合法性与集群共享地位

按照组织理论中关于地位的多维概念内涵，企业凭借在特定环境中获取的声誉及其与利益相关者之间的谈判，则可以使受尊重的地位合法化（Fombrun，200）。具有差异性的地位是个体、群体、组织与活动主体间通过谈判而同意和接受秩序的结果（Berger，1998），显示了在结构化社会中（Washington，2005）组织由于适合规范的价值体系，所取得的合法相对位置（Rindova，2006）。

地位意味着社会的接受行动，以及按照组织承诺进入更高地位时可能被接受的特定的绩效标准（Alex，2011）。组织的地位变迁要建立在声誉的基础上，而地位的判断则需要合法性认证，地位合法性认证的依据则是对特定地位具有利益诉求的利益相关者提出的一系列绩效期望。对地位进行判断的逻辑既有经济逻辑又有社会逻辑。合法性与地位之间的关系比较如下表2-7：

表2-7　合法性与地位内涵比较表

比较维度	合法性	地位
评价依据	标志性象征	等级关系　绩效期望　声誉
评价的目的	社会接受	组织间的比较
评判结果	接受与不接受	合法的等级序列
认知逻辑	社会性	经济与社会逻辑
社会作用	进入同类群体	取得结构化的位置

资料来源：Alex（2011）

运用合法性与地位可以用来进一步分析集群共享合法地位的取得机制。在双边或多边治理机制中的利益相关者，对于通过集群价值共创的社会绩效具有一定声誉积累的集群企业，可以基于区域性网络或全球价值体系的现有结构、等级关系、不同层级的绩效期望以及集群企业过去行为积累的声誉，通过组织间的比较，对其进入更高等级的位置进行分析与判断，如果合法性通过，那么集群企业将进入更有利的网络结构或价值链治理位置。

由于地位结构化的特征是使组织的绩效限定在一个给定的低于更高级别群的地位维度的社会闭合机制（Bansal，2004），因此，集群企业的社会网络与价值链位置是通过集群企业与产业聚合时空中的利益相关者之间谈判而形成的，集群企业在产业聚合时空中取得合法地位，需要遵循社会福利逻辑、经济逻辑、公共部门逻辑以及混合逻辑。这一命题与区域以及全球价值链治理理论是一致的。运用地位与合法性判断，集群企业的利益相关者可以对集群共享产权的使用过程即集群价值共创过程进行动态的监管、评价与调整，使之更好地服务于利益相关者的利益诉求与关系平衡。

四、合法性、声誉与地位基础上的社会选择机制

通过系统考察，可以揭示企业社会属性的三个核心概念：合法性、声誉与地位的多维结构内涵以及相互关系，结合集群企业的混合组织性质与多维制度约束的集群共享经济环境特点。运用新构建的三个新概念：集群共享合

法性、集群共享声誉、集群共享地位，可以分析影响集群企业嵌入性、集群产权资格与使用过程的社会选择、约束机制以及激励机制。

集群共享合法性来判断和可以体现集群共享经济体系的控制机制。集群共享经济的利益相关者通过集群共享合法性来判断和审核集群企业实施共享经济模式的社会资质。集群共享声誉的评价以及集群共享地位的变迁可以展示对集群企业共享经济模式的过程监控与动态调节机制。

获取集群共享产权是集群价值共创的必要条件，集群共享合法性则是取得与变更集群企业共享产权的基础。获取集群共享产权的集群企业通过集群价值共创持续为多元利益相关者创造共享价值，而利益相关者依据集群企业的集群共享绩效与自身的利益诉求对其集群共享声誉进行评价，对集群企业的社会资本积累过程产生影响。在集群共享声誉评价的基础上，利益相关者相互调整与集群企业之间的相互关系，并付诸影响集群企业的集群共享地位变迁的行为，从而形成了影响集群共享声誉与地位变迁的干预机制。

（一）集群共享合法性基础上集群共享产权的取得与变更机制

集群企业取得集群共享合法性影响到集群企业在不同时空范围的嵌入性，这是实施集群共享经济的必要条件。具有一定集群共享声誉的集群企业在不同时空范围或发展阶段取得集群共享产权以及变更社会地位时，也需要不同层次的利益相关者进行社会政治的合法性判断，合法性判断是影响集群企业获取或变更集群共享产权的社会选择基础。在集群共享经济时空中，不同层面的利益相关者对集群企业集群共享合法性的判断对集群企业获取或变更集群共享产权可能产生的影响可以总结如表 2－8：

表 2－8　集群共享合法性基础上集群产权的获取与变更机制推论

范围	利益相关者	利益诉求	合法性判断结果	
			社会接受	社会不接受
集群企业	实物资本投资者	剩余索取权	获取企业经营权	失去企业经营权
	人力资本投资者	人力资本薪酬		
同行产业	同行竞争者	共享同质性产业经济优势	获取共享经济优势机会	失去共享经济优势机会
	潜在进入者			
	行业协会	遵守行业规范与规则	获取行业资质	失去行业资质
	工会	协调劳资关系	劳资关系协调	劳资关系失调

续表

范围	利益相关者	利益诉求	合法性判断结果	
			社会接受	社会不接受
产业集群	替代品生产者	共享集群竞争优势	获取共享机会	失去共享机会
	研发机构	协同生产与创新	获取协同机会	失去协同机会
	服务机构			
	本土供应商			
	本土消费者	产品或服务效用	获取市场份额	失去市场份额
钻石体系	要素市场管理部门	遵守本土市场规范与规则	获取进入本土市场资质	失去进入本土市场机会
	消费市场管理部门			
全球价值链系统	全球消费者	产品或服务效用	获取市场份额	失去市场份额
	全球供应商	协同生产与创新	获取协同机会	失去协同机会
	要素市场管理部门	遵守全球市场规范与规则	获取进入全球市场资质	失去进入全球市场机会
	消费市场管理部门			

表2-8中总结的集群共享合法性基础上集群共享产权的获取和变更机制表明，利益相关者可以通过合法性分析与判断决定集群企业的集群共享产权获取和变更结果，这对集群企业共享经济过程以及集群价值共创的目标导向具有决定性的影响。因此，集群共享合法性基础上的集群共享产权取得与变更机制是集群共享经济体系中集群选择机制的基础。

(二) 集群共享声誉基础上的集群共享绩效评价机制

利益相关者对集群价值共创所形成的集群共享绩效做出评价并提出未来的预期，通过评价集群共享声誉将不同集群企业为利益相关者创造价值的能力区分开来。集群共享声誉判断本质上是通过声誉的等级排序鼓励那些集群共享绩效较好的集群企业，同时对后进企业加以鞭策。

依据集群共享声誉的基本类别，利益相关者的利益诉求以及制度逻辑，可以分析集群企业的声誉评价对不同利益相关者的态度或行为产生影响，将集群共享声誉基础上集群共享绩效的评价机制总结如表2-9所示。

依据表2-9，利益相关者可以以集群共享绩效作为评估集群共享声誉的依据，通过集群共享声誉的评价影响集群价值共创过程与集群社会资本的积累，进而影响到集群企业共享经济可持续能力，因此，集群企业需要努力提高集群价值共创能力，通过集群共享绩效不断提升集群声誉和集群社会资本。

表 2-9　集群共享声誉基础上的集群共享绩效绩效评价机制推论

范围	利益相关者	利益诉求	声誉判断结果对集群企业的影响		
			差	中等	好
同质性产业	同行竞争者	共享同质性优势	减少共享活动		增加共享活动
	潜在的进入者				
	行业协会	遵循行业规范与规则	降低行业资质等级		增加行业资质等级
	工会组织	协调员工与组织利益分配	调整结构与利益关系		可以获取更多支持
产业集群	替代品生产者	共享区域或产业集群优势	减少共享活动		增加共享活动
	研发机构	协同创新	减少协同活动		增加协同活动
	服务机构	协同生产与创新		维持现状	
	本土供应商	协同生产与创新			
	本土消费者	产品与服务效用	减少市场份额		增加市场份额
钻石体系	要素市场管理部门	遵守本土规范、规则	降低本土资质等级		提高本土资质等级
	消费市场管理部门				
全球价值链系统	全球供应商	协同生产与创新	减少协同活动		增加协同活动
	全球消费者	产品与服务效用	减少市场份额		增加市场份额
	全球要素市场管理部门	遵守全球规范、规则	降低全球资质等级		减少全球资质等级
	全球消费市场管理部门				

集群共享声誉基础上集群共享绩效的动态评价制度是体现集群共享经济中动态集群选择机制的核心内容，是集群企业管理者需要洞察的关键制度环境，这一动态制度机制建立在集群共享合法性以及集群共享产权的获取机制基础上，又是影响集群共享产权变更的基础，因此，这一制度逻辑贯穿着集群选择机制的全过程，是影响集群价值共创有效性的决定性制度。

（三）集群共享地位基础上的利益相关者行动干预机制

在集群共享经济中，利益相关者对于集群共享合法性的判断形成了一种集群选择机制，通过环境过滤与制度选择使具有一定资质与集群意识的集群企业得以获取集群共享经济产权，利用集群共享经济优势提高协同生产与创新能力以及价值链升级能力，通过集群价值共创提高共享经济可持续能力。而利益相关者则可以利用制度逻辑，依据自身的利益诉求以及集群共享绩效对集群共创声誉进行评价。通过对集群共享声誉进行评价，利益相关者可以将不同集群企业的价值共创绩效有效地区分开来，从而为动态调整集群企业在社会网络与价值链体系中的地位提供了一种集群选择机制。

地位是一种结构化的概念，依据本书对集群地位的界定，集群企业限定了组织属性，组织活动赖以产生的时空边界，同质性产业为集群企业利用规模经济、范围经济以及集体学习机制提供了便利条件，区域性网络、钻石体系、全球价值链系统则是集群企业地位形成与变迁的结构性时空。依据本节中关于利益相关者类别、利益诉求以及利用集群合法性、集群声誉以及集群地位归纳总结的集群选择体制分析，可以将集群共享经济体系中利益相关者利用社会福利逻辑、商务逻辑、公共部门逻辑以及混合逻辑等制度逻辑影响集群企业地位形成与变迁的作用总结如表2－10。

表2－10　集群地位基础上利益相关者行动干预机制推论

<table>
<tr><th>范围</th><th>利益相关者</th><th>利益诉求</th><th>对集群企业地位形成与变迁的作用</th></tr>
<tr><td rowspan="2">集群企业</td><td>投资者</td><td>剩余索取权</td><td rowspan="2">影响组织基本属性、活动导向、关系性质与实际绩效，是决定地位的根本力量</td></tr>
<tr><td>员工</td><td>人力资本薪酬</td></tr>
<tr><td rowspan="4">同质性产业</td><td>同行竞争者</td><td rowspan="2">共享同质性优势</td><td rowspan="2">通过合法性与声誉判断确定并调整竞合关系，从而影响行业地位</td></tr>
<tr><td>潜在的进入者</td></tr>
<tr><td>行业协会</td><td>遵循行业规范与规则</td><td>通过合法性与声誉判断确定并调整行业地位</td></tr>
<tr><td>工会组织</td><td>协调员工与组织利益分配</td><td>通过合法性与声誉判断确定或调整集群企业的社会影响与地位</td></tr>
<tr><td rowspan="5">产业集群</td><td>替代品生产者</td><td>共享产业集群</td><td>通过合法性判断确定竞合关系，通过声誉分析双边关系走向，再通过合法性确定新的竞合关系</td></tr>
<tr><td>研发机构</td><td>协同创新</td><td rowspan="3">通过合法性判断确定协同关系，通过双边谈判界定区域网络与价值链系统的相对位置，通过声誉判断相对地位的变迁趋势，通过合法性确立新的相对位置</td></tr>
<tr><td>本土供应商</td><td>协同生产与创新</td></tr>
<tr><td>服务机构</td><td>协同生产与创新</td></tr>
<tr><td>本土消费者</td><td>产品与服务效用</td><td>通过资质合法性、质量、信誉等声誉判断影响市场地位</td></tr>
<tr><td rowspan="2">钻石体系</td><td>要素市场管理部门</td><td rowspan="2">遵守本土规范、规则</td><td rowspan="2">通过资质认定与合法性判断确定集群企业的行业与市场地位，通过监管活动与声誉判断对集群企业的地位变迁趋势做出评价，并通过新的合法性判断确立新的地位</td></tr>
<tr><td>消费市场管理部门</td></tr>
<tr><td rowspan="4">全球价值链系统</td><td>全球要素市场管理部门</td><td rowspan="2">遵守全球规范、规则</td><td rowspan="2">通过资质认证与合法性判断确定集群企业在全球价值链中的地位，通过价值链治理与声誉的判断对集群企业在价值链体系中的变迁趋势做出评价，并通过新的合法性判断确立新的地位</td></tr>
<tr><td>全球消费市场管理部门</td></tr>
<tr><td>全球供应商</td><td>协同生产与创新</td><td>通过合法性判断确定协同关系，通过双边谈判界定全球网络与价值链系统的相对位置，通过声誉判断相对地位的变迁趋势，通过合法性确立新的相对位置</td></tr>
<tr><td>全球消费者</td><td>产品与服务效用</td><td>通过资质合法性以及质量、信誉等声誉的判断影响全球市场地位</td></tr>
</table>

表2－10所示的集群地位基础上利益相关者的行为干预机制，建立在集群共享产权的获取和变更机制及集群共享绩效的评估机制基础上，集群企业的地位变迁以集群共享合法性确认为基本标识，是集群共享声誉变化引起社会产权变更的结果。这一机制可以理解为集群共享经济时空中集群选择机制的具体表现。依据表2－10的推论，集群企业首先需要获取集群共享合法性，然后通过集群价值共创不断提高集群共享声誉和集群社会资本，从而在集群共享经济体系中实现集群地位的变迁。

集群共享合法性基础上集群共享产权的获取与变更机制、集群共享声誉基础上的集群共享动态绩效评价机制以及集群共享地位基础上的利益者行为干预机制三种机制组成了集群企业共享经济模式基本制度环境。利益相关者通过这三种形式的集群选择机制来规制集群共享经济过程。

第五节　共享经济环境规制价值共创路径分析和理论假设

通过第一节至第三节的集群共享时空环境结构与制度环境分析，可以了解到产业集群所具有多种形式的共享经济，同时存在利益相关者主导下的动态的社会选择机制。依据这些理论分析的系列推论，这一节将提炼出可以描述集群共享经济模式环境要素的概念以及这些要素之间的相互关系假设。

一、集群共享环境的基本属性分析和界定

（一）集群共享环境的基本属性

依据第一节的理论分析，集群共享经济环境存在四重时空结构。不同的共享时空中存在不同的利益相关者结构与治理机制。在不同时空中，共享经济要素通过集群网络相互联系，形成了促进和有利于集群企业选择和实施共享经济模式的集群共享经济体系。为了系统评估该环境的特征，需要从经济和社会的双重视角来评估集群共享经济的环境属性。

1. 集群共享经济

集群企业可以共享产业集群中的专业人才库、行业的非贸易输入、知识的溢出效应，共享基础设施、剩余资源，共享学习曲线效应和由此带来的不

断增长的回报。这些集群环境共享诱因除了与降低交易成本相关之外，还包括盘活存量资本、减少基础设施投资和技术工人培训费用、充分利用产业集聚带来的规模经济和范围经济等战略动机。

主流共享经济理论中虽然有交易成本理论和协同消费理论可以用来解释企业共享经济的诱因和行为特征，但是在前面关于集群企业共享经济环境结构、治理机制以及制度特征的分析中可以了解到，集群企业共享经济的诱因远远超出了交易成本理论的解释范畴。在市场机制和社会选择机制共同作用下，共享经济行为具有多重内涵。

鉴于交易成本理论中没有全面描述集群企业共享经济动机的概念，可以构建“集群共享经济”的概念来描述集群企业共享经济的环境诱因。“集群共享经济”是指集群企业实施共享经济模式时的集群环境诱因，其中既包括降低交易成本的经济诱因，也包括该诱因以外的其他诱因，即可以利用产业聚合优势，通过共享区域性经济资源和降低交易成本、盘活存量资产、减少基础性投入等途径，来提高持续创新和生产能力。

依据共享集群经济资源类别对企业持续竞争优势可能产生的影响，可以将这些诱因分为三类。第一类是共享经济资源，如共享基础设施、剩余物品、创意、技术等，这类诱因与直接减少创新和生产费用相关。第二类是共享公共服务，这类诱因与降低交易成本相关，包括降低搜索成本、联系成本和签约成本。第三类是共享市场机制，这类诱因源于同质性产业集聚和良好的市场竞争机制可以减少机会主义，增加共享经济的选项，从而降低因共享而产生的路径锁定风险。

2. 集群社会资本

依据本章第一节和第二节关于产业聚合体系社会属性的分析，集群企业与利益相关者之间在共享经济体系中形成了可以共享信息、知识和技术的集群网络。依照第三节的理论分析，集群企业嵌入集群网络，需要获取集群共享产权、通过集群价值共创积累集群共享声誉并谋求在集群共享经济体系中集群共享地位的有利变迁，因此，集群网络是影响集群企业共享经济模式的重要环境因素。

集群网络属于创新网络，各类创新主体竞争与合作，形成一个创新生态。集群企业网络与利益相关者网络相互联系、相互影响，形成特定的集群共享经济网络结构。集群企业可以利用集群网络来识别共享经济机会、整合共享经济资源、交流共享经济信息，还可以通过自身的网络投资和治理，改善网络结构，提高集群价值共创能力，因此，集群网络环境属于集群企业的社会资本。

在产业集群中，本土成员可以通过集群网络优先与其他国内或国际的产业集群进行沟通或建立潜在的联系，集群企业可以通过选择供应商、顾客以及竞争战略塑造集群网络结构与竞争态势，而集群企业是否以及如何嵌入集群网络中则受集群网络属性的影响。集群网络通过市场机制和利益相关者的关系来治理和影响集群企业的集群意识并规制集群企业的战略导向。

依据集群企业影响钻石体系和产业集群良性发展的角色作用以及集群网络规制集群价值共创导向的社会属性，可以用集群社会资本来描述影响集群企业共享经济模式的产业集群网络结构特征。集群社会资本是指存在于集群企业及其协同组织之间，便于集群企业识别共享经济机会，整合共享经济资源，协调集群价值共创过程、提高集群价值共创的区域性网络属性。

（二）利益相关者主导的经济和社会力量

依据第一节和第二节的分析结论，集群企业共享经时空中存在多元利益相关者，这些利益相关者依据制度逻辑提出利益诉求并通过市场和社会选择机制影响集群企业的共享经济模式。依据第三节关于影响集群企业合法性、声誉和地位的动态的社会选择机制理论分析，在基本的产业结构中存在影响集群企业盈利能力的经济力量，而在更为广泛的社会网络中，更多的利益相关者在双边和多边治理机制下，对集群企业的社会绩效进行评价，对合法性进行判断，利用动态的社会选择对集群企业的声誉和地位产生影响。

在集群共享经济体系中，利益相关者主导的市场和社会影响力是集群共享经济体系中作用于集群企业战略选择的直接力量。这些力量影响集群共享合法性、集群声誉的积累以及集群共享地位的变迁，因此，深入了解集群共享经济环境的本质属性需要进一步分析直接规制集群企业共享经济行为的经济力量和社会力量。

1. 集群竞争力

市场竞争是推动产业集群演进与发展的内在动力，也是优化集群企业共享经济资源配置的体制基础。主流共享经济理论关注了共享经济的动机、行为以及多边交易现象，但是忽略了市场竞争因素。只要是企业主体行为，就存在市场竞争。实施共享经济模式的集群企业只有具备了足够的影响能力，才能持续经营与发展，因此，深入了解影响集群企业共享经济可持续发展能力的集群企业共享环境特征，就必须分析其中的市场竞争力。

借鉴波特的五力模型，可以构建“集群竞争力”概念来描述影响集群企业共享经济盈利能力的市场影响力。集群竞争力是指产业集群中影响集群企业行为经济价值导向的产业竞争力，其中包括供应商的讨价还价能力、顾客的讨价还价能力、同行竞争力、潜在进入者竞争力以及替代品生产者竞争力。

集群竞争力塑造产业竞争态势，影响集群企业盈利空间的大小，是促使集群企业持续投资和创新的基本力量，也是推动产业集群创新和升级以及钻石体系良性运行的体制基础。因此，集群竞争力可以视为影响集群企业共享经济模式的重要集群环境因素，是影响共享经济产业竞争态势的决定力量，是选择提高竞争优势的有效战略路径的依据，也是促使集群企业持续投资和创新的动力。

2. 集群选择力

主流共享经济理论较少关注影响集群企业共享经济模式的利益相关者结构及其治理机制，然而在集群网络中，存在于基本产业结构之外的更多的利益相关者如政府机构及其管理者、行业协会等具有更为广泛的社会利益诉求。这些利益相关者在多边治理机制下，可以对集群企业共享经济模式的经济绩效以外的社会价值即集群共享绩效进行评价，依据不同层面的社会利益诉求对集群共享合法性进行判断，利用动态的社会选择机制对集群企业的集群共享声誉和集群共享地位产生影响，从而影响集群企业的价值链地位及其变迁趋势。

利益相关者通过双边或多边治理机制形成的社会影响力，决定了集群企业实施共享经济模式所应该满足的共享价值结构与治理机制，促使集群企业通过创造共享价值提高其合法性、声誉和社会地位变迁能力。这种影响集群企业共享经济模式可能创造的共享价值结构与治理机制的社会力量，可以称为集群选择力。集群选择力，是指集群企业利益相关者主导的影响集群共享经济体系中共享价值结构与治理机制的社会影响力。

集群选择力中界定的利益相关者包含政府管理机构、行业协会、消费者协会、公共媒体、工会等，这些利益相关者是社会群体利益的代表，在产业集群的多边治理机制中具有影响集群企业共享价值结构、协调共享经济资源配置、平衡共享经济收益、谋求共享经济可持续发展的社会功能。由于集群企业共享经济有利于盘活产业集群中存量资产、提高协同创新和生产能力、催生新业态、促进产业和升级能力，因此，促进集群共享经济活动的社会价值必然是“集群选择力”的价值导向。

（三）集群共享经济的价值导向：集群价值共创

从共享经济视角分析，钻石体系催生的产业集群具有明确的制度导向，即通过共享经济体系减少新创企业的进入成本，使其有能力突破特定产业尤其是新兴产业的规模经济障碍，并通过激烈的市场竞争促使其投资与创新，从而促进钻石体系的良性运行和产业集群的健康发展。依据第一节和第二节中理论分析成果，具有共享经济体系特征的集群共享环境，在市场机制和社会选择机制的作用下，具有利益相关者主导的价值导向。

集群共享经济诱因同时具有经济成分和社会成分。在集群企业共享经济的环境规制力量中，既有影响经济价值导向的集群竞争力，也有影响社会价值导向的集群选择力。利益相关者主导下的价值导向必然会超出交易成本理论和协同消费理论中的较为简单的行为模式，这一价值导向有助于集群共享经济可持续发展，而集群企业可持续发展的前提条件是通过满足多元利益相关者的利益诉求，获取集群共享产权，通过创造集群共享价值积累集群共享声誉并谋求在集群共享经济社会体系中集群共享地位的有利变迁。

共享经济的形成和发展代表着钻石体系和产业集群演进的价值取向，在双边或多边治理机制的作用下，产业聚合体系中的利益相关者依据集群企业的社会绩效，对其合法性进行判断，通过动态的社会选择机制对集群企业的声誉和社会地位产生影响，从而促进集群企业通过社会创业对共享经济体系做出应有的共享，因此，产业聚合体系的价值导向就是社会创业，即产业聚合体系中的利益相关者要求集群企业通过创造共享价值改善产业聚合体系结构和运行状况的前提下构建长期竞争优势。

社会创业导向反映了“看得见的手”和“看不见的手”影响集群企业时空战略的行政意识和体制目标，是满足广泛的利益相关者共享价值诉求的制度诉求，是动态社会选择机制的价值准绳，可界定为体现产业聚合体系产业经济、网络经济、区域经济和全球化经济要求，服从合法性、声誉和地位基础上的动态社会选择机制所约束的集群企业时空战略倾向。

社会创业体现了经济学和伦理学的统一，其调和经济发展和社会进步之间的矛盾的作用日益突出。企业常常依赖于多元利益相关者的资源，需要服社会福利逻辑、商务逻辑以及公共福利逻辑才能嵌入有利的环境机制。波特（2011）指出，社会创业对于提高企业生产力与创新能力、提高经营行为的合法性具有重大意义。实施社会创业，有三条路径：其一，将传统经济意义的产业与市场的识别与界定扩展到社会需求；其二，突破组织的边界在价值链中界定企业的生产力；其三，致力于促进本土化产业集群的发展。

借鉴社会创业或创造共享价值理论，可以符合集群共享经济体系的共享价值导向，同时，又满足集群企业共享经济模式可持续发展需要的有效战略路径称为集群价值共创。集群价值共创是指集群企业为集群网络中利益相关者创造共享价值并促进集群共享经济可持续发展的战略导向。

参照关于集群企业战略和组织的相关研究成果，可以从三个维度评价集群价值共创。一是可持续支持度，从企业关于环境保护、不可再生资源的利用、弱势群体的关爱等社会责任感进行评价；二是协同的主动性，即是否主动共享剩余物品、互惠技术、空闲生产力或技术员工，是否进行协同生产或创新；第三个维度是竞争积极性，即是否主动投资创新，是否选择更高的质量标准，通过积极塑造竞争态势来促进产业集群的发展。

二、环境要素影响集群价值共创路径分析与理论假设

在明确界定产业集群共享经济的环境特征、利益相关者主导的经济和社会力量以及集群共享经济体系的价值导向，并提出描述这些产业环境要素的结构性定义之后，便可以运用这些新概念，提出产业集群环境规制集群企业社会创业导向的路径假设，并构建理论模型。

（一）单要素影响路径分析与理论假设

1. 集群共享经济促进集群价值共创

集群共享经济是产业聚合体系的核心。在产业集群中，各种形式的共享经济是集群企业选择的环境优势。集群共享经济有利于集群企业降低投资，共享外部性，实现组织边界外的规模经济和范围经济，提高区域性协同生产和创新能力，减少机会主义风险，提高网络能力和全球价值链中治理能力或升级能力，因此，集群共享经济是集群企业实施共享经济模式的有利环境因素。

集群价值共创体现了集群共享经济体系中利益相关者主导的制度逻辑和共享价值诉求，是集群企业获取集群共享产权、积累集群共享声誉和谋求集群共享地位变迁的有效战略路径，是集群企业实施共享经济模式的前提条件，也是实现共享经济模式可持续发展的根本路径。

集群共享经济越高，说明集群企业可能整合的共享经济资源越多，可能提供的共享经济形式越多，实施共享经济模式的机会越多，越有利于集群企业与利益相关者达成集群共识，越有利于集群企业通过集群价值共创获取集群共享产权、积累集群共享声誉、谋求集群共享地位的有利变迁，实现集群企业共享经济的可持续发展。因此，可以提出如下假设：

H1：对集群共享经济认可度越高，集群价值共创倾向就越突出。

2. 集群社会资本影响集群价值共创

集群社会资本是集群企业与利益相关者之间通过双边或多边治理所形成的集群网络资产。集群社会资本越高，越有利于集群企业获取共享经济信息，识别共享经济机会，越有利于集群企业整合共享经济资源；集群社会资本越高，意味着受集群意识影响的利益相关者对集群企业施加的影响也越大，这些因素会促进集群价值共创。集群企业社会资本越高，集群企业利益相关者对集群企业共享经济模式的影响力越大，而创造共享价值则是利益相关者主导下的集群共享经济体系的制度逻辑与价值导向，因此，集群价值共创导向会越突出。由此，可以提出关于如下假设：

H2：集群社会资本越高，集群价值共创动机就越强。

3. 集群竞争力削弱集群价值共创

集群竞争力评估的是影响集群企业共享经济模式盈利能力的市场力量，集群竞争力越大，共享经济模式可能的盈利空间就越小。集群价值共享是为所有集群共享经济体系中利益相关者创造共享价值的战略导向，属于立足长远战略目标的战略举措。因此，集群竞争力越强，集群企业管理者会越关注集群企业短期的盈利能力，从而暂时偏离集群价值共创目标。因此，可以提出关于如下假设：

H3：集群竞争力越强，集群价值共创动机就越弱。

4. 集群选择力促进集群价值共创

集群选择力是集群共享经济体系中利益相关者主导下的社会影响力。由于集群价值共创是集群共享经济体系的共享价值所在，是集群共享经济体系的价值导向，是集群企业利益相关者的共识，因此，集群选择力越强，利益相关者促使集群企业集群价值共享的力度就越大，由此对促进集群价值共创所产生的影响也越大。因此，可以提出如下假设：

H4：集群选择力越强，集群价值共创动机就越强。

（二）双因素效应、交互作用路径分析与理论假设

集群共享经济和集群社会资本描述的是集群共享经济体系的基本经济和社会属性，集群共享经济的各种形式存在于集群共享经济体系特定的社会结构之中，集群网络的结构与运行机制影响集群共享经济的形成过程与结果，因此两者之间存在交互作用，互为中介地影响集群价值共享导向。

在集群共享经济体系中，集群共享经济和集群社会资本是影响集群企业共享经济模式的环境诱因与网络条件。集群价值共创是集群企业在集群共享经济体系中所有环境规制因素影响下的理性战略选择。从实施共享经济模式的过程特点考察，集群竞争力影响集群企业共享经济模式盈利空间的大小，集群选择力则影响集群共享合法性、集群共享产权的取得与变更、集群共享声誉的积累过程与集群共享地位的变迁。因此，集群竞争力和集群选择力对集群共享经济和集群社会资本影响集群价值共创的路径具有中介效应。

1. 集群共享经济与集群社会资本的交互作用假设

集群共享经济与集群社会资本描述的是集群企业共享经济环境中相互联系的两种环境属性。集群共享经济有助于提高集群网络的资本价值，集群社会资本则有助于集群共享经济的形成和扩充。

集群共享经济存在于集群网络之中，集群企业的社会资本越高，越容易通过集群网络识别集群共享经济机会，整合集群共享经济资源，从而促进集群价值共创，因此，集群社会资本对集群共享经济和集群价值共创之间的联系具有中介效应。集群网络是发现和实施集群共享经济模式的社会基础，集群共享经济越突出，越有利于集群网络整合集群共享资源，提高网络资源的资本价值，使作为公共资产的集群社会资本促进集群价值共创，所以，集群共享经济对集群社会资本和集群价值共创之间的关系具有中介作用。

鉴于集群共享经济与集群社会资本之间存在相互影响对方与集群价值共创之间的联系，因此可以提出如下假设：

H5：集群共享经济与集群社会资本互为中介变量，相互影响对方作用于集群价值共创的路径：集群共享经济越突出，集群社会资本对集群价值共创的影响力就越大；集群社会资本越高，集群共享经济对集群价值共创的激励作用就越大。

2. 集群竞争力的中介效应假设

（1）产业竞争力对集群共享经济的中介效应

集群共享经济激励集群价值共创，集群竞争力弱化集群价值共创。集群共享经济越突出，同质性产业聚合数量就越多，由此会吸引更多的供应商、消费者、替代品生产和潜在进入者，集群竞争力越激烈，集群企业越有可能追求短期利润从而弱化集群共享经济对集群价值共创的激励。因此可以提出如下假设：

H6：集群竞争力中介于集群共享经济和集群价值共创之间，削弱集群共享经济的激励作用。

（2）集群竞争力对集群社会资本的中介效应

集群社会资本促进集群价值共创，集群竞争竞争力削弱集群价值共创。集群社会资本越好，进入共享经济体系的同质性产业集聚的数量越多，由此会吸引更多的供应商、消费者、替代品生产和潜在进入者，因此，集群竞争力越大，由此对集群价值共创的抑制作用越大，因此可以提出如下假设：

H7：集群竞争力中介于集群社会资本与集群价值共创之间，弱化集群社会资本对集群价值共创的促进作用。

（3）集群竞争力对集群选择力的中介效应

集群竞争力削弱集群价值共创导向，集群选择力促进集群价值共创导向。集群选择力越高，满足利益相关者共享利益的规制作用越大，由此会减少集群竞争力弱化集群价值共创的作用。因此可以提出如下假设：

H8：集群竞争力中介于集群选择力与集群价值共创之间，通过削弱集群竞争力而促进集群价值共创。

3. 集群选择力的中介效应

集群企业利益相关者分布在集群共享经济体系中的不同时空范围，通过双边或多边治理机制影响集群价值共创，利益相关者的类别、利益诉求与治理机制既受集群共享经济的影响，又受集群网络结构与治理方式的影响，因此，集群选择力对集群共享经济和集群社会资本都具有中介作用。

（1）集群选择力对集群共享经济的中介效应

集群共享经济激励集群价值共创，集群选择力促进集群价值共创。集群共享经济越突出，社会选择所能整合的共享经济资源越多，利益相关者主导的制度影响力就越大，集群选择力就越能促进集群价值共创。因此可以提出如下假设：

H9：集群选择力中介于集群共享经济和集群价值共创之间，起着增强集群贡献经济的激励作用。

（2）集群选择力对集群社会资本的中介效应

集群社会资本有利于集群价值共创，集群选择力促进集群价值共创。集群社会资本越高，利益相关者主导的制度影响力就越大，集群选择力就越能促进集群价值共创。因此可以提出如下假设：

H10：集群选择力中介于集群社会资本与集群价值共创之间，会增强集群社会资本对集群价值共创的效应。

三、集群共享经济环境规制理论模型

运用可以体现集群共享经济体系环境属性的五个定义，依据单因素路径假设 H1-4，双因素交互作用和中介效应路径假设 H6－10 可以绘制如图2－5所示的集群共享经济环境规制理论模型。这一模型的路径由单因素路径、双因素交互作用和中介路径效应叠加而成，展示了集群共享经济环境要素规制集群企业集群价值共创的路径特征。

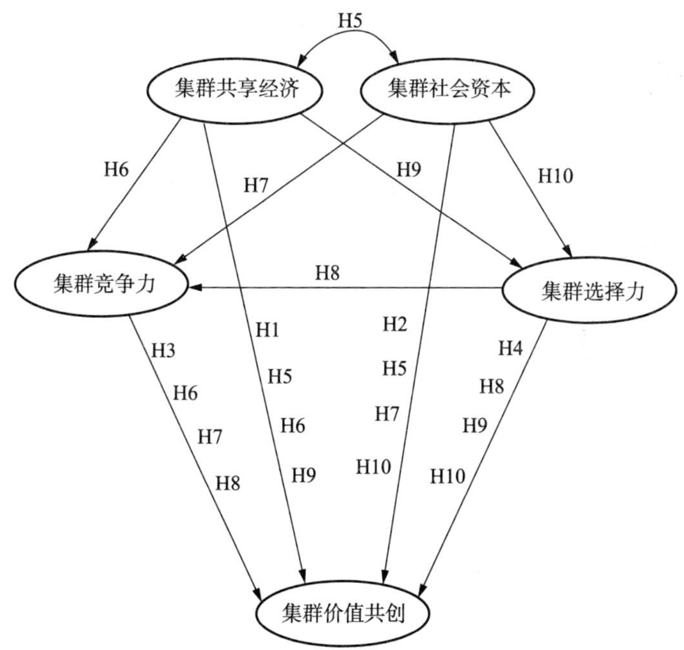

图 2－3　集群共享经济环境规制理论模型

第六节　本章小结

这一章从经济和社会属性的双重视角分析了集群共享经济环境产业集群环境规制集群企业集群价值共创导向的路径特征。

第一节，运用聚合经济理论、社会网络理论、产业集群理论和全球价值链治理理论分析总结了分布在集群共享经济时空环境中的共享产业聚合经济、共享网络经济、共享创新创业机制和共享全球化经济等共享经济形式。

第二节，按照第一节中总结的产业聚合时空结构，对分布集群共享经济体系不同时空范围的利益相关者进行了分类，对利益相关者的利益诉求进行了详尽的分析，总结出不同产业聚合时空中的利益相关者结构以及与不同形式共享经济相对应的利益诉求。

第三节，在第二节研究成果的基础上，依据关于企业合法性、声誉和地位的制度理论和组织理论，对利益相关者维护集群共享经济的制度逻辑和动态治理机制进行了系统分析，总结了影响集群共享经济可持续发展的社会选择机制。

第四节，综合运用前三节的研究成果，提出了可以用来描述共享经济环境基本环境属性、利益相关者主导的经济和社会力量以及产业聚合体系的价值导向的新定义，用这些定义提出了集群企业共享经济环境要素影响集群企业集群价值共创导向的单因素路径、中交和交互作用效应理论假设，并构建了描述集群共享经济环境规制理论模型，为实证检验奠定了基础。

第三章

>>> 集群企业共享经济可持续路径理论研究

由于产业聚合时空中存在共享经济、市场竞争以及利益相关者主导的社会选择机制，集群企业只有服从集群共享经济体系中的制度逻辑，并具有适应集群网络环境的组织结构，才能够有效地整合共享经济，提高在产业集群时空中的共享经济模式可持续发展能力，因此，集群企业需要选择与集群价值共创一致的战略路径，才能获取集群共享产权、积累集群共享声誉、谋求集群共享地位的有利变迁，才能实现集群共享经济的可持续发展。

集群企业的组织属性与有效战略路径不同于传统层级组织，其竞争优势也具有新的内涵。从集群企业在共享经济体系中所扮演的角色、需要服从的制度逻辑分析，第二章中所提出的集群共享价值既是集群共享经济体系环境规制的价值导向，也是企业共享经济模式的有效战略路径。

在主流战略与组织理论中，集群价值共创具有社会创业的企业行为特征，企业社会创业源于企业创新创业行为。钻石体系属于国家创新体系，产业集群企业是有利于小微企业为主的集群企业创新创业的共享经济体系，因此，通过回溯企业创新、创业社会创业的文献后，可以将集群价值共创纳入社会创业理论范畴，并依照社会创业理论界定其内涵并设计科学的测度量表。这是本章第一节的写作思路和基本内容。

战略和组织是影响企业竞争优势的两个核心要素。在第二节，系统分析了集群企业在集群共享经济体系中角色作用、需要服从的制度逻辑，总结了集群企业混合组织的性质，进一步论述了集群价值共创在适应集群共享经济体系以及提高集群企业合法性、声誉、地位和作为优秀战略的基本特征，进一步论证了集群价值共创战略对集群共享经济可持续发展的影响。

钻石体系理论和产业集群理论可以为解析集群企业在产业聚合体系中的角色作用提供基本线索，第二章中关于产业聚合共享经济时空结构和制度环境的研究成果为分析集群企业需要适应的区域性经济和社会环境特征提供了直接依据；可以通过集群企业适应产业聚合环境、整合共享经济、构建竞合优势的需要，对集群企业的组织属性和有效时空战略进行深入讨论，推理出集群企业组织要素影响其集群竞争力的路径特征和可供实证检验的理论模型。

由于集群企业的组织属性和有效时空路径不同于传统企业组织和传统战略，因此，建立在组织适应性和社会创业导向的集群企业发展优势不同于传统的以组织主体的生产力和创新能力度量的竞争优势，而是通过有效的时空战略和组织形式整合了产业聚合体系中的共享经济，其战略目的在于既提高传统意义的竞争优势，又通过协同生产和创新提高协同组织、产业以及产业集群的创新和生产能力，因此，本书将这种优势称为集群竞争力。

第一节　集群企业的共享经济角色分析

依据第二章分析的产业集群环境规制集群企业社会创业导向路径特征，在产业聚合体系和不同聚合时空中对共享经济具有共享价值的利益相关者依据产业聚合时空中的制度逻辑对集群企业的合法性、声誉和地位变迁施加影响，从而形成了约束集群企业角色作用、组织性质和有效战略选择的制度环境。集群企业只有通过多元角色作用满足多元利益相关者的共享价值诉求，通过合理的组织结构与关系治理策略才能嵌入集群网络的合法性和整合共享经济的能力。

一、产业聚合体系中的多元角色

依照图2-2集群企业多元利益相关者结构示意图和第二章关于产业聚合时空结构与治理机制分析，分布在不同时空范围的集群企业利益相关者与集群企业之间具有不同制度下的治理关系，这些利益相关者依据不同时空范围共享聚合经济的制度逻辑对集群企业提出不同的角色要求，这是集群企业适应产业聚合环境的制度基础。

（一）共享产业聚合经济的自由寻租者

在同质性产业聚合时空中，集群企业是市场机制下的原子型单位，集群企业与同质性产业其他参与者形成自主的竞争与合作关系，共享同质性产业聚合时空中的产业规模经济，获取可以自由流动的经济外部性，因此，集群企业是自由寻租的经济单位。这一时空范围中的利益相关者主要通过市场竞争机制与集群企业形成双边或多边治理关系。

作为自由寻租者，集群企业可以通过协同定位利用地理接近性和规模经济降低交易成本，扩大可以优化运作活动的空间范围；利用同质性产业的集聚提高学习曲线效应，降低人力资源的培训费用；通过知识扩散效应获取新的知识与技能。受市场竞争的压力的影响，集群企业具有投资和持续改进的动机。

（二）共享集群网络经济的信息中心

在信任为基础的集群网络中，存在着有利于集群企业整合社会资源的双边或多边治理机制下的区域性社会资本。由于集群网络的闭合性、中心性以及结构洞的存在，集群企业可以共享嵌入集群网络后的集群网络经济优势。集群网络中的利益相关者，在信任机制下与集群企业共建并共享集群网络经济。

集群企业与其他实体之间的结构关系影响着区域网络的结构、信息聚散规律与网络创新能力，集群企业是影响集群网络信息聚散和知识创新职能的网络节点。集群企业是构成产业集群的主要网络组织，其中经济信息或社会信息是利益相关获取集群网络经济、提高社会资本、构建网络竞争优势的关键，集群企业是共享集群网络经济的信息中心。

（三）区域经济的受益者、维护者与促进者

按照和钻石体系理论和产业集群理论，集群企业受益于产业集群中同质性产业集聚、集群网络优势、区域经济禀赋等共享经济优势，依据全球价值链治理理论，集群企业可以通过区域网络嵌入到全球价值链体系中并共享经济的全球化优势，同时，集群企业的战略行为影响着产业集群的结构和演进机制，因此，集群企业是区域经济的受益者、维护者和促进者。

1. 比较优势的受益者

集群企业可以在产业集群中获取相对于集群外企业的比较优势，包括资源禀赋以及由于地理接近性和产业聚合形成的可以降低交易成本、减少机会主义行为的各种经济外部性。由于经济全球化带来信息交流与交通运输的便利条件，源于自然资源、低劳动力成本等生产禀赋所带来的比较优势也越来

越小，对持续竞争力的影响越来越降低为次级因素。因此，集群企业是比较优势的受益者，但是比较优势不是持续竞争力的来源。

2. 创新体制的推动者

作为公共政策制度环境的适应者与市场机制主体，集群企业寻求良性竞争并持续投资与创新，可以推动整个钻石体系的正常运行，否则会制约四要素的良性互动，因此，集群企业是创新机制的推动者，创新是集群企业的核心角色。集群企业可以通过集群网络改善产业集群的信息沟通条件，促进知识的交流与融合。因此，集群企业也是区域创新体制的推动者。

与聚合经济理论中将集群企业视为经济外部性的自由寻租者不同，钻石体系与产业集群理论将集群企业的角色作用提升到影响产业集群创新与升级、钻石体系良性运行的核心力量，将创新视为集群企业的核心职能，因此，作为创新体系推进者的主动作用与聚合经济范式中被动的寻租者和市场竞争压力下被迫的投资与创新角色存在着本质差别。

3. 产业竞争态势的塑造者

集群企业时空战略选择影响着产业集群的竞争强度，其网络关系与价值链治理的竞合策略决定着产业集群的网络结构、竞争态势与演进机制，产业集群结构与集群企业战略选择之间存在的相互作用是推动产业集群持续演进的内在动力。因此，集群企业是产业结构与竞争态势的塑造者，影响着产业集群的内在演进机制与价值系统的治理格局。

作为产业竞争态势的塑造者，集群企业的时空战略是产业集群结构形成与演进的内在动力，因此，与传统意义的企业相比，集群企业的战略行为不再局限在适应环境、构建相对于企业的差异性，更为重要的表现在于，其时空战略的导向会影响产业集群中产业结构与竞争态势，是提高包含利益相关者竞争力在内的时空竞争力的关键。

4. 产业集群生态的共生体

在产业聚合体系的多边和双边治理机制作用下，集群企业与政府、本土化结构等组成了产业集群协同演进的有机组成部分。主要体现在集群企业可以通过与产业集群的其他构成实体竞争与合作，共同形成与扩大可以共享的产业经济、集群网络经济和区域经济，并且一同承担由于路径依赖性和制度刚性所带来的风险。因此，集群企业是产业集群生态的共生体。

5. 寻求全球化经济的价值链治理者

在区域或全球价值链治理体系中，集群企业是布局价值链活动时空范围、配置经济资源、协调价值体系利益分配的主体。价值链是承载社会创业目标、完成社会创业的资源转化过程、创造共享价值的载体。集群企业价值链活动分布在整个产业聚合价值体系中，价值链治理是形成组织竞争优势的基础。

区域与全球价值链之间的相互作用可以促进集群企业价值链活动的国际化进程，集群企业产品与服务嵌入全球价值链体系或在全球价值链系统中升级都是集群企业价值链治理的结果，因此，集群企业是区域或全球价值链系统的治理主体，集群企业的价值链治理行为主要影响着区域和全球价值链系统的结构、创新与升级方式以及利益分配关系。

二、服从多维制度的混合组织

由于集群企业在产业聚合体系的不同时空范围需要扮演不同的角色，其战略选择和企业行为需要接受产业聚合体系中多元利益相关者主导的制度逻辑影响，因此，集群企业需要具有与产业聚合体系相适应的组织属性。

（一）需要服从的多维制度逻辑

根据第二章产业聚合体系的制度时空分析，多维产业聚合时空中的利益相关者通过双边或多边治理关系形成了可以依赖多维制度逻辑约束集群企业社会创业的社会选择机制。社会选择机制是利益相关者分析与判断集群企业的合法性，评估集群企业的声誉，确定或变更集群企业地位的体制基础。

集群企业只有服从于多维的制度逻辑，才能获取嵌入产业聚合时空社会价值体系的合法性，只有平衡反映不同利益诉求的制度逻辑，才能在多元的利益相关者中积累声誉，提高社会创业的社会资本，也只有持续为利益相关者创造共享价值，才能通过积累声誉在产业聚合时空中的价值链结构中取得特定的地位，获取地位变更的资格，并有可能通过有效整合的区域竞争优势实现社会创业的国际化过程。服从产业聚合时空中的多维制度逻辑是产业聚合时空中社会选择机制对集群企业组织性质提出的制度要求。

1. 需要服从的基本制度逻辑类别

在产业聚合时空中，多维的利益相关者可以通过双边与多边治理机制向集群企业提出不同层面的利益诉求，从而形成多维的社会产权结构，利益相关者可以依据社会产权要求集群企业必须服从多维的制度逻辑，其中包括社会福利逻辑、商务逻辑、公共部门逻辑以及混合逻辑。体现社会产权的多维制度逻辑既是利益相关者的治理依据，也是集群企业嵌入产业聚合价值体系中时需要服从的制度要求，双边或多边博弈形成的制度逻辑是集群企业利益相关者结构治理与演进的基础。

2. 社会价值体系的社会福利逻辑

Anne－Claire（2012）指出，企业社会创业时需要遵循制度逻辑的目的为提高社会状况以及缓解受益者的伤害程度；Porter（2011）提出，社会创业的第一条路径就是将传统经济意义的产业与市场的识别与界定扩展到社会需求，依据第三章中图3－2所示的产业聚合体系社会选择机制，社会福利逻辑是集群企业首先必须遵守的制度逻辑。

按照表3－2中所示，集群企业的员工、工会组织、区域或全球消费者是社会福利逻辑的利益需求者。由于员工是集群企业人力资本的所有者，是集群企业产生集群企业竞争优势的根本，工会组织协调人力资本所有者的利益分配关系，所以，集群企业社会创业必须首先满足这两类利益相关者的利益诉求。影响集群企业社会产品或服务市场的消费者是集群企业能否实现价值转化的关键所在，因此，集群企业需要努力提高产业或服务的质量与效用，满足消费者的社会福利需求，确保集群企业社会产品或服务市场的持续增长。

在产业聚合的社会价值体系中，社会福利逻辑具有广泛的利益相关者与表现形式，满足基本的社会福利需求是集群企业合法性的基本要求以及企业社会责任的底线，满足更大范围利益相关者和更深层次的社会需求意味着可以识别更多的社会创业机会与更广阔的社会产品和服务市场。

3. 产业经济系统的商务逻辑

商务逻辑是市场机制中，在传统的公司治理结构下所需要遵守的基本法则，其目的在于将组织活动的盈余最大化。盈利曾被克鲁格曼认为是企业天经地义的唯一目标，因此，按照传统的企业理论以及社会创业理论，企业实物或金融资产的所有者可以按照商务逻辑对集群企业行使剩余索取权或债务索取权。满足维持公司治理结构与投资者基本回报是集群企业社会创业的商务逻辑底线。否则，会破坏公司治理结构的稳定性，导致固定资产或金融资产的流失，影响集群企业的持续投资与盈利能力。

波特“五力模型”界定的五种竞争力量即五种讨价还价能力会影响集群企业的盈利空间，因此，按照传统的社会创业理论，这些利益相关者也理应成为商务逻辑的利益诉求者。但是在产业聚合时空中，由于地理的接近性和区域网络的形成，这些利益相关者要么可以与集群企业形成竞争与合作的竞合关系，要么通过协议形成协同生产与创新的利益共同体，因此，这些利益相关者与集群企业之间形成的是同时体现商务逻辑、社会福利逻辑和公共部门逻辑的混合逻辑。

4. 公共服务与治理的公共部门逻辑

在产业聚合时空中，行使区域或全球消费市场与生产市场秩序管理的政府机构是集群企业在产业聚合时空中公共部门逻辑的利益诉求者。公共部门逻辑的目的在于确保社会不同层次的透明与公正。区域或全球政府管理机构事实上是更为广泛的具有社会福利诉求的社会公众代理人，因此，其利益诉求具有更为广泛的基础。作为社会公众的受托者，政府机构通过资质认证、资格评估以及实时监管措施对集群企业的社会创业过程执行公共部门逻辑，对集群企业提出环境保护、能源消耗、安全保障、基本社会福利、公开公正交易等制度约束要求。

服从公共部门逻辑，是社会福利逻辑的道德底线，是集群企业作为社会组织机构必须履行的基本社会责任。为了满足公共部门逻辑的治理要求，集群企业需要具备基本的生产社会产品或服务的资质，需要严格遵守政府部门颁布的影响社会创业过程的法律、法规与公共政策，需要服从为弥补信息不对称和信息不完备而导致的社会成本问题的政府部门监管。从履行的职能与内容实质考察，政府机构实施履行的公共部门逻辑是维护商务逻辑以及社会福利逻辑的公平、公开、公正，确保商务和社会福利双底线的一种委托代理职能。

5. 协同演进的混合逻辑

按照第三章的理论分析，混合逻辑是产业聚合机制的作用下，一些利益相关者与集群企业之间产生了竞争与合作、协同生产与创新的新的利益诉求。这些利益诉求既体现了钻石体系中“看得见的手”的国家意志的作用，又保留了市场机制中的自由竞争动力，因此，这类利益诉求涵盖了商务逻辑、社会福利逻辑以及公共部门逻辑的所有内涵，具有混合逻辑的性质。混合逻辑是具有混合组织性质的集群企业在产业聚合机制中需要遵循的新的制度逻辑。

通过服从混合逻辑，集群企业可以动态地调整那些与之有竞争合作关系以及协同生产或创新关系的利益相关者之间的治理结构与利益分配关系，调整区域网络结构与治理机制，促进产业聚合时空的良性演进，因此，从集群企业与产业集群之间的相互作用机制以及集群企业作为形成与推动区域网络结构演进机制角度考量，混合制度逻辑是集群企业需要遵守的最有特色也是最为核心的制度逻辑，最能体现产业聚合时空对于集群企业战略行为的制度要求。运用混合逻辑，可以更准确地描述集群企业需要服从的新制度逻辑。

（二）需要平衡的多维制度逻辑关系

由于多维的产业聚合时空属于动态演进的社会价值体系，集群企业的利益相关者在不同的时空范围与治理机制中的结构与治理机制也具有动态演进的特征，因此，集群企业的管理者需要动态平衡产业聚合时空中的制度逻辑关系，适应并推动利益相关者结构与治理机制的良性演进。

社会福利逻辑与商务逻辑关系之间的平衡是最常见的需要动态平衡的逻辑关系，在传统的企业理论中，这两种制度逻辑之间的冲突表现为企业是否应该承担社会责任上。两种学说均有经典理论与学术大师的支持，至今两派仍然争论不休。Anne－Claire（2012）提出的企业社会创业活动嵌入社会价值体系中时需要遵循的制度逻辑，显然同时吸取了两种相互对立的学术观点，认为社会创业需要服从社会福利逻辑、商务逻辑以及公共部门逻辑三种制度约束，并需要依据社会创业过程的具体情形进行动态调整。笔者认为，公共部门逻辑为两种逻辑制度的平衡提供了公开、公正以及公平的制度保障，并可以界定平衡过程中的双底线。

产业聚合机制下形成的混合逻辑是存在产业竞合关系或者协同生产与创新协作的企业或机构用来协调与集群企业多维利益关系的新型制度逻辑，也是集群企业赖以获取社会产权、创造共享价值协调社会利益关系的制度依据。混合逻辑多维的内涵说明，具有混合组织性质的集群企业制定社会创业目标、整合社会创业资源以及平衡利益关系时，需要综合权衡多维的制度逻辑，即通过符合公共管理部门逻辑以获取合法的社会产权，通过商务制度逻辑以满足投资者的利益和企业投资与发展的需求，通过服从社会福利逻辑以改善产业聚合时空中的社会状况，通过平衡三种制度逻辑关系以提高竞争与合作、协同生产与创新的灵活性与持续性。

1. 需要接受的社会价值选择

在基本的制度逻辑约束下，集群企业可以通过服从公共部门逻辑来获取社会创业的社会产权，通过社会创业为多维的利益相关者创造共享的社会价值，通过多维制度平衡协调利益相关者之间的价值分配关系，从而满足或提高多元利益相关者的利益诉求。集群企业可以凭借社会创业所满足利益相关者利益诉求的社会绩效来获取或增加一定的声誉，在利益相关者通过多维制度逻辑形成的社会选择机制的作用下，具有一定声誉的集群企业可以获取或变迁相应的地位。合法性与地位对应于一定的社会产权，声誉形成于社会产权的行使过程中，地位变迁是社会资本变化的结果。

利益相关者依据产业聚合机制的制度逻辑并通过双边或多边治理机制来影响集群企业社会创业的社会选择机制，这是集群企业管理者作出战略选择时必须遵循的制度逻辑，因此，集群企业的有效时空战略除了可以将产业聚合时空中的结构优势内化为组织竞争优势之外，集群企业的战略行为必须服从多维的制度逻辑，在产业聚合时空中动态的社会选择机制的作用下，确立合适的社会创业目标、协调资源配置与利益分配关系，动态调整与控制社会创业过程，才能合法地取得必要的社会产权，通过社会创业绩效积累社会资本，在区域或全球价值链体系中占据或升级到有利的位置。

在第一节与第二节中，笔者翔实分析了可以内化到集群企业的产业聚合时空结构优势以及集群企业社会创业过程需要遵循的多维制度逻辑，这为比较分析主流战略理论中关于集群企业战略行为研究的成果打下了较好的逻辑基础，至此，“结构—行为—绩效”的逻辑分析框架已经细化为：多维产业聚合时空结构与治理机制形成多元的利益相关者结构与多元的制度机制，多元的利益相关者结构与双边或多边治理形成集群企业战略选择，且需要遵守的多维的制度逻辑，多元的利益相关者依据制度逻辑形成选择和动态评价集群企业社会创业绩效的社会选择机制，通过合法性、声誉以及地位变迁来影响集群企业的战略选择。

动态的社会选择机制分析为进一步讨论集群企业在多元利益相关者结构中的多元角色作用，进一步分析集群企业的混合组织性质，以及在具有多维社会产权结构、多维制度逻辑、动态社会选择机制的产业聚合时空中，集群企业如何内化产业聚合时空的结构优势，如何适应产业聚合时空中的制度逻辑，这一分析为集群企业社会创业的时空有效性奠定了基础。

2. 集群企业混合组织属性界定

依据第二章中理论分析，在产业聚合体系中，存在利益相关者主导的多维制度逻辑和动态的社会选择机制。因此，集群企业需要具有适合多元角色作用、服从动态社会选择机制的组织属性，才能够有效整合产业聚合时空中存在于不同时空范围的共享经济形式，提高时空竞争力。

服从多维制度逻辑是集群企业获取社会产权和从事社会创业活动的前提。

在社会创业过程中，通过创造共享价值形成提高声誉、积累社会资本，这是集群企业获取或提高社会经济地位的必经之路。了解利益相关者的多维诉求，通过平衡制度逻辑提高综合社会绩效，这是集群企业适应多维制度时空的客观要求，因此混合组织是集群企业扮演多元角色作用的组织属性。

由于具有混合组织性质的集群企业可以更好地适应于双边或多边治理的利益相关者结构，更好地整合产业聚合时空中的社会资源，更便于平衡制度逻辑，更容易获取社会产权并组织社会创业活动，因此，集群企业是从事社会创业的有效组织形式。集群企业管理者可以通过制定与实施符合集群企业混合组织性质的有效时空战略来构建持续竞争优势。

三、集群共享经济体系中的主体

受集群意识驱动的企业及其利益相关者通过集群网络形成对集群企业发展起约束或促进作用的共享生态系统。集群企业可以通过共享经济模式盘活产业集群中的闲置资产，共享知识和信息，通过协同创新或生产提高集群企业创新和生产能力。共享经济的利益相关者可以通过多边治理机制对集群企业共享经济行为提出利益诉求，满足这些利益诉求是集群企业适应共享经济制度环境、实现可持续发展的前提条件。

（一）共享实体的提供者和消费者

共享经济有三类：共享和租赁的产品和服务、二手转让的产品再流通、基于资产和技能共享的协同生活方式。通过集群共享经济体系的时空结构和运营机制可以得知，产业集群中存在着各种类别的共享经济形式。集群企业是组成产业集群和形成产业聚合经济的组织单位。除了可以用来交换和使用的一般意义共享经济物品或服务之外，集群企业还可以提供由于产业聚合形成的共享信息、共享知识、共享基础设施、共享专业人才等更为丰富并具有区域特色的共享实体。同时，集群企业通过共享获取自身不拥有产权的共享经济实体。

作为共享经济实体的提供者和消费者，集群企业成为构成产业集群共享经济体系的主要组织。集群企业及其所能提供或愿意消费的共享经济实体的种类、数量和质量决定了集群共享经济的市场规模和影响范围，是形成和维系共享经济的首要条件。加入集群共享经济体系、分享或创造共享价值是集群共享经济的内在诱因，这种诱因产生于对集群共享经济体系价值体系与演进规律的科学认识以及谋求可持续发展的价值追求，而不仅仅是降低交易成本。

（二）共享方式的提出者和相应者

在产业集群时空中存在着多种形式的共享经济实体，集群企业可以依据组织自身或产业集群发展战略的需要，提供和消费合适的共享物品或服务。除了传统的协同消费方式，集群企业可以通过共享闲置的基础设施、富余的公共服务、可以扩散的技术创新，来减少基础投资或提高基础性投资的效益；可以通过共享优质的供应商、大宗客户群以及高端技术和质量标准，改善产业集群价值链，提高产业集群的创新和升级能力；可以利用区域性网络、大数据、人力资本或价值链活动来提高集群企业及其协作组织的协同生产与创新能力。

由于共享经济行为跨越了组织的边界，因此，共享方式会影响集群企业共享经济行为的影响范围、成本、收益以及可持续发展的能力。有效的共享方式可以提高集群企业嵌入集群网络的能力和品牌价值，可以提高区域范围经济和社会资源的使用效益，可以缩小由于产权排他性和财富分配不均所带来社会等级差异，更为重要的是，可以提高协同创新和生产能力进而实现共享经济的可持续发展。

（三）数字平台参与者与多边治理服从者

互联网技术是推动共享经济发展的技术力量，共享经济价值体系的多边治理机制则是影响集群共享经济可持续发展的制度保障。数字平台型企业为共享经济参与者提供共享信息服务，参与共享经济的企业通过数字平台发布共享信息或寻求消费意愿，共享经济管理机构对数字平台中共享经济过程进行监督和控制。在集群网络中，集群企业扮演着数字平台参与者和多边治理机制服从者的角色。

作为数字平台的提供者，集群企业本身从事着共享网络、共享信息和共享创新等共享经济业务，集群企业利益相关者可以通过数字平台提出利益诉求，参与并管理共享经济。因此，作为数字平台的参与者，集群企业需要投入必要资源，确保共享经济网络信息畅通；作为多边治理机制的服从者，集群企业共享经济的战略路径和组织方式需要服从共享经济价值体系的多维制度逻辑。

第二节　集群企业共享经济模式可持续能力影响要素

一、集群企业共享经济模式

通过对集群企业在产业集群中的角色进行理论分析，可以发现集群企业具有提供和消费与产业聚合相关的多种形式的共享对象，具有多种与共享对象相适应的共享行为以及维持共享经济活动的多边治理机制。集群企业的共享经济模式与非集群企业的共享经济模式在共享动机、共享对象、共享方式以及多边治理机制等多个方面存在显著差异，因此，有必要对其内涵进行明确界定。

集群企业共享经济模式，是指集群企业利用产业聚合优势，提供与消费多种形式的共享对象，如知识、信息、闲置的基础设施、富余资产、产品或服务等，通过共享产业集群经济和社会资源提高协同创新和生产能力，并在产业集群共享经济体系多边治理机制下创造集群共享价值，构建持续竞争优势的战略选择与运营管理方式。

界定集群共享经济模式之后，可以进一步分析如何提高其可持续发展能力。依据主流战略管理和组织理论，战略和组织是影响集群企业竞争优势的核心因素，因此，可以从实施集群企业共享经济模式的有效战略路径和组织形式出发，研究集群企业共享经济模式的可持续发展路径。

二、共享经济可持续战略要素：集群价值共创力

第二章的理论分析已经得出结论，集群价值共创是集群共享经济体系的价值导向，是利益相关者主导的社会选择机制的环境规制方向。在界定集群企业共享经济模式的基础上，进一步分析集群价值共创是否是提高集群企业共享经济模式可持续发展的有效战略路径。

第一节的理论分析已经阐释了集群企业在产业聚合体制下的共享角色、需要服从的制度逻辑以及集群共享经济体系中的主体地位，由于战略的本质是适应环境并构建可持续发展的差异化优势，因此，集群价值共创是否可以作为可以作为提高集群企业共享经济模式的有效战略路径，关键在于这种战

略能否适应集群共享经济体系，能否满足利益相关者主导者的多维制度逻辑规制。

集群共享经济中企业的角色分析表明，集群企业需要制定合适的发展战略以适应其提供、消费和创造共享经济的角色作用，进而实现共享经济模式的可持续性。集群企业除了需要确定经济目标之外，还需要考虑如何为共享价值网络中的利益相关者创造经济价值和社会价值。从目的、路径和行为特征等多方面分析，企业共享经济行为具有企业社会创业的特征。运用系统的社会创业理论，可以更为全面分析集群价值共创的内涵与多维战略路径。

（一）集群价值共创的社会创业属性

1. 社会创业的基本特征

社会创业最早表现为一种受公共政策鼓励的社会现象（Roberts&King，1991），后来成为新兴的非营利组织（Badelt，2005）、传统的营利组织（Hemingway，2005）以及混合组织（Anderson，2006）的营运活动。社会创业具有多重内涵：创新推动（Schumpeter，1934），经济准则（Gartner，1988），竞争意识（Dees，1998），创新、风险管理、社会使命、持续能力以及主动性（Weerawardena，2006）。这些定义，有的属于广义的概念即带有社会目的创新活动，有的属于狭义的概念即将商业实践或营销技能应用于非营利领域（James，2006）。

Dees（1998）首次明确提出，社会创业应该包括三个维度："识别并追求创造社会价值的新机会，持续致力于创新和改进，不接受现有资源的限制采取无畏的行动"。Mort（2003）进一步指出，社会创业应该由四个维度组成："创造更好社会价值的高尚使命，在复杂的社会环境中具有统一的目标与行动方案，识别为利益相关者创造更好社会价值机会的能力，在制定决策时承担风险、积极举动而且创新的行为倾向"。这两个概念成为社会创业理论范畴基础。

从市场失灵、使命、资源调动、绩效测评四个维度，可以将创业导向型企业分为商业创业型以及社会创业型两大类（James，2006）。社会创业出现在市场机制失灵时，如市场力量不能满足社会需求，商业创业的问题就转化为社会创业机会。使命方面的差别是社会与商业创业的根本差别，商业创业以营利为目的，社会创业目标是创造社会价值。商务创业具有可以量化的财务指标、市场份额、消费者满意度以及质量标准，社会创业需要记录大量的显示与利益相关者联系的信息与账目，在现实世界中，又具有许多共同的特征。

Sahlman（1996）认为，人员（Person）、环境（Circumstance）、交易（Deal）和机会（Chance）四种要素及其相互作用可作为分析创业型企业的商业模型如何动态适应环境并实现商业创业目的四个基本维度。James（2006）认为，也可以在这一PCDO模型的基础上，从市场失灵、使命、资源调动以及绩效评估四个维度总结、分析与构建社会创业模式的基本框架，如图3-1所示。

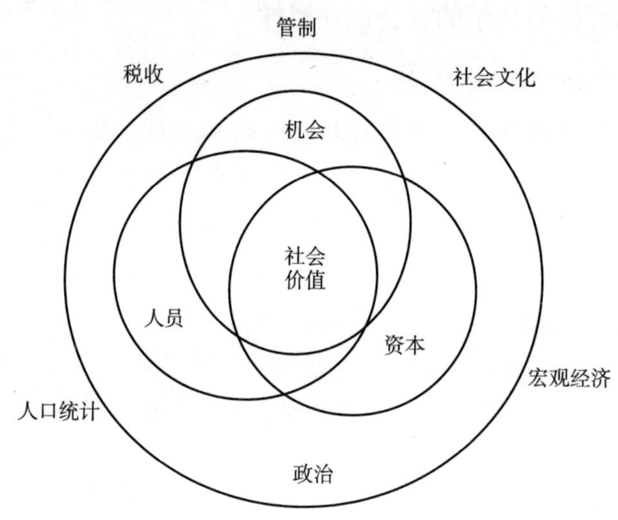

图3-1　社会价值产生的基本分析框架

James认为，在社会创业的模型中，人员定义为那些主动参与到企业或者为企业提供资源的人，既包括组织内部的也包括组织外部的影响企业成功的人，人员的技能、态度、知识、合同、目标以及价值观等是影响成功的核心因素。环境是指在创业者能控制的范围之外的影响成功与失败的那些要素，包括宏观经济、税收与监管环境、雇员水平、技术进步以及社会运动等具体环境因素。交易是契约的本质，它界定了企业中谁付出什么，谁得到什么以及这些物品的交付与接收的时间等。机会被定义为满足未来回报希望的要求稀缺资源投资的任何活动。四种要素相互作用形成了社会创业价值体系基本假说。这一模型为分析特定环境中企业主体社会创业的机会形成、整合社会资源、社会产品的交易特点等组织特征提供了一个基本分析框架，其分析要素包括：市场、使命、资本、人员、绩效以及环境，其核心在于由机会、人员、资本的社会价值假说。

Rauch（2009）指出，企业社会创业组织过程与社会绩效具有强关系。Lumpkin（2013）建立了一个创业导向型组织的投入产出模型（如图3-2）。这一模型表明：创业导向型组织输入端的环境先决条件与输出端产出效果的差异性影响创业过程组织的职能路径。输入端包括社会使命/动机、机会识别、获取资源/资金以及多维的利益相关者等要素，创业过程则由创新、主动性、承担风险、竞争的侵略性以及自治权五个维度的完整过程组成，输出端效果包括社会价值创造，可持续发展以及满足多维的利益相关者的程度。企业管理者可以借助社会创业战略对创业过程、创业实践与制定创业组织的政策产生影响。

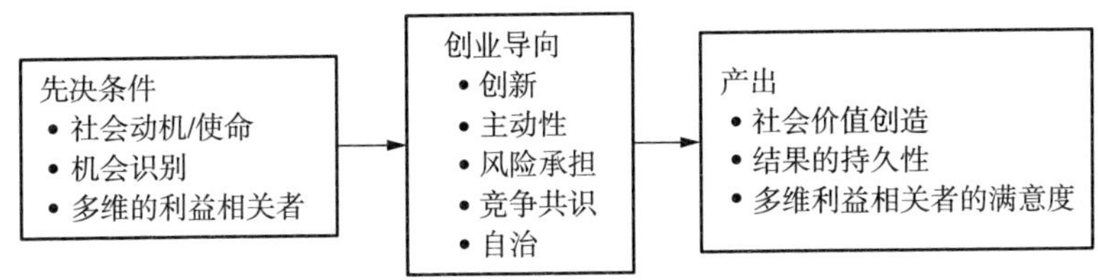

图3-2　企业社会创业的过程框架

可见，通过大量的社会创业理论与案例实证研究，社会创业领域内已经构建了分析企业主体社会创业活动的基本属性、经营模式以及过程特点的基本架构，这为更为广泛的社会创业研究奠定了基础。

波特（2011）在"创造共享价值"一文中，将社会创业纳入了战略管理理论范畴，文章指出，社会创业对于提高企业生产力与创新能力、提高经营行为的合法性具有重大意义，实现社会创业具有三条路径：其一，将传统经济意义的产业与市场的识别与界定扩展到社会需求；其二，突破组织的边界在价值链中界定企业的生产力；其三，致力于促进本土化产业集群的发展。波特的理论将社会创业对于提高企业可持续发展能力的战略意义提高到了新的高度。

企业社会创业谋求经济学和伦理学的统一（李华晶、张玉利，2014），可以调和经济发展和社会进步之间的矛盾（李扬，2014）。企业社会创业常常依赖于由顾客、行业支持者以及产品服务与供应商等实体构成的商业利益者网络，可以从市场失灵、使命、资源调动和绩效评价四个维度加以评价，需要服从社会福利逻辑、商务逻辑以及公共福利逻辑才能嵌入有利的社会环境机制，实现可持续发展（Austin，2006）。

集群企业有效行使集群共享经济体系中的角色作用，可以提高闲置经济资源的社会价值，降低由于产权排他性形成的社会等级差异。集群共享经济的互惠机制有别于传统的市场交易，它具有明确的社会使命，需要调动共享经济提供者的实体资源并对其经济和社会绩效进行评价。集群企业共享经济活动产生于共享价值网络之中并受其多边治理机制的约束，因此，集群价值共创具有企业社会创业的行为特征。可以用社会创业理论进一步丰富和界定集群企业的集群价值共创内涵。

将集群价值共创纳入社会创业理论范畴之后，波特提出，实现社会创业的三条路径可以借鉴为集群企业提高共享经济可持续能力的有效战略路径。第一条路径可以实现企业产品设计、制造与使用过程中的经济和社会价值的统一，使产品或服务成为集群企业实现共享经济的更为有效的实物载体；第二条路径拓展了实现共享经济的战略视野，集群企业可以在集群网络中选择合适的共享价值链活动，通过协作实现共享经济；第三条路径立足于集群企业共享经济环境与战略之间的互动关系，致力于改善集群共享经济体系的产业聚合环境，提高共享经济资源的配置效率，从而实现共享经济模式的可持续发展。

2. 社会创业环境嵌入机制

在特定环境中，社会创业的难度远远高于传统的商业创业运作，只有服从三大领域（社会领域、商务领域以及公共领域）的制度逻辑（社会福利逻辑、商务逻辑以及公共福利逻辑），才能有效嵌入有利的环境机制（Thornton&Ocasio，2008），这些制度逻辑包含集体主义的规范和价值观，可以指导社会创业参与者的行为，选择追求实现目标的合适方法。

成功的社会创业需要管理社会关系网络，调动基本资源，招聘人力资源，获取金融或实物支持（Anne - Claire，2012），通过相互作用与依赖关系，将创业活动嵌入社会福利逻辑之中。社会福利逻辑从更深层次描述了组织的具体路径，例如非营利状态的使用，完成社会使命的利益再投资，以及参与者的治理结构（Pache & Santos，2012），并限定了组织的合适目标是提高社会状态或解除受益人的伤害（Austin，et al.，2006；Dees，Anderson&Wei - Skillern，2004）。

社会创业也依赖于主要由顾客、行业支持者以及产品服务与供应商等实体构成的商业利益者网络，满意而且忠诚的顾客是社会创业财务持续能力的基础，营利性的参与者可能为社会创业提供战略性资源（Anne - Claire，2012）。依据商业逻辑，组织的合适目标是销售产生适当利润的产品与服务。根据社会创业实践，商务逻辑描述了其营利地位的使用，对利益相关者的声誉分配以及层级治理结构（Pache&Santos，2012）。

社会企业的成功常常依赖于从利益相关者那里获取资源的能力、赋予权利和服从程度；公共金融机构的金融资源；公共政策（Anne - Claire，2012）。制度逻辑是影响公共约束基础，社会创业需要善于构建竞争性福利的、商务的以及公共部门逻辑之间的桥梁（Battilana&Dorado，2010；Pache&Santos，2012；Tracey，et al.，2011）。依据活动目标、利益相关者类别、依赖关系，可将影响社会创业成功的三种制度逻辑（Anne - Claire，2012）归纳如表3 - 1所示。

表3 - 1　社会创业嵌入环境的基本逻辑比较表

基本逻辑	社会福利逻辑	商业逻辑	公共部门逻辑
目标	提高社会状况以及缓解受益者的伤害程度	最大化组织活动的盈余	确保社会不同层次的透明与公正
制度性利益相关者	非营利社会参与者、仁慈而博爱的投资者	顾客、商业参与者、投资者、股东	国家和政府实体、国际金融机构、监管者、被选出的官员
社会创业者与利益相关者之间的互动	合作具体的项目、从组织伙伴中获取转移的知识、把服务传递给受益者	把商品与服务传递给顾客、发展与供应商之间的关系、管理投资者与利益相关者的期望	管理与被选出的官员、监管者以及融资机构官员之间的关系。
社会创业对利益相关者的依赖	从慈善组织中融资，从社会组织中获取合法性和物质资源	从对顾客的销售中获取收入、从供应商和其他伙伴中获取可靠的服务，从利益相关者以及投资者那里获取投资。	从监管者那里取得资质认证，从政府机构以及多才多艺的具有政治背景的被选官员获取资金。

集群价值共创致力于为集群共享体系中所有利益相关者创造共享价值。通过服从于产业聚合体系中的市场机制和社会选择机制下的多维制度逻辑获取集群共享产权、积累集群共享声誉和寻求有利的集群地位变迁，可见，集群价值共创可以提高集群企业加入集群共享经济体系的网络嵌入能力。从网络环境的嵌入机制分析，集群价值共创具备社会创业行为的特征。

3. 国际化社会创业

关于国际创业的研究是在国际商业（International Business）以及创业管理（Entrepreneurship）两个学科中，借助其他学科（经济学、金融学、市场学）理论，主要通过跨学科方式进行的（Benjamin，2005），早期的焦点为跨国界的新企业，后来扩展到创业文化差异、联盟与合作战略、顶层管理团队、进入模式、知识管理、风险投资以及技术学习等领域，逐渐形成了两个分枝：聚焦于创业者的跨国家边界行为以及集中于创业者的行为与嵌入行为的跨国比较。

Wright & Ricks（1994）强调，国际创业属于一个新的领域，包括：①多国区域与文化的创业行为比较；②跨越国界的组织行为。McDougall & Oviatt（1997）认为，国际创业组织可以推广到非营利组织以及政府机构。McDougall & Oviatt（2000）界定了适合于企业、非营利组织以及政府机构三种组织主体以及个体、群体和组织三个层面的定义：国际创业是跨越国家边界致力于创造组织价值的，具有创新性、主动性以及承担风险的组织行为。Shane&Venkataraman（2000）认为，机会以及努力利用机会的个体是界定国际创业的核心部分，创建新组织则不是必要条件。

Benjamin（2005）采用一种适应面更广的定义方法：①聚焦于机会；②允许但是不要求成立新的组织；③适应于公司创业；④提出关于应该包含多少创业导向维度的不确定性讨论；⑤突出跨国界的创业活动；将国际创业概念界定为“是发现，颁布、评价以及开发跨国界的机会去创造未来的商品和服务”，在此基础上，总结出一个影响创业国际化速度的力量模型。

Benjamin 在总结其他学者的相关研究成果后认为，环境机会、技术能力和竞争动机通过创业行为者的知觉与决策的中介作用对创业活动的国际化速度产生影响，对创业国际化速度产生影响的五种力量的作用机制如图 3－3 所示。这一模型较为全面地描述了创业国际化的主要因素。

与传统创业活动类似，国际社会创业的主体有非营利组织、企业以及政府机构三种组织形式。由于社会创业与复杂的环境具有天然的联系，因此，国际维度使其活动属性更加复杂（Dart，2005；Manfredi，2005）：当跨越国界时，企业社会创业活动面临着许多独特的挑战，文化与语言上的差异、地理的距离以及经济与教育的差别都可能会使国际社会创业的管理复杂化。

Scott（2010）在整合营利性企业、社会创业以及国际商务等概念的基本内涵之后，将营利型企业国际社会创业定义为：个体或群体为了通过跨国界

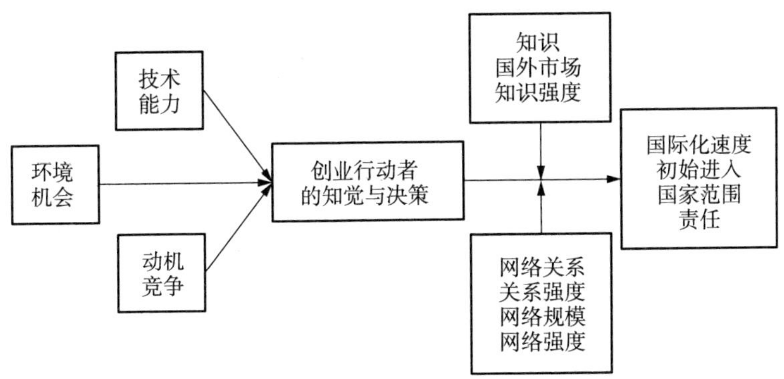

图 3-3 影响创业国际化速度的力量图

的未来产品或服务的商务交易创造社会价值而识别、颁布、评估和开拓机会。Scott 用案例验证了国际社会创业活动的基本内涵除了包含企业创业的基本因素之外，还具有将社会使命作为企业的首要目标（至少具有与其他目标具有同等的地位）、将商务交易作为营利手段、交易要跨越国家边界等特点。可见，国际创业以及企业社会创业的国际化具有更多的机会，可以整合更多的社会资源，同时也具有更为复杂的背景与管理过程。

根据第二章中关于全球价值链治理机制的描述，集群网络通过全球治理机制嵌入全球价值链体系之中。由于集群价值共创可以提高集群企业嵌入集群共享体系之中，集群网络又是全球价值链的一部分，因此，集群价值共创也符合国际化社会创业的行为特征。

4. 社会创业的本质属性

通过前三节文献回溯和理论分析，可以了解到社会创业是一种极为复杂的经济现象和社会现象，具有多种形式的活动主体，具有多维活动内容和多重经济和社会功效，其影响的时空范围也极为广泛，国内外研究学者已在多个学科中取得了相当丰硕的成果。依据波特的观点，对企业而言，社会创业是一种可以构建持续竞争优势的有效战略，社会产品可以满足的价值诉求拓展了传统意义的产业和市场空间，其组织活动的时空范围拓展到产业集群时空。

当社会创业作为企业主体行为出现时，反映出传统企业的市场机会、使命、资源调配方式以及绩效测评维度出现了分化。因为特定环境中的利益相关者通过影响企业可能获得的人员、资本以及机会，形成了约束企业确定社会创业目标以及实现方式的价值体系，因此，创业导向企业的社会创业过程受与环境相关的先决条件以及产出的影响。在特定的环境中，企业社会创业需要服从社会福利原则、商业原则以及公共部门原则三种制度逻辑。

虽然关于企业社会创业的研究成果极为广泛，但是理论方面的研究成果主要来源于传统的组织理论、制度理论和战略管理理论。这些研究成果主要采用案例分析的方法，侧重于对社会创业现象的描述与总结，倾向于回答企业社会创业的"Who"（创业者）、"What"（社会创业的形式、过程、社会价值体系）、"When"（创业机会）等基本属性问题。对于"Where"（出现在什么地方）、"Why"（为什么企业要选择社会创业）以及"How"（怎样进行社会创业）的答案，还有待更为深入的讨论。社会创业范畴和理论体系有待进一步深入。

由于集群价值共创具有社会创业行为的本质特征，集群价值共创获取集群共享合法性，集群共享声誉以及集群共享地位变迁的符合社会创业环境嵌入机制，集群价值共创也具有国际化社会创业的特征，因此，集群价值共创可以纳入社会创业范畴，进一步发展社会创业理论。集群价值共创指明了集群企业社会创业的时空范围，可以用来分析集群企业社会创业的理由（提高集群共享经济可持续发展能力）以及社会创业的具体路径（创造集群共享价值）。

（二）集群价值共创与集群价值共创力

1. 集群价值共创属性总结

（1）集群价值共创具有社会创业属性

通过对企业社会创业文献的回溯以及对集群社会创业内涵的进一步分析，可以认为，建立波特创造共享价值概念基础上的集群价值共创的内涵与企业主体的社会创业基本一致，完全可以纳入社会创业范畴之中。理由如下。

第一，两者的内涵基本一致。集群价值共创可以界定为集群企业在提高其竞争力的同时，改善其所在集群共享经济体系的经济和社会状况的公司政策和营运活动，集群价值共创就是识别或拓展集群共享经济和集群共享社会之间的联系，这与 Dees（1998）、Mort（2003）提出的社会创业的三维度和四维度的内涵基本一致，属于 James（2006）所说的社会创业型企业。

第二，促使两者形成的环境特征、利益相关者结构以及基本的利益诉求分析框架完全一致。在产业集群中，环境影响、供应商、雇员的技能、工作的安全性、员工的将康状况、水资源和能源使用状况都会影响集群企业的生产力。利益相关者主导的共享经济规制环境鼓励和迫使集群企业创造集群共享价值，比如，设定清晰的和可以测度的社会目标、确定绩效标准、规划产业发展阶段、使用更为广泛的绩效报告系统、由政府部分审计、监督实施等。这些内容与 James（2006）提出的社会价值产生的基本分析框架以及 Lumpkin（2013）提出的社会创业导向型组织形成的先决条件的分析架构基本框架完全一致。

第三，实施路径基本相通。在共享经济体系中，创造集群共享价值需要打破营利组织和非营利组织之间的界限，将传统的关于产品和市场的商业需求拓展到社会需求，在价值链系统中定义生产力，促进本土产业集群的发展，这些战略实施路径基本符合 Anne - Claire（2012）提出的社会创业嵌入环境的基本制度逻辑。

如果将创造共享价值理念纳入社会创造范畴，还可以得出这样几个推论：

第一，集群企业是创造共享价值或社会创业的主体；第二，产业聚合体系规制集群企业创造共享价值或社会创业行为；第三，创造共享价值或社会创业可以提高集群企业可持续发展能力。这三个推论与本节第一部分的理论分析结论完全相符。因此，可以用集群价值共创作为描述集群企业提高共享经济可持续发展能力的有效战略路径，集群价值共创具有企业社会创业的本质属性。

一旦集群价值共创置于社会创业范畴，波特提出的创造共享价值的三种路径便具有了新的内涵，第一条路径：将传统经济意义的产业与市场的识别与界定扩展到社会需求，可以解释为拓展共享经济机会；第二条路径为突破组织的边界在价值链中界定企业的生产力，可以解读为提高整合共享资源、提高共享经济能力；而对第三条战略路径，促进本土化产业集群的发展可以解释为提高共享经济的可持续发展能力。

（2）集群价值共创是集群共享经济体系的价值导向

从环境要素影响集群企业战略行为的角度分析，创造共享价值是产业集群共享经济体系中利益相关者影响集群企业战略理性导向的结果，而对其中的规制机制进行分析涉及两个问题：产业集群共享经济具有怎样的结构特征？利益相关者如何影响集群企业的战略行为？

解析第一个问题，需要整合社会创业价值产生的基本分析框架、钻石体系理论、产业集群理论，系统阐释影响集群企业社会创业活动的共享经济形式，在共享经济架构下形成的共享价值的治理机制以及由此产生的规制集群企业社会创业行为的环境时空结构特征。关于这个问题，本书第二章第二节已经进行了系统的分析，理论分析和归纳总结出了集群企业共享经济的时空结构和基本治理体制，指出集群共享经济体系中存在不同的共享经济形式。

解析第二个问题，需要整合社会创业活动基本特征、社会创业过程、社会价值形成的基本分析框架以及钻石体系和产业集群理论，详尽解析集群企业社会创业制度环境特征、利益相关者结构、多边和双边治理机制，还需要借助组织理论和制度理论中关于集群合法性、声誉和地位方面的理论来分析产业聚合体系中利益相关者影响集群企业社会创业的路径特征。关于这个问题，本书第二章第三节进行了系统的分析，指出集群共享经济体系的利益相关者可以通过市场竞争和社会选择机制来促使集群企业创造共享价值。

作为集群价值共享体系的价值导向，这一属性区别于一般企业的社会创业行为，体现了集群企业战略行为的环境规制特征。

（3）集群价值共创提高集群共享经济的可持续能力

将集群价值共创纳入社会创业范畴，并在集群共享经济体系中分析集群价值共创的内涵之后，集群价值共创可以作为提高集群共享经济可持续发展的有效时空战略。之所以称之为时空战略，是因为集群价值共创可以通过为不同时空范围的利益相关者创造共享价值，获取在集群共享体系时空结构中相应的集群共享合法性、集群共享声誉和集群共享地位。通过整合不同形式的共享经济优势，提高其生产力和创新能力。

由于集群企业可以通过集群共享和集群价值共创整合更多的集群共享资源，提高自身生产力和创新能力，同时，可以打破组织边界，为利益相关者创造共享价值，因此，可以用集群共享竞争力来评价集群价值共创所形成的长期竞争优势，构建在波特创造共享价值理念基础上的集群价值共创，这可以表述为在产业集群时空中提高集群共享经济可持续能力。

之所以将创造共享价值理念纳入社会创业范畴，一是因为波特明确指出，可通过上述三条创造共享价值的路径实现企业社会创业；二是虽然波特关于钻石体系理论、产业理论、“五力”模型、竞争优势与竞争战略以及创造共享价值理论等系列已经为在“结构—行为—绩效”下分析集群企业创造共享价值的环境规制、集群企业创造共享价值的路径特征以及由此产生的社会绩效提供了理论基础，但是由于这些理论被分割于不同的学科之中，按照常规范式是难以整合的。

如果将创造共享价值概念在社会创业理论范畴演绎为集群价值共创，可以使描述集群企业有效战略选择的概念与集群共享经济体系下集群企业战略环境规制和战略选择的概念如集群共享经济、集群社会资本、集群竞争力、集群选择力、集群共享产权、集群共享声誉、集群共享地位等保持内涵的一致，同时，也为进一步构建描述集群企业可持续发展路径的战略或组织范畴的新概念奠定基础。

2. 界定集群价值共创力

综合企业共享经济理论和创造共享价值理论，可以用集群价值共创力描述集群企业实现共享经济可持续发展的战略执行力。集群价值共创力是指集群企业在集群共享经济诱因影响下，在利益相关者主导的治理机制约束下，以社会创业方式创造集群范围内共享价值，实现共享经济可持续发展的集群共享战略能力。这是实现集群共享经济可持续的第一个基石。

依据波特提出的创造共享价值的战略路径特征和社会创业属性分析，可以从三个维度对集群价值共创力进行评价。一是可持续支持度，从企业关于环境保护、不可再生资源的利用、弱势群体的关爱等社会责任感进行评价；二是协同的主动性，即是否主动共享剩余物品、互惠技术、空闲生产力或技术员工，是否进行协同生产或创新；第三个维度是竞争积极性，即是否主动投资创新，是否选择更高的质量标准，通过积极塑造竞争态势促进产业集群的发展。

三、共享经济可持续的组织要素：集群网络嵌入力

集群企业扮演着共享经济的角色，其提高创造共享价值的能力需要具有适应共享经济体系的组织结构，这是实现集群企业共享经济可持续的必要组织条件。集群需要服从集群网络中的多维制度逻辑，嵌入共享经济价值体系，才能整合共享资源，创造共享价值，实现共享经济的可持续性。因此，集群企业需要具有合适的组织结构，有效嵌入、适应并动态改善集群共享经济价值体系，才有可能实现集群共享经济的可持续发展。

提高组织适应环境的能力，一般方法是提高组织的模块化程度。在集群共享经济体系中，集群企业需要扮演多元角色，服从多维制度逻辑，具有开放性组织的特点，其模块化程度越高，其识别共享经济机会、整合共享经济资源、创造共享经济价值的能力就越强。因此，可以选择模块化角度来构建集群网络嵌入力概念，以此评价集群企业适应集群共享经济体系的组织属性。

所谓集群网络嵌入力，是指集群企业为了有效整合集群共享资源、提高集群价值共创力，通过模块化设计而展现的一种嵌入集群共享经济网络体系的开放式组织能力。这种能力可以用来评价集群企业组织结构是否有利于集群企业扮演共享经济的角色，是否有利于提高集群企业的集群价值共创力，是构建集群企业共享经济模式竞合优势、提高集群企业共享经济模式可持续能力的第二个基石。

参照组织参照组织柔性和模块化程度评价标准（谢卫红，2007）。集群网络嵌入力从企业的自我管理能力、部门之间的协调能力以及边界渗透能力三个维度进行测评。其中，集群企业分权程度从集群企业共享经济工作流程制定权、解决问题自主权、日常事务决策、无人监管程度四个维度进行测评，用以测评集群企业权利分配结构是否合理，企业决策体系设计是否科学，企业基层管理人员是否被纳入企业决策体系之中。整体协调性从集群企业共享价值体系中集体学习制度化、部门运行协调性、信息沟通畅通性以及资源配置合理性进行测评，用来测度共享经济参与者提高学习能力、合理配置资源、提高沟通效率的组织结构性能力。边界渗透性从共享经济顾客参与度、协同创新度、协同生产度以及协同治理度四个维度进行测评，用来测评集群企业嵌入集群网络、协同生产与创新、提高组织间关系治理的网络能力结构。

第三节　集群企业共享经济模式竞合优势

一、集群共享经济战略优势

在产业集群共享经济价值体系中，集群企业需要扮演多元角色作用，需要服从多维制度逻辑，具有混合组织性质。通过集群价值共创力和集群网络嵌入力，集群企业可以有效整合共享经济资源，创造共享价值，实现集群共享经济的可持续发展。以琼－玛格丽塔教授提出的优秀战略的五个标准[15]为评价依据，集群企业致力于提高集群价值创造力和集群网络的嵌入力的共享经济模式，具有如下战略优势。

（一）共享集群价值

集群企业提高集群价值共创力，可以把社会价值融入产品设计、制造过程，为产业集群提供广泛的共享经济实体；通过共享价值链活动，降低共享经济成本，提高协同生产和创新能力；通过致力于改善产业集群环境如持续投资和创新、引进优质的供应商和顾客、采用更高的质量标准等，谋求可持续发展。这些战略路径体现了集群企业致力于创造利益相关者认可的集群价值。

在集群网络中，共享集群价值导向有利于集群共享经济信息，识别共享经济机会，寻找共享经济协作伙伴，整合共享资源，创造有利于所有利益相关者的共享价值。这种战略视野扩展到组织边界之外致力于改善共享经济环境，因此，集群价值共创力体现了集群企业价值取向的独特性，即从战略环境与战略行为的相互作用中选择战略路径，通过整合社会资源降低成本，通过创造社会价值谋求共享经济的可持续发展。

（二）共享集群网络

集群企业提高集群网络嵌入力，可以提高集群企业嵌入集群网络的能力，通过共享的集群网络获取或发布共享经济信息，提供或消费共享经济实体，进入或形成较大的区域性共享经济市场，接收或履行多边治理职能，通过共享价值链活动提高协同生产和创新能力，因此，共享集群网络是集群企业整合共享资源、降低共享活动运营成本、监控共享经济过程、提高共享经济效益的有利的区域性网络环境，可以形成有利于共享经济的区域性价值链。

共享集群网络是集群企业实现共享经济可持续发展的社会网络保障。集群企业可以通过共享经济网络来获取具有区域特色的共享经济资源，可以通过共享的区域网络嵌入全球价值链体系之中，提高集群企业共享经济的时空影响范围并通过有效治理来提高集群企业在全球价值链体系中的“集群价值共创力”。具有共享的集群网络是集群企业共享经济的第二个战略优势。

（三）竞争与合作并举

在集群共享经济体系中，集群企业可以通过共享集群价值，寻求与利益相关者共同的共同利益，可以通过提高集群价值共创力和集群网络嵌入力来提高共享经济产品和服务的生产和创新能力。集群企业共享经济模式的战略优势不同于传统的企业竞争优势，其中既有自身投资和创新所形成的组织边界内的传统的盈利能力，更有通过共享经济模式而形成协同生产和创新能力。可以把这种具有更广战略视野的战略优势称为竞合优势。

集群价值共创力和集群网络嵌入力是集群企业竞合优势的主要来源。集群企业与同一集群中的其他集群企业之间的关系不是简单的利润空间的竞争以及供应商或市场的争夺。地理的接近性使得集群企业可以通过共享基础设施、供应商、市场，共担研发成本与风险实现共赢或多赢。因此，集群企业共享经济模式具有有别于传统的竞争方式，通过竞争或合作关系的取舍，提高集群企业的社会资本优化、产业集群的结构特征，促进共享经济的良性演进，从而谋求共享经济的可持续发展。

（四）协调的价值链

实行共享经济模式的集群企业，可以通过集群网络嵌入力嵌入集群网络之中，以此改善集群共享经济体系的网络结构；可以通过集群价值共创力为集群网络中的利益相关者创造共享价值，因此，受集群共享价值引导的竞合战略可以不断提高集群企业共享经济价值链的协调性。

提高集群网络嵌入力，可以提高集群企业的模块化程度，使集群企业的价值链活动有效地嵌入集群网络之中，有利于集群企业发布和搜寻共享经济信息，也便于监督和控制集群企业共享经济过程的实施。提高集群价值共创力，可以提高集群企业实现双赢或多赢的能力，优化集群共享价值体系资源配置和价值转化的效率和效益。价值链的协调性是集群企业共享经济活动持续进行的基础。

集群企业共享经济模式的价值链协调性主要体现在如下几个方面：第一，共享经济活动可以实行区域治理与全球价值链治理相互作用，实现跨国界的价值链活动之间的有机衔接；第二，集群企业之间共享价值链活动，形成集群价值共识，有利于降低单位成本，优化共享经济产品或服务价值的协同机制；第三，通过集群共享经济，可以盘活集群范围内剩余资源和生产能力，整合集群网络的经济与社会的双重价值体系，并通过利益平衡机制确保价值链活动的双底线；其四，通过协调共享经济带来的放大的利润池的利益再分配，维系或优化集群企业共享经济价值链系统的结构，提高其创造共享价值的能力。

（五）时间可持续

集群企业共享经济模式，可以通过集群网络嵌入力提高社会资本，通过集群价值共创力创造共享的社会价值，通过价值链结构与活动关系的取舍提高资源配置效果，通过价值链治理实现集群共享价值体系的协调性。这些战略特点和组织特点可以实现共享经济时间上的延续性。

一方面，丰富共享经济产品或服务。提高集群价值共创力的战略导向，可以提供更为广泛的共享经济产品和服务，为增加市场空间和一定规模的共享经济创造良好条件；可以在集群范围内协调价值链活动，盘活闲置资产和生产力提高集群企业共享经济产品或服务的生产能力；可以通过选择有利于产业集群长期发展的战略举措，优化集群共享经济体系结构，促使产业集群良性运行。这些战略路径都有利于共享经济的可持续性。

另一方面，确保可持续发展的社会资本。提高集群网络嵌入力的组织形式，可以让集群企业的信息系统、价值链活动更好地嵌入到集群共享经济体系之中，为集群企业共享经济参与者提供更为便利的信息渠道。在互联网技术推动下，共享经济中的数字平台型企业和其他形式共享经济参与者，都可以借助集群网络嵌入力提高社会资本，借以整合更多的共享经济资源，优化共享经济价值体系结构，实现集群共享经济的可持续发展。

可见，从战略和组织双重维度考察的集群企业共享经济模式符合优秀战略的五个标准，即具有满足产业集群共享经济体系中多元利益相关者利益诉求的价值导向，具有区域特色的价值链体系，可以进行有效的价值链取舍，其价值链具有较好的协调性并在时间上具有延续性，因此，可以有效整合产业集群中不同形式的共享经济，构建可持续发展优势。

二、集群企业共享竞争优势界定

集群价值共创力和集群网络嵌入力推动下的集群企业共享经济模式具有优秀战略的五个基本特征，因此具有实现可持续发展的战略优势。按照波特教授的观点，建立在价值链基础上的企业的竞争优势由盈利能力来体现，可以从生产力和创新能力来评价。由于集群企业组织属性和战略路径不同于传统企业，竞争和合作并举，因此，其可持续发展优势可描述为竞合优势。

（一）集群共享竞争力

由于集群企业具有混合组织性质，其共享经济模式需要通过集群网络嵌入力提高社会资本，需要通过集群价值共创力寻求可持续发展，其战略路径和组织结构已打破传统的层级结构组织边界，因此，集群企业建立在共享经济基础上的战略优势超出了竞争优势范畴，可用“集群共享竞争力”来描述。

所谓集群共享竞争力，是指集群企业在共享经济体系中，通过集群价值共创力和集群网络嵌入力，整合共享资源，为利益相关者创造共享价值，改善产业集群环境，在市场竞争和社会合作机制中谋求可持续发展的集群联动能力。可以从集群共享生产力和集群共享创新力两个维度来测评。

（二）集群共享生产力

生产力是企业竞争优势的第一种表现形式。营利能力是企业生存与发展的基本条件，企业价值链活动形成的营利能力一般用生产力来描述。要实现集群企业共享经济模式的可持续发展，首先需要具有必要的营利能力，因此，可以用“集群共享生产力”一词来评价集群企业竞合优势的营利能力。所谓集群共享生产力，是指具有一定集群价值共创力和集群网络嵌入力的集群企业通过共享经济模式，在集群共享经济体系中获取的集群联动营利能力。

虽然具有平台型或混合性组织特征的集群企业不同于传统的层级结构，但仍然具有实体组织和法人代表的基本特征，因此，传统的测度企业生产力的指标如利润增长率、销售利润率、投资回报率等仍然适应测度集群共享生产力。之所以要突出“集群”二字，是因为集群企业共享经济模式的利润起源及其经济和社会影响都离不开集群环境，是产业集群共享体系与集群企业战略相互作用的结果。从起源上分析，集群利润属于集群共享经济形成的放大的利润池的一部分；从结果考察，集群企业的盈利能力有利于整个共享经济体系。

（三）集群共享创新力

创新力是企业竞争优势的第二种表现形式，是企业适应变化环境谋求长期发展的核心能力。具有集群价值共创力和集群网络嵌入力的集群企业可以共享集群网络中的信息、知识和创新，可以共享专业人才和价值链活动，通过与共享经济体系中的其他组织协同创新来提高新产品开发和生产能力。这种集群企业的协同创新力可以用“集群共享创新力”来描述。

所谓集群共享创新力，是指集群企业通过集群价值共创力和集群网络嵌入力，创造或改进与产业集群共享经济体系相适应的共享经济模式的联动创新能力。之所以在创新力前面冠以集群共享，是因为集群企业共享经济模式的创新关系到产业集群共享经济价值体系的变革，创新的目的、创意的来源、创新的协同对象以及创新所产生的经济和社会影响都离不开共享战略。

与集群共享生产力相似，用于评价企业创新能力的指标如新产品链的差异性、开发周期和社会责任等均可以用来评价集群企业共享经济模式的联动创新力。集群共享创新力不同于传统意义的企业创新力，除了包含层级组织的自主创新能力之外，还涵盖了通过集群价值共创力和集群网络嵌入力获取的在产业集群共享经济体系中的协同创新能力，具有更为广泛的经济基础和社会基础，并能通过集群网络促进产业集群共享经济体系的创新和升级。

第四节　集群共享经济可持续路径分析与理论假设

集群企业在产业聚合时空中需要扮演多元角色作用，具有混合组织性质。集群企业实施共享经济模式需要获取集群共享产权，通过集群价值共创提高集群共享声誉并寻求集群共享地位的变迁。

鉴于传统战略管理理论和组织理论存在的不足，本章第三节构建了“集群价值共创力”和“集群网络嵌入力”两个新概念来评价提高集群企业角色能力、适应集群环境能力的战略和组织要素；集群价值共创力和集群网络嵌入力是实现集群企业共享经济模式可持续发展的基石；构建了“集群共享竞合优势”，用来评价集群企业共享经济模式在集群共享经济体系中的战略优势；构建了“集群共享生产力”和“集群共享创新力”两个新概念用来测评集群共享竞争优势。

这一节运用构建的五个新概念“集群价值共创力”“集群网络嵌入力”“集群集群共享竞合力”“集群共享创新力”来进一步深入研究集群企业共享经济可持续发展路径特征。通过分析集群价值共创力、集群网络嵌入力与集群共享生产力以及集群共享创新力之间的关系，解析集群企业共享经济模式的可持续发展机理。

一、单因素路径分析与理论假设

（一）集群价值共创力提高集群共享竞合力

依据集群价值共创力的内涵界定以及产业集群理论和创造共享价值理论中企业社会创业的战略价值分析，集群价值共创力可以提高共享经济产品或服务的类别与规模，提高共享经济价值链的协同水准并改善共享经济的集群环境。这些努力方向都便于降低共享经济产品或服务的生产成本，提高生产效率。也有利于集群企业提供新的共享经济产品或服务，变更价值链活动和优化共享经济体系，通过同时提高共享经济生产力和共享经济创新力来提高共享经济竞合力。因此，可以提出如下假设：

H1：集群价值共创力越强，集群共享生产力就越高。

H2：集群价值共创力越强，集群共享创新力就越高。

（二）集群网络嵌入力提升集群共享竞合力

依据集群网络嵌入力内涵界定以及集群网络理论，社会资本及其网络结构对集群企业可持续发展具有重要的战略价值。集群网络嵌入力体现了集群企业在产业聚合体系中是否能有效扮演多元角色、服从多维制度逻辑、整合产业集群共享经济体系、适应多元社会选择机制的结构属性。

集群网络嵌入力越强，集群企业收集共享经济信息、捕捉共享经济机会、整合共享经济资源、协同生产或创新共享经济产品或服务的能力也越强，降低共享经济新产品产品或服务的生产或创新成本、创造共享经济价值的能力就越强。因此，可以提出如下假设：

H3：集群网络嵌入力越强，集群共享生产力就越高。

H4：集群网络嵌入力越强，集群共享创新力就越高。

二、双因素交互作用路径分析与理论假设

（一）提高集群共享生产力的交互作用

依据假设 H1，集群价值共创力可以提高集群共享生产力。集群网络嵌入力可以增强集群企业识别共享经济机会，整合共享经济资源，提高与其他组织之间的协同生产和创新能力。集群网络嵌入力越好，越有利于集群企业整合共享经济资源，共享价值链活动，降低共享经济产品或服务的成本，提高创造共享价值的能力。因此，可以提出如下假设：

H5.1：集群网络嵌入力作为中介变量，影响集群价值共创力提高集群共享生产力的路径。

依据假设 H3，集群网络嵌入力可以提升集群共享生产力。集群价值共创力属于集群企业价值导向，其战略实施过程会影响集群企业与利益相关者之间形成的集群网络结构、产业集群竞争态势、治理机制以及演进规律，进而影响到集群共享生产力，因此，可以提出如下假设：

H5.2：集群价值共创力作为中介变量，影响集群网络嵌入力提高集群共享生产力的路径。

综合假设 H5. 1 和 H5. 2，可以提出集群价值共创力与集群网络嵌入力影响集群共享生产力的交互作用路径假设：

H5：集群网络嵌入力与集群价值共创力互为中介，相互影响对方提高集群共享生产力的路径。

（二）提升集群共享创新力的交互作用

依据假设 H2，集群价值共创力可以提升集群共享创新力。集群网络嵌入力越强，越有利于集群企业收集共享经济信息、识别共享经济机会、共享价值链活动、创造共享价值和改善产业集群环境，为共享经济提供更多的创新机会，因此，可以提出如下假设：

H6. 1：集群网络嵌入力是集群价值共创力影响集群共享创新力的中介变量。

依据假设 H4，集群网络嵌入力可以提升集群共享创新力。集群价值共创力可以改变自身组织结构和价值链治理方式，影响集群企业共享经济体系结构变迁、产业竞争态势和产业集群协同创新的动力，进而影响其集群共享创新力。因此，可以提出如下假设：

H6. 2：集群价值共创力是集群网络嵌入力影响集群共享创新力的中介变量。

综合 H6. 1 和 H6. 2，可以提出关于集群网络嵌入力和集群价值共创力之间的交互作用假设：

H6：集群网络嵌入力与集群价值共创力互为中介，相互影响对方提升集群共享创新力的路径。

三、中介效应分析与理论假设

依据理论假设 H1 和 H2，集群价值共创力可以提高集群共享生产力和集群共享创新力。集群企业竞合力具有集群共享生产力和集群共享创新力两种表现维度。集群企业集群共享创新力越高，越有利于将共享经济产品或服务的经济价值延伸到社会价值，越有利于共享价值链活动、改善产业集群环境、优化共享经济结构，从而拓展共享经济产品或服务的市场、降低单位成本并提高持续盈利能力。集群共享创新力这些特点，有利于强化集群价值共创力和集群网络嵌入力对集群共享生产力的促进作用。因此，可以提出如下假设：

H7：集群共享创新力是集群价值共创力影响集群共享生产力的中介变量；

H8：集群共享创新力是集群网络嵌入力影响集群共享生产力的中介变量。

四、综合理论模型

运用前面理论分析中界定了五个概念：集群价值共创力、集群网络嵌入力、集群共享竞合力、集群共享生产力和集群共享创新力，运用这些概念以及概念和概念之间的关系，可以展现集群企业共享经济竞合优势的构建基础，可以综合分析集群企业共享经济可持续发展的路径特征。

集群价值共创力和集群网络嵌入力是构建集群企业共享经济竞合优势的组织要素，集群共享竞合力表现为集群共享生产力和集群共享创新力两个维度。集群价值共创力可以提高集群共享生产力和集群共享创新力（H1；H3）；集群网络嵌入力可以提升集群共享生产力时和集群共享创新力（H2；H4）；集群价值共创力与集群网络嵌入力互为中介，相互影响对方提高集群共享生产力和集群共享创新力（H5；H6）；集群共享创新力对集群价值共创力和集群网络嵌入力提高集群共享生产力的路径具有中介效应（H7；H8）。

依据集群企业组织要素影响集群共享竞合优势的单因素路径假设（H1 - 4）、中介效应和双因素交互作用路径假设（H5 - 8），可以绘制如图 3 - 4 所示的集群企业共享经济可持续路径理论模型。

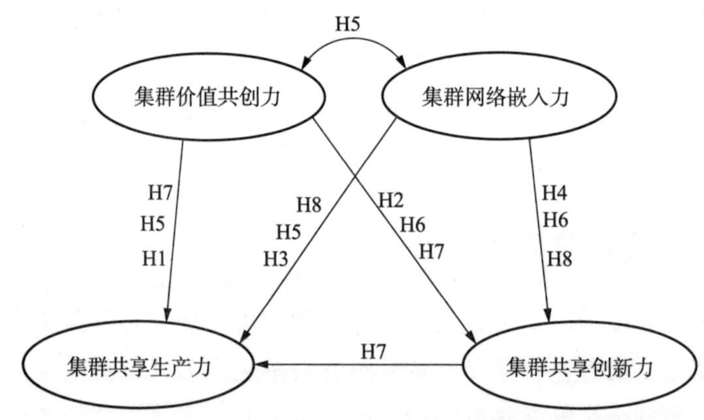

图 3-4　集群企业共享经济可持续发展路径理论模型

建立在系列理论假设基础上的理论模型涵盖了从影响集群企业共享经济模式可持续发展能力的战略和组织要素到相应战略绩效的所有路径。该模型可以用来分析集群价值共创力与集群网络嵌入力相互作用共同影响集群共享竞合力的直接联系、交互作用和中介效应，通过解析这些路径特征，可以解读集群企业共享经济模式可持续发展的组织机理。

第五节　本章小结

这一章理论分析了集群企业共享经济模式可持续发展的战略路径特征，提出了路径假设并构建了理论模型。第一节将集群企业置于集群共享经济体系时空环境中解析了集群企业在产业聚合体系中的多元角色作用、混合组织性质以及共享经济体系下的共享角色；第二节界定了集群企业共享经济模式的基本内涵，分析了影响集群企业共享经济模式可持续发展的战略要素与组织要素，构建了集群价值共创力和集群网络嵌入力两个新概念来评价集群企业共享经济模式战略和组织能力。第三节在分析集群价值共创的战略优势的基础上构建了集群共享竞合力、集群共享生产力和集群共享创新力三个新概念来评估集群共享经济模式的可持续发展能力。第四节运用新构建的五个概念理论分析了集群企业共享经济模式可持续发展的路径特征，提出了理论假设构建了理论模型，为实证检验集群企业共享经济模式可持续发展的路径特征奠定了基础。

第四章

>>> 实证数据与潜变量CFA检验

图2-3和图3-4的理论模型涉及的9个新概念（集群价值共创力、集群网络嵌入力、集群共享竞合力、集群共享生产力和集群共享创新力）在实证研究的结构方程模型中属于潜变量，由于以往的研究成果中并无直接测度这些潜变量的量表和具体测度题项，因此，这一章依据相关理论或量表结构设计这些潜变量的测度量表和题项，并通过实证数据进行了验证性因子分析（CFA）检验。

第一节　实证研究对象概况与数据的取得方式

一、调研对象基本情况

本书选取威海电子信息产业集群为调研对象，电子信息产业集群属于威海市重点发展的三个新型战略产业集群（新信息、新医药以及新材料及制造）中的一个。这一产业集群以智能打印、集成电路、通信、物联网、智能电子、高端软件等主导产品，其中新北洋、三星电子、卡尔电气等公司为骨干企业。这一产业集群的战略目标为积极研发专用打印扫描技术和防伪鉴别影像处理技术，大力发展打印机零部件和整机优势产品，加快发展支票打印机、盖章机、硬纸币兑换设备、纸币清分机等特色产品，打造国内重点计算机外设产品产业化基地。此外，该产业集群的骨干企业在承接智慧城市、大数据开发、云计算以及智能机器人等新型IT产品和服务方面也颇有建树。

二、样本与数据

（一）样本的界定与抽样方法

从威海市电子信息产业集群中，笔者依据已有的经营年限、经营规模、所有制、员工人数等维度选取了以新北洋为龙头的19家具有代表性的集群企业，从这19家企业中的管理者中，按照2∶5∶3的比例，参照公司的人数与经营规模，对调研企业的高层、中层和基层管理者进行问卷调研。

（二）问卷的发放与回收

问卷最初通过调研电子信息产业集群中的龙头企业新北洋公司的总经理助理和办公司主任两位管理人员从设定的19家调研企业中收取了首批66份问卷。在对问卷数据进行初步测试与分析之后，笔者对量表中的部分结构进行了删减、补充和修正工作，然后分批获取了更多的调研数据，笔者累计发放问卷400份，分批获取了265份有效问卷。

（三）调研对象的基本信息结构

1. 受访管理者的个体基本信息

在回收的265份问卷中，按受访者的年龄、学历、工龄、职位四个维度的统计分析信息如表所示。从表4－1到表4－4四个统计图表中的统计信息中可以得知本书统计信息受访者包括不同的年龄段、不同学历不同职位以及不同工龄的管理者，具有较为广泛的代表性。

表4－1　受访者年龄结构

IVX1（受访者年龄）					
		频率	百分比	有效百分比	累积百分比
有效	25－35	184	58.4%	69.4%	69.4%
	35－55	70	22.2%	26.4%	95.8%
	55以上	11	3.5%	4.2%	100.0%
	合计	265	84.1%	100.0%	
缺失	系统	50	15.9%		
合计		315	100.0%		

表 4-2　受访者学历结构

IVX2（学历）					
		频率	百分比	有效百分比	累积百分比
有效	其他	5	1.6%	1.9%	1.9%
	专科	83	26.3%	31.3%	33.2%
	本科	165	52.4%	62.3%	95.5%
	硕士	12	3.8%	4.5%	100.0%
	合计	265	84.1%	100.0%	
缺失	系统	50	15.9%		
合计		315	100.0%		

表 4-3　受访者职位结构

IVX3（职位）					
		频率	百分比	有效百分比	累积百分比
有效	基层	62	19.7%	23.4%	23.4%
	中层	156	49.5%	58.9%	82.3%
	高层	47	14.9%	17.7%	100.0%
	合计	265	84.1%	100.0%	
缺失	系统	50	15.9%		
合计		315	100.0%		

表 4-4　访者工龄结构

IVX4（工龄）					
		频率	百分比	有效百分比	累积百分比
有效	1.00	35	11.1%	13.2%	13.2%
	2.00	57	18.1%	21.5%	34.7%
	3.00	19	6.0%	7.2%	41.9%
	4.00	20	6.3%	7.5%	49.4%
	5.00	36	11.4%	13.6%	63.0%
	6.00	21	6.7%	7.9%	70.9%
	7.00	19	6.0%	7.2%	78.1%
	8.00	11	3.5%	4.2%	82.3%
	9.00	7	2.2%	2.6%	84.9%
	10.00	8	2.5%	3.0%	87.9%

续表

IVX4（工龄）					
		频率	百分比	有效百分比	累积百分比
有效	11.00	3	1.0%	1.1%	89.1%
	12.00	7	2.2%	2.6%	91.7%
	13.00	7	2.2%	2.6%	94.3%
	14.00	1	0.3%	0.4%	94.7%
	15.00	5	1.6%	1.9%	96.6%
	16.00	4	1.3%	1.5%	98.1%
	18.00	1	0.3%	0.4%	98.5%
	19.00	1	0.3%	0.4%	98.9%
	24.00	2	0.6%	0.8%	99.6%
	28.00	1	0.3%	0.4%	100.0%
	合计	265	84.1%	100.0%	
缺失	系统	50	15.9%		
合计		315	100.0%		

综合表4-1到表4-4中的统计信息，受访者主要为介于25—35岁之间、拥有本科学历、工龄在8年以内的中层管理者。通过问卷和访谈理解到，这些受访者了解区域经济、产业集群和企业管理的相关知识，经过解释后可以充分理解问卷中构念和题项的内涵。这些受访者认真填写了每一份问卷，为本书的数据分析奠定了良好基础。验证结构方程模型总共获取有效样本为265个，由于问卷设计自身存在的不足，存在系统缺失50个，总计315个数据纳入数据分析之中。

2. 受访者所在企业的基本信息

受访的管理者源于电子信息产业集群中的19家企业，受访者所在企业的经营年限、员工人数、经营规模（销售额与资产总额）、是否多元化经营以及所有制形式共六个维度的统计信息如图4-5到图4-10所示。

表4-5 受访者所在企业经营年限

EPX1（企业已经营年限）					
		频率	百分比	有效百分比	累积百分比
有效	3年以内	80	25.4%	30.2%	30.2%
	3—5年	10	3.2%	3.8%	34.0%

续表

EPX1（企业已经营年限）					
		频率	百分比	有效百分比	累积百分比
有效	5 年以上	175	55.2%	66.0%	100%
	合计	265	84.1%	100.0%	
缺失	系统	50	15.9%		
合计		315	100.0%		

参照表 4－5 中信息，经营年限 3 年以内、3—5 年以及 5 年以上企业所占比例分别为 30.2%、3.8% 和 66%，分别属于成长性企业、过渡性企业、成熟企业。

表 4－6　受访者所在企业员工人数

EPX2（企业人数）					
		频率	百分比	有效百分比	累积百分比
有效	300 人以下	185	58.7%	69.8%	69.8%
	300—1000 人	60	19.0%	22.6%	92.5%
	1000 人以上	20	6.3%	7.5%	100.0%
	合计	265	84.1%	100.0%	
缺失	系统	50	15.9%		
合计		315	100.0%		

参照 4－6 表中信息，有 69.8% 的受访者来自 300 人以下的企业，22.6% 的受访者来自 300—1000 人规模的企业，7.5% 的受访者来自于 1000 人以上的企业。从企业人数考察，这些管理者源于不同人数的集群企业，其中主要源于中小企业和小微企业，较好地体现了新兴产业集群的特点。

表 4－7　受访者所在企业主营业务收入

EPX3（主营业务收入）					
		频率	百分比	有效百分比	累积百分比
有效	2000 万及以下	105	33.3%	39.6%	39.6%
	2001 万—10000 万	10	3.2%	3.8%	43.4%
	10000 万及以上	150	47.6%	56.6%	100.0%
	合计	265	84.1%	100.0%	
缺失	系统	50	15.9%		
合计		315	100.0%		

表 4-8　受访者所在企业资产总额

EPX4（资产总额）					
		频率	百分比	有效百分比	累积百分比
有效	500 万以下	30	9.5%	11.3%	11.3%
	500 万—10000 万	75	23.8%	28.3%	39.6%
	10000 万以上	160	50.8%	60.4%	100.0%
	合计	265	84.1%	100.0%	
缺失	系统	50	15.9%		
合计		315	100.0%		

参照表 4-7 以及 4-8 中的统计信息，笔者对于总额在 1 亿以上的企业管理者投送了较多的问卷（56.6% 和 60.4%），对于规模较小的主营业务收入 2000 万和资产总额在 500 万元以下的集群企业也给予了足够的重视（39.6% 和 11.3%）。

表 4-9　受访者所在企业多元化倾向

EPX5（是否多元化）					
		频率	百分比	有效百分比	累积百分比
有效	否	120	38.1%	45.3%	45.3%
	是	145	46.0%	54.7%	100.0%
	合计	265	84.1%	100.0%	
缺失	系统	50	15.9%		
合计		315	100.0%		

表 4-10　受访者所在企业所有制形式

EPX6（所有制）					
		频率	百分比	有效百分比	累积百分比
有效	内资集体	36	11.4%	13.6%	13.6%
	内资私营	89	28.3%	33.6%	47.2%
	内资股份制	130	41.3%	49.1%	96.2%
	中外合资	10	3.2%	3.8%	100.0%
	合计	265	84.1%	100.0%	
缺失	系统	50	15.9%		
合计		315	100.0%		

参照表 4-9，实施多元化经营与专业化经营的比例分别为 45.3% 和

54.7%。在多元化倾向上，持两类基本战略的企业所占比例接近。

参照表4-10，受访者分别源于内资集体企业、内资私营企业、内资股份制企业以及中外合资企业等四种不同的所有制形式的企业，其中内资企业所占比例较大，并且以私营和股份制企业为主。

总之，企业和受访者在产业集群中具有较为广泛的代表性。

第二节　问卷设计

一、问卷基本结构

问卷共分为五部分：企业基本信息、集群共享经济环境诱因调研、集群共享体系市场竞争与社会选择机制调研、集群企业共享经济可持续能力影响要素调研、集群企业共享经济模式可持续发展能力调研。所有量表均采用李克特量表模式测试受访者的价值判断和态度倾向。

第一部分企业基本信息包含企业的已经营年限、经营规模、所有形式等六个方面的基本题项。第二部分依据集群企业共享经济体系时空结构中存在的各种共享经济形式进行调研。第三部分从产业聚合体系中影响集群企业共享经济行为的市场竞争力量和社会选择力量进行调研。第四部分从影响集群企业共享经济模式可持续发展能力的战略和组织要素进行调研。第五部分，从实施集群企业共享经济模式时所形成的生产力和创新力进行调研。

问卷的五个部分相对独立又相互联系，除了可以较为完整地收集受访企业的基本信息外，可以在“结构—行为—绩效”架构下对集群企业共享经济的环境诱因、集群共享经济环境规制力量、集群企业共享经济模式可持续能力的构建基础以及集群企业共享经济模式可持续发展绩效进行系统的测评。

二、问卷设计过程

为了保证定量研究的严谨性与科学性，笔者查阅了国内外相关研究文献中关于理论模型中基本概念的或接近这些概念基本内涵的有关量表，借鉴了一些已经成型的测度模型和第二章中理论分析设计了集群价值共创、集群社会资本、集群竞争力、集群选择力的潜变量结构、测度量表和题项。依照第二章和第三章的理论分析设计了集群价值共创的潜变量结构、测度量表和测度题项。依据第三章的理论分析，设计了集群网络嵌入力、集群共享竞合力、集群共享生产力和集群共享创新力的潜变量结构、测度量表和测度题项。

在完成问卷的初步设计之后，笔者运用分次收集到的实证数据，运用SPSS软件中的AMOS软件对于理论模型中所有定义的测量模型进行了检验，依据在模型检验过程中出现的信度和效度问题，对于部分定义的量表进行了增减与修正，最后形成了可以有效测度调研对象价值判断与战略倾向的问卷结构与量表，并运用该问卷收集到的数据较好地检验了结构方程模型。

三、实证数据正态分布观察

按照对问卷收集到的所有数据实证分析，运用SPSS软件，进行描述性检验，检验结果表明分别测度集群共享经济、集群社会资本、集群竞争力、集群选择力、集群网络嵌入力、集群价值共创、集群生产力和集群创新力的所有测量数据偏度系数的绝对值远小于3，峰度系数绝对值在远小于8，数据分布符合正态分布，具有很好的表面效度，可以运用最大似然估计法进行参数统计量估计。

第三节 集群共享经济环境属性定义与CFA检验

一、集群共享经济测量结构检验

（一）测量结构设计

集群共享经济概念用于测度集群共享经济的环境诱因，属于影响集群企业管理者决定实施集群共享经济模式的一个重要概念。从表现形式看，集群共享经济诱因超出了主流共享经济理论范畴，不仅包含降低交易成本，更包含与产业聚合形成的经济及外部性有关。

Wu Xiaobo（2010）从共享声誉、资源交换和整合的密集型、企业间的信任、共享网络的知识学习、竞争强度、本土化机构的参与程度共八个维度测评集群企业，可以从产业集群环境中获取的经济外部性优势。这一量表的设计依据是资源基础观理论。与本书的研究视角和理论依据有出入，但是可以为分析影响集群企业共享经济模式可能整合的共享资源类别的环境来源，可以为分析影响集群企业共享经济活动所形成的成本和收益的集群共享经济体系的区域经济和集群网络社会环境属性提供借鉴。

依据本书关于集群共享经济的界定以及第二章中关于集群共享经济体系时空结构与治理机制的理论分析，在不同的时空范围存在不同的共享经济形式。产业集群环境中存在的这些共享因素可以降低企业成本，提高其协同生产和创新的能力。分析集群共享经济环境诱因，可以从集群共享经济体系的经济和社会属性考量影响集群企业可能内化的共享资源要素。

影响集群企业共享经济模式诱因的经济要素主要包括基础设施建设、制度环境和市场机制。这些因素影响集群企业可能内化的经济外部性，如减少基础设施投入、降低交通运输费用、较低的制度成本、因市场竞争而减少的机会主义和企业家精神、较低的市场交易成本等。因此，可以通过测评管理者对于产业聚合基本经济环境的满意度来评价集群企业可能受益的集群共享经济，其测评结构及题项如图 4 - 1 所示。

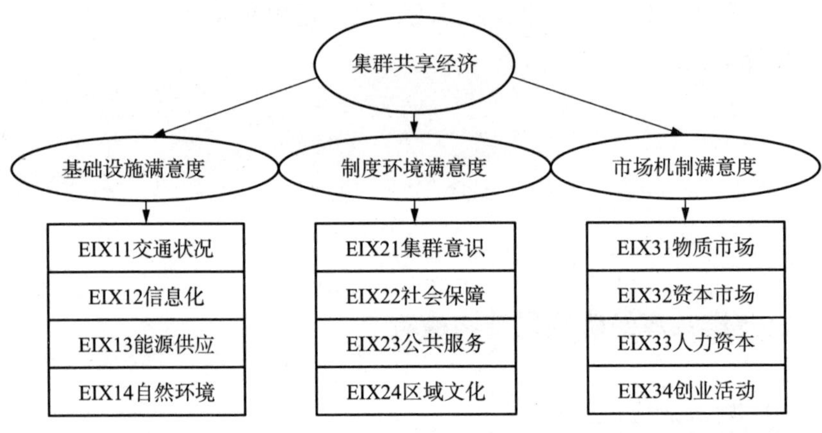

图 4 - 1 集群共享经济测评结构

（二）适配度检验

运用 AMOS 软件，绘制二阶 CFA 模型，图中“EES”代表集群共享经济，“BS”“IS”和“MS”分别代表基础设施满意度、制度环境满意度和市场机制满意度，由于测度变量 EX14、EIX24 以及 EIX31 的路径系数均小于 0.5，不妨将其从测度模型中删除，最后得到如图 4 - 2 所示的区域经济外部性 CFA 达标模型。依据《结构方程模型 - Amos 实务进阶》一书中关于适配度检验综合标准，将模型适配度的检验参数输入表 4－11。

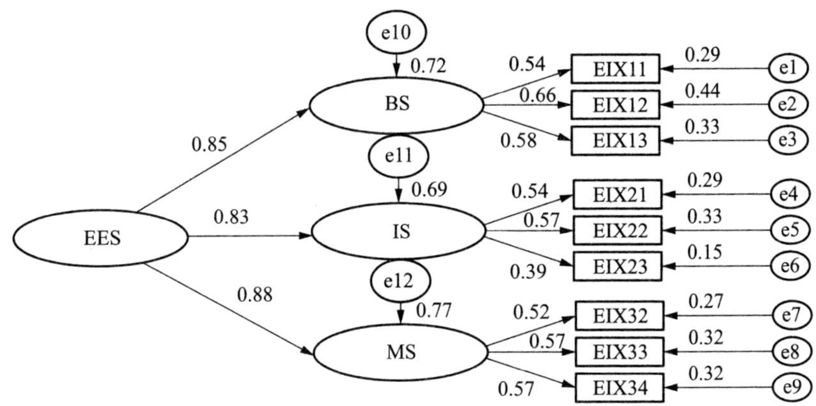

Standardized estimates
Default modelC
MIN=36.751(P=0.046); CMIN/DF=1.531; RMR=0.024
RMSEA=0.041; GFI=0.977; AGFI=0.957; CN(0.5)=312.000
NFI=0.913; RFI=0.869; IFI=0.968; TLI=0.950; CFI=0.967
PGFI=0.521; PNFI=0.609; PCFI=0.645

图 4－2　集群共享经济二阶 CFA 模型检验结果

表 4－11　集群共享经济模型适配度检验指标汇总

统计检验量	适配的标准或临界值	检验结果数据	模型适配度判断
		绝对适配度指数	
X^2	p > 0.05	36.751（P = 0.045 < 0.050）	接近达标
X^2/DF	< 2.00（良好） < 3.00（普通）	1.680	良好
RMR	< 0.05	0.024	优良
RMSEA	< 0.05（良好） < 0.05（普通）	0.041	良好
GFI	> 0.900 以上	0.977	优良
AGFI	> 0.900 以上	0.957	优良
CN	> 200 以上	312	良好
		比较适配度指数	
NFI	> 0.900（普通） > 0.950（良好）	0.913	良好
RFI	> 0.900（普通） > 0.950（良好）	0.869	接近达标

续表

统计检验量	适配的标准或临界值	检验结果数据	模型适配度判断
IFI	>0.900（普通） >0.950（良好）	0.968	优
TLI	>0.900（普通） >0.950（良好）	0.950	优良
CFI	>0.900（普通） >0.950（良好）	0.967	优良
简约适配度指数			
PRAT	>0.50 以上	0.521	良好
PNFI	>0.50 以上	0.609	良好
PCFI	>0.50 以上	0.645	良好

依据表 4－11 中统计指标与适配度评价标准，“EES”的绝对适配度指标达到良好以上标准，比较适配度指标和简约适配度指标达到良好标准，图 4－2 中的 CFA 模型的适配度达到良好水准。删除的测度题项表明，集群企业管理者认为区域的自然环境、集体主义以及物质市场虽然也属于影响集群共享经济因素，但是其重要性程度较低。

（三）测度变量聚敛效度检验

从图 4－2 中检验结果的标准化输出文档中摘选因素负荷量、信度系数（负荷量的平方）、测量误差如表 4－12 所示。

表 4－12　集群共享经济聚敛效度分析指标摘选表

因素	测量变量	系数	测量误差	信度系数	组合信度	平均方差抽取量
BS	EX11	0.543	0.048	0.295		
	EX12	0.66	0.043	0.435		
	EX13	0.576	0.041	0.332		
		1.779	0.132	1.792	0.960	0.931
IS	EX21	0.535	0.051	0.286		
	EX22	0.57	0.043	0.325		
	EX23	0.392	0.039	0.153		
	1.497	0.133	0.764	0.944	0.852	
MS	EX32	0.52	0.041	0.27		
	EX33	0.567	0.049	0.321		
	EX34	0.566	0.049	0.32		
		1.653	0.139	0.911	0.952	0.868

依据表4－12中数据。“BS”的因素负荷量均大于0.500小于0.700，信度系数均小于0.5，但是平均方差抽取量为 $AVE_B = 0.931 > 0.500$，表明其聚合效度很好。其组合信度为 $ICD_B = 0.960 > 0.500$，表明测量指标之间的关联性很大，同构性很好。

“IS”因素负荷量，除EIX23小于0.500外，其余值都大于0，500小于0.700，信度系数均小于0.5，但是平均方差抽取量 $AVE_I = 0.852 > 0.500$，表明聚合效度好。其组合信度 $ICD_I = 0.944 > 0.500$，表明测量指标关联性很大，同构性很好。

“MS”的因素负荷量值均大于0.500小于0.700，信度系数均小于0.5，平均方差抽取量为 $AVE_M = 0.868 > 0.500$，表明聚合效度好。其组合信度为 $ICD_M = 0.952 > 0.500$，表明测量指标关联性大，同构性好。

（四）一阶构念区分效度检验

构建“EES“的一阶CFA模型，运行、检验得如图4－3标准化输出信息，提出相关系数，连同表4－13中的平均方差抽取量，汇入表4－13与4－14中。

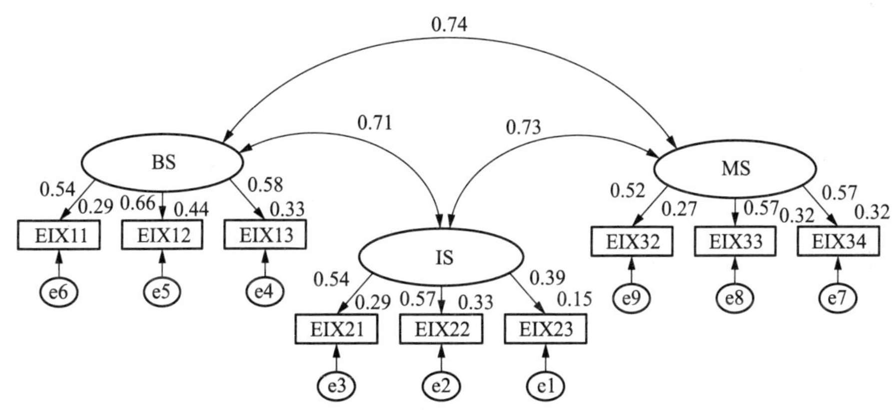

图4－3　集群共享经济一阶CFA模型

表 4-13　集群共享经济因素 AVE 与 R^2 的摘要表

因素 A	因素 B	因素间相关系数 R	R^2	因素 A 平均方差抽取量 AVE
BS	IS	0.710	0.504	0.912
IS	MS	0.730	0.534	0.853
MS	BS	0.740	0.548	0.901

表 4-14　集群共享经济因素 AVE 与 R^2 的差异比较表

	BS AVE = 0.931	IS AVE = 0.852	MS 0.868
BS	1.000	0.504	0.548
IS	0.710***	1.000	0.534
MS	0.740***	0.730***	1.000

注：对角线数值 1 为构念方差；下三角数值为构念间相关系数；上三角为构念间相关系数平方。

参照表 4-13 和表 4-14 中的数据。BS 的平均方差抽取量 $AVE_B=0.912$，IS 的平均方差 $AVE_I=0.852$，BS 与 IS 之间的相关系数 $R_{C1}=0.710$，相关系数的平方 $R_{C1}^2=0.504$。由于 AVE_B、AVE_I 的值均高于 R_{C1}^2，因此，BS 和 IS 之间具有很好的区别效度。

“IS”的平均方差抽取量 $AVE_I=0.852$，MS 的平均方差 $AVE_M=0.868$，IS 与 MS 之间的相关系数 $R_{C2}=0.730$，相关系数的平方 $R_{C2}^2=0.534$。由于 AVE_I、AVE_M 的值均高于 R_{C2}^2，因此，IS 和 MS 之间具有很好的区别效度。

MS 的平均方差抽取量 $AVE_M=0.901$，IS 的平均方差 $AVE_I=0.853$，MS 与 BS 之间的相关系数 $R_{C3}=0.740$，相关系数的平方 $R_{C3}^2=0.548$。由于 AVE_I、AVE_M 的值均高于 R_{C3}^2，因此“MS”和“BS”之间具有很好的区别效度。

（五）结论分析和管理启示

CFA 检验合格，意味着这一新概念可以用来测评集群共享经济模式的环境诱因，证明了主流共享经济理论中交易成本理论解释的局限性，即共享经济体系中除了存在降低交易成本之外，还存在有利于集群企业共享经济模式可持续发展的更多的环境诱因。良好的基础设施建设、较低的制度成本、良好的市场运行机制都属于集群企业共享经济模式的环境诱因。“集群共享经济”这一概念丰富了主流共享经济理论中关于企业共享经济环境诱因的解释范式。

主流战略管理理论虽然有关于企业战略环境分析的一般性理论，但是用于分析集群企业战略区域经济环境分析方面的理论较少，没有用于分析集群企业共享经济战略动机的概念和测评方法。集群共享经济可以用来分析集群企业的战略环境特征，对主流的战略管理理论也有创新性贡献。

区域经济或产业集群的政府管理机构的管理人员可以运用这一概念来分析集群共享经济体系中有利于集群企业选择和实施共享经济模式环境诱因的种类、结构特征和变化趋势，依据现实需要制定出规范或促进集群企业共享经济模式的公共政策。集群企业管理则可以运用这一概念，理性分析有利于选择和实施共享经济模式的环境诱因，从而做出正确的决策。

二、集群社会资本测量结构检验

（一）测度结构设计

社会资本理论属于较为成熟的理论，在这一领域中对如何测度企业的社会网络结构、企业如何利用结构洞和中心性提高社会资本等方面，已经形成了较为系统的成果。在研究集群企业创新网络结构、知识获取和创新能力之间关系时，吴晓冰（2009）依据网络理论，设计了如何测评网络环境下集群创新网络结构特征的量表，从关系、互动频次、信任互惠性和集群意识五个维度测评集群企业适应集群网络环境的结构特征。

依据第二章中集群社会资本的定义和理论分析，集群企业会资本影响集群企业识别共享经济机会、整合共享经济资源的能力，还可以提高利益相关者规制集群共享经济行为和集群企业的协同生产和创新能力。因此，测评集群企业在产业集群中可能获取的社会资本具有重要意义。

集群企业管理者选择和实施集群共享经济模式时，需要从集群网络系统中收集有效的共享经济信息，需要在集群网络中提供或消费共享经济产品或服务，需要对利益相关者进行有效的价值链治理，也需要从影响集群企业共享经济模式的多维网络结构特点去测评集群社会资本。

如图 4－4 所示，按照产业集群理论分析，影响集群企业时空竞争力的主要利益相关者主要包括协同生产组织、协同创新组织以及服务组织。在集群企业从事社会创业活动的过程中，其评价生产网络、创新网络和服务网络的结构维度具有相似之处，都可以从关系、信任、互惠性、互动频次和集群意

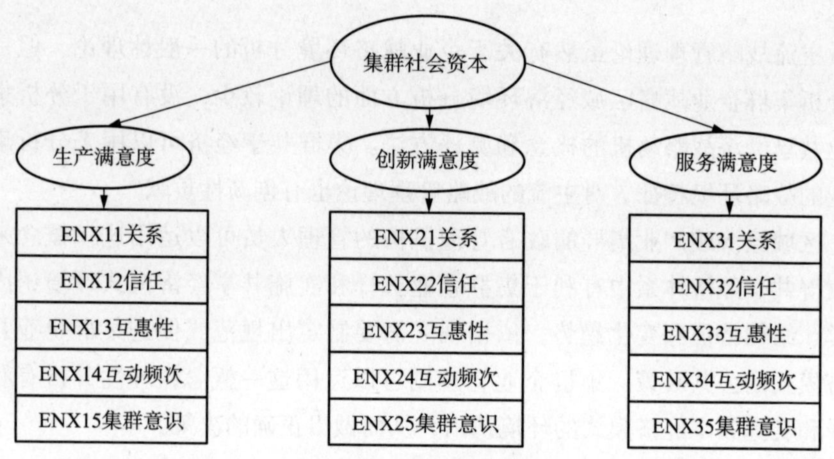

图 4-4　集群社会资本测评结构

识五个方面进行测度。因此，可以从调研集群企业管理者对协同生产网络满意度、协同创新网络满意度、服务网络满意度等三个子潜变量的共因子提取提出集群社会资本的网络环境属性，满意度从关系、信任、互惠性、互动频次和集群意识五个方面进行测度。依据集群社会资本的定义，参照以上测评结构设计分析，图 4-4 所示的测评结构可以用来集群社会资本。

（二）适配度检验

以图 4-4 为依据，绘制如图 4-5 所示二阶验证性 CFA 检验模型：NTS 代表区域网络满意度，PTS、ITS 和 CTS 分别代表生产网络满意度、创新网络满意度和服务网络满意度。删除测度变量路径系数均小于 0.5 的测度变量 EX15、EX22、EX24、EX31 以及 EX32，得出图 4-5 所示的 CFA 达标模型。

图 4-5 中 CFA 模型的测度标量 ENX15 路径系数小于 0.5，表明管理者认为生产网络中协同组织的集群意识虽然影响区域网络满意度，但是其重要程度不用其他四个因素。ENX22、ENX24 的路径参数小于 0.5，表明创新网络中虽然集群企业对协同创新组织的信任和互动频次的评价虽然影响区域网络的满意度，但是其重要性程度不及关系强度、互惠性以及集群意识。EX31、EX32 的路径系数小于 0.5，表明管理者对于服务网络的关系、信任的重要性评价不如互动频率、互惠性以及集群意识重要。将这些测度变量删除后，模型的适配度得以提高。

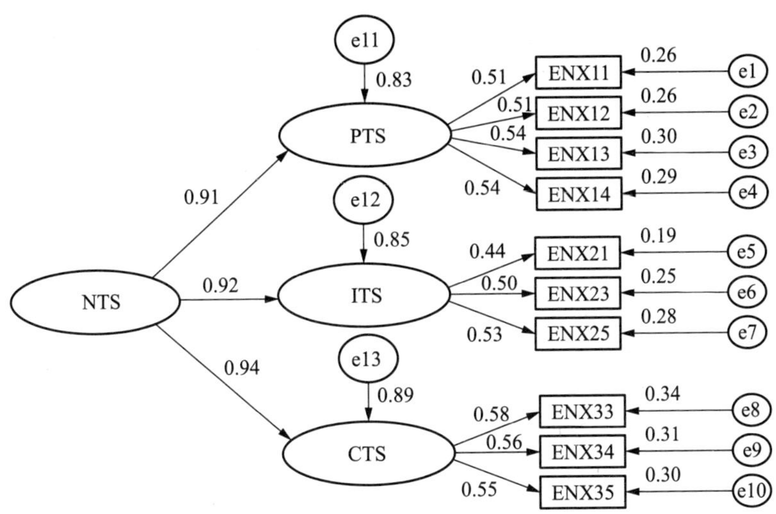

图 4－5　集群社会资本二阶 CFA 模型（达标）检验结果

将图 4－5 中的指标汇总，汇入表 4－15 中，依照表中数据，可以检验集群社会资本测评结构的合理性。

表 4－15　集群社会资本模型适配度检验指标汇总

统计检验量	适配的标准或临界值	检验结果数据	模型适配度判断
绝对适配度指数			
X^2	p >0. 05	62. 381（P =0. 001 <0. 050）	不能判断
X^2/DF	<2. 00（良好） <3. 00（普通）	1. 947	良好
RMR	<0. 05	0. 026	优良
RMSEA	<0. 05（良好） <0. 05（普通）	0. 055	一般
GFI	>0. 900 以上	0. 963	优良
AGFI	>0. 900 以上	0. 937	优良
CN	>200 以上	233	良好
比较适配度指数			
NFI	>0. 900（普通） >0. 950（良好）	0. 878	接近达标

续表

统计检验量	适配的标准或临界值	检验结果数据	模型适配度判断
RFI	>0.900（普通） >0.950（良好）	0.829	接近达标
IFI	>0.900（普通） >0.950（良好）	0.937	优良
TLI	>0.900（普通） >0.950（良好）	0.909	一般
CFI	>0.900（普通） >0.950（良好）	0.935	一般
简约适配度指数			
PRAT	>0.50 以上	0.560	良好
PNFI	>0.50 以上	0.625	良好
PCFI	>0.50 以上	0.665	良好

依据表4-15中统计指标与适配度评价标准，集群社会资本二阶CFA模型的绝对适配度指标达到良好以上标准，比较适配度指标达到普通标准，简约适配度指标达到良好标准。

（三）测度变量聚敛效度检验

从图4-16所示的CFA模型标准化输出文档中摘选其聚敛效度分析所需的指标因素负荷量、信度系数（负荷量的平方）、测量误差，汇入表4-16，可以进一步对集群社会资本的测度变量的聚敛效度进行分析。

表4-16　集群社会资本聚敛效度分析指标摘选表

因素构念	测量指标	因素	测量误差	信度系数	组合信度	平均方差抽取量
PTS	ENX11	0.509	0.046	0.239		
	ENX12	0.513	0.045			
	ENX13	0.545	0.043	0.254		
	ENX14	0.543	0.042	0.295		
		1.597	0.131	1.281	0.951	0.907
ITS	ENX21	0.437	0.042	0.219		
	ENX23	0.504	0.039	0.316		
	ENX25	0.528	0.042	0.379		
		1.469	0.123	0.914	0.946	0.881
CTS	ENX33	0.582	0.038	0.466		
	ENX34	0.556	0.038	0.466		
	ENX35	0.548	0.042	0.277		
		1.686	0.118	1.209	0.960	0.911

依据表4－16中数据，可以细致分析各潜变量的同构性质量，通过同构性质量可以评判测度结构的聚敛效度。

PTS的因素负荷量均大于或等于0.500小于0.700，信度系数均小于0.5，但是平均方差抽取量为0.907＞0.500，表明其聚合效度好。其组合信度为0.951＞0.500，表明测量指标之间的关联性很大，即指标的同构性很好。

在ITS的因素负荷量中，除ENX21外，均大于0.500，信度系数均小于0.5，但是平均方差抽取量为0.881＞0.500，表明聚合效度好。其组合信度0.946＞0.500，表明测量指标之间的关联性大，即指标的同构性很好。

在CTS的因素负荷量中，测量变量值均大于0.500小于0.700，信度系数均小于0.5，平均方差抽取量为0.911＞0.500，表明其聚合效度好。其组合信度为0.960＞0.500，表明测量指标之间的关联性大，即指标的同构性好。说明集群社会资本概念的测度结构合理，聚敛效度较好，各二阶潜变量可以分别从不同的角度集中测评集群社会资本的某一属性。

（四）集群社会资本一阶区别效度检验

构建集群社会资本一阶CFA识别模型。检验，得出图4－6所示的信息。

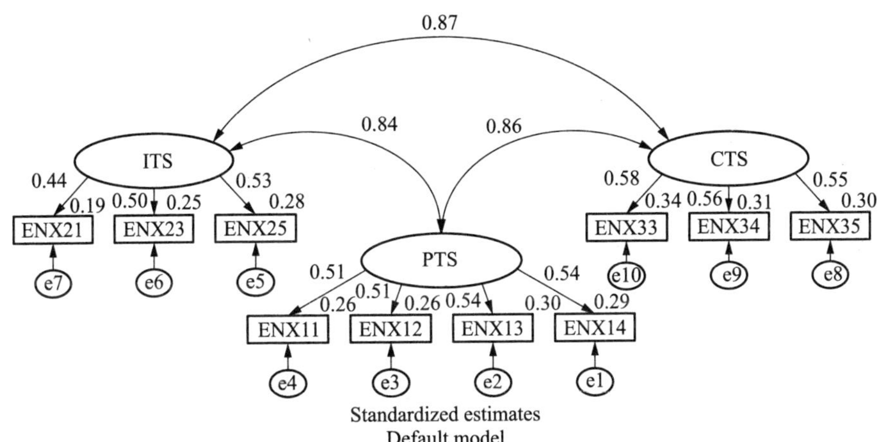

图4－6　集群社会资本一阶CFA模型检验结果

从图4－6中标准化输出提取PTS、ITS以及CTS之间的相关系数、计算R^2，从表6－16中提取平均方差AVE信息通过比较AVE与R^2的大小，汇入

表4-17、表4-18，依据表中信息可以分析潜变量PTS、ITS和CTS之间的区分效度。

表4-17　集群社会资本因素AVE与R^2的摘要表

因素A	因素B	因素间相关系数	R^2	因素A平均方差抽取量AVE
PTS	ITS	0.840	0.706	0.907
ITS	CTS	0.870	0.757	0.881
CTS	PTS	0.860	0.740	0.911

表4-18　集群社会资本因素AVE与R^2的差异比较表

	PTS AVE=0.888	ITS AVE=0.875	CTS 0.877
PTS	1.000	0.706	0.740
ITS	0.840***	1.000	0.757
CTS	0.860***	0.870***	1.000

注：对角线数值1为构念方差；下三角数值为构念间相关系数；上三角为构念间相关系数平方。

参照表4-17和4-18中的数据，PTS的平均方差抽取量$AVE_P=0.907$，ITS的平均方差抽取量$AVE_I=0.881$，PTS与ITS之间的相关系数$R_{C1}=0.840$，相关系数的平方$R_{C1}^2=0.706$。由于AVE_I、AVE_S的值均高于R_{C1}^2，因此，PTS和ITS之间具有良好的区别效度。

ITS的平均方差抽取量$AVE_I=0.881$，CTS的平均方差抽取量$AVE_C=0.911$，ITS与CTS之间的相关系数$R_{C2}=0.870$，相关系数的平方$R_{C2}^2=0.757$。由于AVE_I、AVE_C的值均高于R_{C2}^2，因此，ITS和CTS之间具有良好的区别效度。

CTS和ITS的平均方差分别为$AVE_C=0.911$、$AVE_I=0.881$，CTS与ITS之间的相关系数$R_{C3}=0.870$，相关系数的平方$R_{C3}^2=0.757$。由于AVE_M、AVE_C的值均高于R_{C3}^2，因此，CTS和ITS之间具有良好的区别效度。

经检验，PTS、ITS和CTS之间具有良好的区分效度，可以用来有效测度NTS，因此，集群社会资本的潜变量测评结果合理，可以用来测评影响集群企业共享经济的集群网络环境属性。

（五）结论分析和管理启示

在主流共享经济理论中，只有多边市场理论对共享经济的市场机制特征进行描述，多边市场机制尚不能深入揭示集群网络社会结构对集群企业共享经济模式的影响机制。运用集群企业社会资本，克服了多边市场理论存在的不足，可以分析集群企业选择和实施共享经济模式时产业集群所具有的网络条件。

在主流的战略和组织理论中，虽然运用网络理论研究企业社会资本的成果不在少数，但是没有专门用于分析集群企业网络环境结构的研究成果。鉴于产业集群是现代经济的主要表现形式，集群企业是未来企业的主要组织方式，因此，集群社会资本丰富了主流战略管理和组织理论。

三、集群选择力测度结构检验

（一）测度结构设计

无论主流共享经济理论还是主流的战略管理和组织理论，都没有关于集群企业战略环境中的社会选择机制研究。第二章在理论分析基础上构建的集群选择力概念属于原创性成果。

鉴于在国内外研究文献中没有直接或相关的关于社会选择力的量表进行测度，笔者依据第二章构建的社会选择力概念，从影响集群企业集群共享合法性、集群共享声誉和集群共享地位过程中所起的作用，多次测试和筛选产业集群影响集群企业的主要利益相关者类别，分析其利益诉求和可能产生的影响方式，构建了测度产业聚合时空社会选择力的量表。

依据第二章关于集群选择力定义，通过数据分析和模型测试，删去影响度较小的或存在较大相似性的因素，将影响集群企业时空战略导向的利益相关者可以分为两类，一类是多边治理机制下的公共管理机构或服务性组织，主要包括本土管理机构、行业协会、公共媒体以及消费者协会；另一类是双边治理机制下的产业组织，主要包括消费者、供应商、竞争者、协同创新组织以及投资者。本书采用的测量结构如图 4－7 所示：

（二）适配度检验

依据图 4－7，运用 AMOS 软件，绘制如图 4－8 所示的集群选择力一阶 CFA 检验模型，潜变量 SSS 代表社会选择力，测量变量 DSX11、DSX12 和 DSX13 分别代表多边治理机制中管理机构、公共媒体以及消费者协会影响力的测量变量，DSX21、DSX21、DSX23 以及 DSX24 变量分别代表双边治

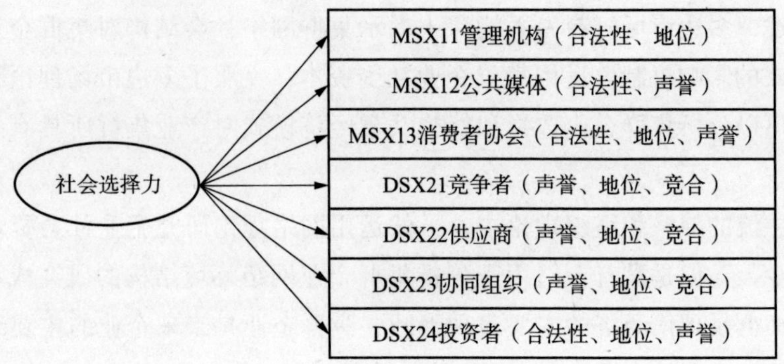

图4-7　集群选择力测度结构

理机制中竞争者、供应商、协同组织以及投资者影响力的测度变量。一阶模型的测度结构检验结果如图4-8所示。将图4-8中指标汇总，汇入表4-19中。

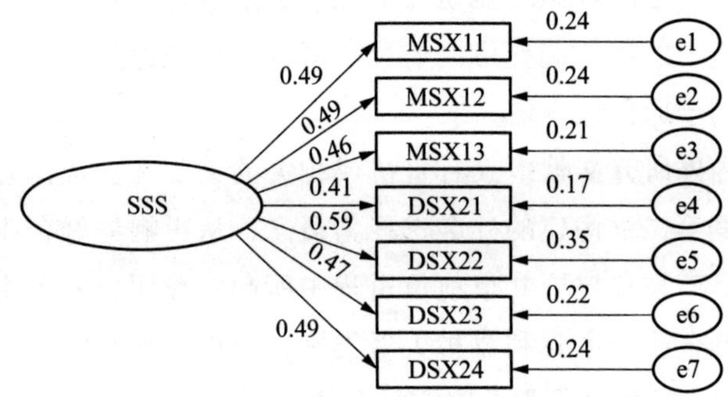

图4-8　集群选择力一阶CFA模型检验结果

表4-19　集群选择力评价适配度检验指标汇总

统计检验量	适配的标准或临界值	检验结果数据	模型适配度判断
绝对适配度指数			
X^2	p>0.05	14.583（P=0.407>0.050）	达标
X^2/DF	<2.00（良好） <3.00（普通）	1.042	良好
RMR	<0.05	0.024	优良

续表

统计检验量	适配的标准或临界值	检验结果数据	模型适配度判断
RMSEA	<0.05（良好） <0.05（普通）	0.012	优良
GFI	>0.900 以上	0.987	优良
AGFI	>0.900 以上	0.974	优良
CN	>200 以上	510	良好
比较适配度指数			
NFI	>0.900（普通） >0.950（良好）	0.942	良好
RFI	>0.900（普通） >0.950（良好）	0.912	良好
IFI	>0.900（普通） >0.950（良好）	0.998	优
TLI	>0.900（普通） >0.950（良好）	0.996	优良
CFI	>0.900（普通） >0.950（良好）	0.997	优良
简约适配度指数			
PGFI	>0.50 以上	0.494	接近
PNFI	>0.50 以上	0.628	良好
PCFI	>0.50 以上	0.665	良好

依据表4-19中统计指标与适配度评价标准，集群选择力一阶CFA模型的绝对适配度指标达到优良标准，比较适配度指标达到优良标准，简约适配度指标达到良好标准。因此，图4-8中CFA模型的总体适配度达到优良。

（三）聚敛效度检验

从图4-8中CFA模型的标准化输出文档中摘选其聚敛效度分析所需的指标因素负荷量、信度系数（负荷量的平方）、测量误差如表4-20。

依据表4-20中数据，SSS的因素负荷量除了DSX的大于0.500外，其余均小于0.500，信度系数均小于0.5，平均方差抽取量为0.284<0.500，表明其评价指标较多导致单个信度系数较低，聚合效度偏低。其组合信度为0.734>0.500，表明测量指标之间的关联性较好，即指标的同构性较好。

表 4-20 集群选择力聚敛效度分析指标摘选

因素构念	测量指标	因素	测量误差	信度系数	组合信度	平均方差抽取量
SSS	MSX11	0.49	0.579	0.239		
	MSX12	0.495	0.602	0.222		
	MSX13	0.458	0.664	0.346		
	DSX21	0.407	0.678	0.166		
	DSX22	0.588	0.51	0.21		
	DSX23	0.471	0.548	0.245		
	DSX24	0.489	0.626	0.24		
		3.398	4.207	1.668	0.734	0.284

（四）结论分析和管理启示

在主流共享经济理论中，只有关于共享经济行为动机和市场机制的研究成果，尚未深入研究影响企业共享经济模式的利益相关者结构和社会治理机制。在主流战略管理和组织理论中，虽然有利益相关者理论可以用来分析影响集群企业战略行为的社会环境结构，但是也没有用来直接测评集群共享经济体系中影响集群企业共享经济模式的相关成果。

集群选择力可以用来分析和测评影响集群企业共享经济体系环境中直接影响其战略选择的社会力量，进一步发展主流的共享经济理论。从企业战略主体角度分析，集群选择力可以用来分析影响集群企业选择和实施共享经济模式的社会环境力量，主流战略管理和组织理论贡献了新概念和测评结构方法。

区域经济和产业集群的政府管理部门可以运用集群选择力分析影响集群企业共享经济模式的利益相关者结构和治理机制特征，制定出有利于影响集群企业集群共享合法性、集群共享声誉以及集群共享地位，促进集群企业共享经济模式可持续发展的公共政策。集群企业管理者则可以运用集群选择力概念分析影响集群企业获取集群共享合法性、积累集群共享声誉和谋求集群共享地位有利变迁的社会选择力结构特征，制定有利于服从制度逻辑和社会选择力要求的公共政策，选择适应社会选择力导向的战略路径。

四、集群竞争力测量结构检验

（一）测度结构设计

本书对集群共享经济体系规制集群价值共创的直接经济力量的研究，在国内外也具有原创新性。主流共享经济理论中虽然有多边市场机制理论，但是并没有直接分析和评价影响集群企业共享经济模式盈利能力的概念及其测评方法。在主流的战略管理和组织理论中，虽然有五力模型可以用来分析集群企业所处产业的产业经济态势，但是该模型也主要用来分析非集群企业的产业环境。在国内外研究文献中找不到现存甚至相关的量表，但是市场竞争是影响集群企业时空战略行为的重要因素，因此，有必要对此进行实证检验。

依据集群竞争力的定义，按照五力模型分析，可以通过测度集群企业管理者对于供应商讨价还价能力、顾客讨价还价能力、同行竞争力、潜在进入者竞争力以及替代品生产者竞争力的感知来综合评价集群企业所处市场环境中竞争的激烈程度，集群竞争力的测度结构如图 4－9 所示：

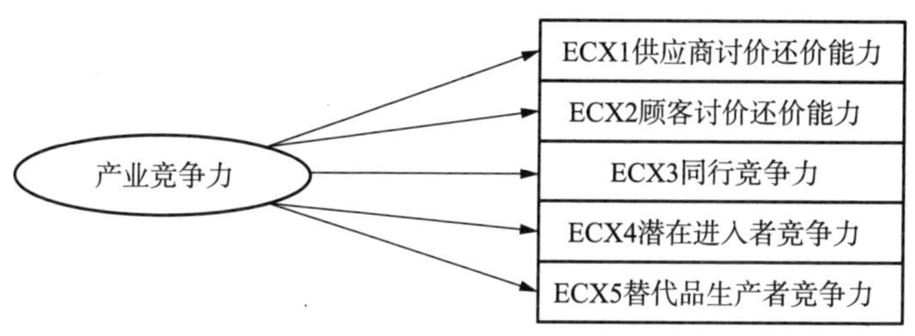

图 4－9 集群竞争力测评结构

（二）适配度检验

以图 4－9 中的测量结构为依据、运用 AMOS 软件，绘制集群竞争力的一阶 CFA 检验模型，输入测度变量数据，运行、检验得到图 4－10 所示的 CFA 模型检验结果。图中，ICI 代表产业竞争力，ECX1、ECX2、ECX3、ECX4 以及 ECX5 分别代表顾客讨价还价能力、同行竞争者能力、潜在竞争对手能力以及替代品生产竞争力，通过变量之间的相关性分析以及 CFA 模型的初步测试，在 ECX4、ECX5 两个变量的残差之间设置共变关系可以改善模型的系列检验指标。

从进入市场与集群企业形成竞争的角度分析，替代品生产者和潜在进入者对集群企业的产业竞争态势影响具有相近的属性，两种力量对比之间存在相互影响。因此，设置共变关系也具有理论上的合理性。将图 4-10 所示的 CFA 模型检验结果信息录入表 4-21 中。

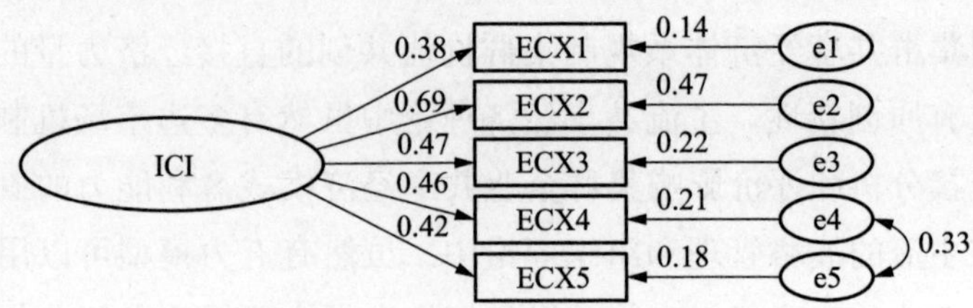

图 4-10 集群竞争力一阶 CFA 模型检验结果

表 4-21 集群竞争力评价适配度检验指标汇总

统计检验量	适配的标准或临界值	检验结果数据	模型适配度判断
		绝对适配度指数	
X^2	p＞0.05	4.252（P=0.373＞0.050）	达标
X^2/DF	＜2.00（良好） ＜3.00（普通）	1.063	良好
RMR	＜0.05	0.020	优良
RMSEA	＜0.05（良好） ＜0.05（普通）	0.014	优良
GFI	＞0.900 以上	0.995	优良
AGFI	＞0.900 以上	0.980	优良
CN	＞200 以上	701	良好
		比较适配度指数	
NFI	＞0.900（普通） ＞0.950（良好）	0.978	优良
RFI	＞0.900（普通） ＞0.950（良好）	0.945	优良
IFI	＞0.900（普通） ＞0.950（良好）	0.999	优
TLI	＞0.900（普通） ＞0.950（良好）	0.997	优良

续表

统计检验量	适配的标准或临界值	检验结果数据	模型适配度判断
CFI	>0.900（普通） >0.950（良好）	0.999	优良
简约适配度指数			
PGFI	>0.50 以上	0.265	未达标
PNFI	>0.50 以上	0.391	未达标
PCFI	>0.50 以上	0.399	未达标

依据表4－21，ICI一阶CFA模型检验的绝对适配度指标达到优良标准，比较适配度指标达到优良标准，简约适配度指标未达到标准，导致这一现象的结果在于简约适配度对于样本大小十分敏感，CFA模型的最低样本数为701，检验的样本数为315，因此，简约适配度的三项指标未达到标准。综合各项指标，产业竞争力一阶CFA模型的适配度达到良好标准。

（三）测度变量聚敛效度检验

依据图4－10，ICI一阶CFA模型标准化输出文档中摘选其聚敛效度分析所需的因素负荷量、信度系数（负荷量的平方）、测量误差，得出结果如表4－22。

表4－22　集群竞争力评估聚敛效度分析指标摘选表

因素构念	测量指标	因素	测量误差	信度系数	组合信度	平均方差抽取量
SST	ECX1	0.379	0.065	0.143		
	ECX2	0.689	0.074	0.474		
	ECX3	0.473	0.062	0.224		
	ECX4	0.458	0.058	0.209		
	ECX5	0.425	0.052	0.181		
		2.424	0.311	1.231	0.950	0.798

依据表4－22中数据，ICI的因素负荷量均小于0.500，信度系数均小于0.5，平均方差抽取量为0.798>0.500，表明其评价指标较多导致单个信度系数较低，但是聚合效度良好。其组合信度为0.950>0.500，表明测量指标之间的关联性很大，即指标的同构性很好。

（四）结论分析和管理启示

在主流共享经济理论中，只有多边市场理论可以用来描述企业共享经济的市场特征。作为企业主体的一种经营模式，集群企业共享经济模式是否可持续发展，需要分析企业所在产业的竞争态势，由此判断集群企业实施共享经济模式的盈利空间大小。集群竞争概念及其测评方法拓展了主流的企业共享经济理论。

主流战略管理和组织理论虽然有五力模型可以用来分析企业所处产业的竞争态势，但是本书将五力模型具体用于集群企业共享经济体系中的竞争态势却属首次。集群竞争力构念及其测评方法拓展了主流战略管理和组织理论的应用范围，为分析集群企业共享经济模式中产业竞争态势提供了新的理论工具。

区域经济或产业集群政府管理部门的管理者可以运用集群竞争力概念分析和评估集群企业共享经济体系中的产业竞争态势，评估集群企业共享经济模式的盈利能力空间。集群企业管理则可以运用集群竞争力理论评价企业所处环境中产业竞争态势，依据评估结果，选择有利于可持续发展的战略路径。

五、集群共享经济环境要素 CFA 测评总结

通过实证数据检验，描述集群共享经济体系的四个潜变量集群共享经济、集群社会资本、集群选择力和集群竞争力的测度变量数据具有很好的表面效度，测评结构具有优良的适配度，二阶模型中一阶潜变量的聚敛度和区分度都很好，集群选择力模型的比较适配度没达标，表明有改进的空间。集群竞争力测度模型的比较适配度优良，但是简约适配度没达标，说明可以用来测评集群企业所处产业聚合体系的环境结构特征，今后也需要改进。

在主流企业共享经济理论中，只有三种理论交易成本理论、协同消费理论和多边市场理论。运用这些理论来阐释集群企业共享经济模式的经济和社会环境特征，会存在较大的局限性。集群共享经济可以用来理论分析和实证检验集群共享经济体系中的环境诱因，集群社会资本可以用来阐释集群企业共享经济模式的集群网络结构特征，集群选择力和集群竞争力可以用来评估影响集群企业共享经济模式战略选择和可持续发展能力。这四个新概念拓展了主流的企业共享经济理论的范畴，为阐释集群企业共享经济模式的经济和社会环境属性，提供了较为系统的解释范式，弥补了主流企业共享经济理论的不足。

主流的战略管理理论和组织理论主要源于非层级组织的研究，可以用于集群企业战略环境分析的理论极为有限。集群共享经济和集群社会资本可以

用了理论分析和实证检验集群企业共享经济模式环境中的区域经济和集群网络特征。集群选择力和集群竞争力可以用来分析影响集群企业共享经济模式可持续发展能力的直接经济和社会力量。这些概念及其测评方法扩展了主流战略管理和组织理论关于集群企业战略和组织环境分析的理论范畴。

集群企业共享经济对促进产业融合、提高产业结构调整、创新升级的能力、提升供给侧改革效果均能具有一定的意义。实现这些宏观或中观层面战略目标的前提条件是提高集群企业共享经济模式的可持续发展能力。因此，区域经济和产业集群的政府管理机构的管理者可以运用集群共享经济、集群社会资本、集群选择力和集群竞争力这些概念来系统评估集群共享体系的结构特征和演进趋势，制定出有利于促进集群共享体系可持续发展的公共政策。

集群企业的竞争优势与产业集群环境休戚相关。集群企业共享经济模式的可持续性很大程度上取决于集群企业共享经济体系的环境结构与治理机制。集群企业管理者可以运用集群共享经济和集群社会资本概念，评估选择和实施集群企业共享经济模式的区域性经济和社会环境特征；可以运用集群选择力和集群竞争力概念来解析影响集群企业共享合法性、集群共享声誉和集群地位变迁的直接经济和社会力量，从而选择可持续发展的战略路径。

第四节　集群企业共享经济模式组织要素测量结构检验

一、集群价值共创力测量结构检验

（一）测度结构设计

集群价值共创是本书的一个核心概念，既是第二章中界定的集群共享经济体系环境规制价值导向，也是第三章中界定的影响集群企业共享经济模式可持续发展的组织要素。

从集群共享经济体系环境规制的角度分析，集群价值共创是集群企业适应利益相关者主导下的制度环境的价值导向。在产业聚合体系的时空结构中，存在着不同形式的共享经济，为了维系集群共享经济体系的长期发展，集群企业利益相关者在双边多边治理机制下，可以通过市场经济和社会选择机制，影响集群企业长期和短期目标的平衡，促使集群企业选择集群价值共创战略。

从集群企业战略主体行为分析、提高集群企业集群价值共创力是影响集群企业共享经济模式可持续发展能力的核心因素。具有必要的集群价值共创力是集群企业获取集群共享合法性、实施集群共享经济模式的必要条件，不断提高集群价值共创力则是集群企业在集群共享经济体系中积累集群共享声誉、谋求有利的集群共享地位变迁的有效战略路径。

由于主流的战略和组织理论主要源于非集群企业的研究，因此，现有的研究文献中没有可以直接应用的关于集群价值共创力的量表。

Xiaobo Wu（2010）将公共声誉、资源交换和整合的集中性、企业间的信任、共享网络中的集体学习和知识溢出、竞争氛围、本土机构的参与度作为影响集群企业内化资源的区域经济外部性；Heiko（2012）运用波特提出的创造共享价值理论研究巴西的农业集群企业时，选取能源消耗、土地使用、原材料消耗、水资源、风险共担以及共用纱锭等维度测评集群企业在产业环境中的共享价值；Javie（2014）在研究农业集群企业竞争优势时从产业集群类型、意识到的竞争、竞争跟踪以及产业联盟四个维度评价产业集群环境对集群企业创新战略和环境应对策略的影响。

运用 Ilze Kileniece（2012）的关于企业行为如何嵌入社会价值体系的三角平衡模型分析，参照第二章中关于集群共享体系环境规制集群价值共创导向的理论分析和第三章中关于提高集群企业共享经济模式可持续发展能力的有效战略路径的理论分析，本书从可持续支持度、协同主动性以及竞争积极性三个维度测度集群企业的集群价值共创力。

集群企业从环境保护、减低资源消耗、减少能耗等维度制定公司政策和管理营运活动是产业聚合体系共享的长期发展理念。协同生产和创新是共享集群网络经济的共享价值需求。通过持续投资可创新、选择较高的质量标准有助于增强产业竞争态势促进产业集群创新升级以及钻石体系的良性演进。这三个维度可以从自然、经济和社会环境的三重视角揭示集群企业的共享价值，因此是测度集群企业集群价值共创力的基本内涵。其测评结构如图 4－11 所示。

（二）适配度检验

以图 4－11 中的测量结构，运用 AMOS 软件，绘制社会创业导向二阶验证性 CFA 检验模型，输入检验数据，运行得出图 4－12 的标准化输出结果。

图中 SED 代表集群价值共创力；测量变量 EPA 代表环境保护态度；SAA

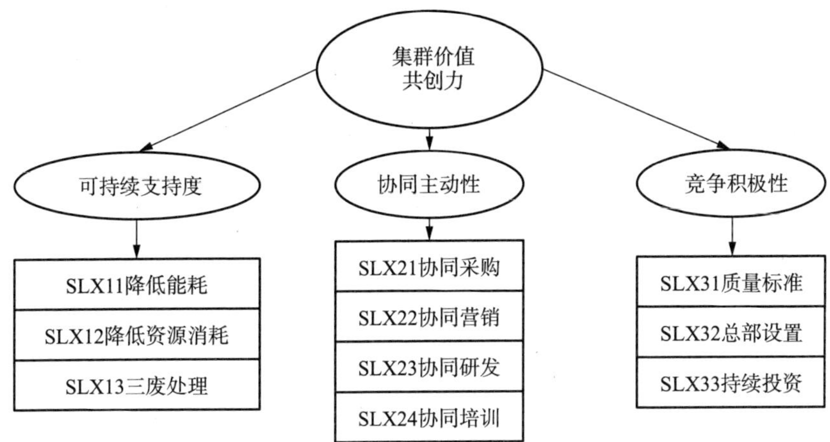

图4-11　集群价值共创力测量结构

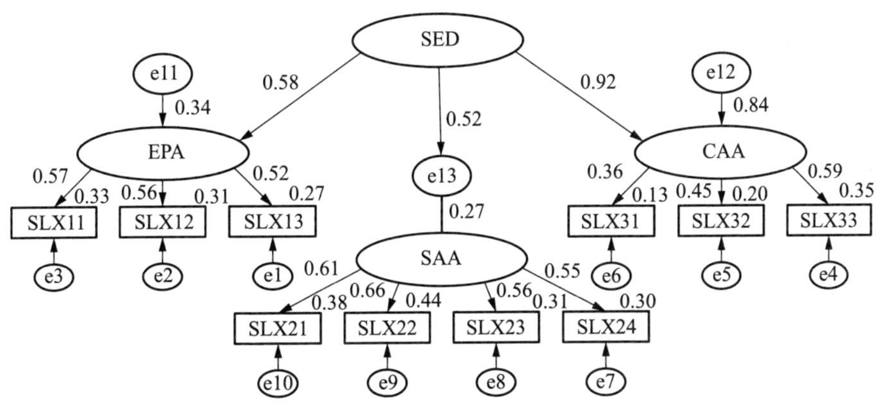

图4-12　集群价值共创力二阶 CFA 模型

代表协同主动性，CAA 代表竞争积极性，SLX11、SLX12、SLX13，SLX21、SLX22、SLX23、SLX14、SLX31、SLX32、SLX33 分别代表三个潜变量的测度变量。将检测指标汇入表4-23中。

表4-23　集群价值共创力评价适配度检验指标汇总

统计检验量	适配的标准或临界值	检验结果数据	模型适配度判断
绝对适配度指数			
X^2	p >0.05	40.104（P =0.154 >0.050）	达标
X^2/DF	<2.00（良好） <3.00（普通）	1.253	良好
RMR	<0.05	0.024	优良
RMSEA	<0.05（良好） <0.05（普通）	0.028	优良
GFI	>0.900 以上	0.976	优良
AGFI	>0.900 以上	0.959	优良
CN	>200 以上	383	良好
比较适配度指数			
NFI	>0.900（普通） >0.950（良好）	0.905	优良
RFI	>0.900（普通） >0.950（良好）	0.867	优良
IFI	>0.900（普通）	0.979	
TLI	>0.900（普通） >0.950（良好）	0.970	优良
CFI	>0.900（普通） >0.950（良好）	0.979	优良
简约适配度指数			
PGFI	>0.50 以上	0.568	达标
PNFI	>0.50 以上	0.644	达标
PCFI	>0.50 以上	0.696	达标

依据表4-23中统计指标与适配度评价标准，SED二阶CFA模型的绝对适配度指标达到优良标准，比较适配度指标达到优良标准。简约适配度指标达到标准。综合考量各种检验指标，得出模型的整体适配度达到优良水准，图4-12中的所示的二阶CFA模型可以用来测度集群价值共创力。

（三）测度变量聚敛效度检验

从图4-12的标准化输出文档中摘选其聚敛效度分析所需的因素负荷量、信度系数（负荷量的平方）、测量误差，汇入表4-24。

表 4－24 集群价值共创力聚敛效度分析指标摘选

因素构念	测量指标	因素	测量误差	信度系数	组合信度	平均方差抽取量
EPA	EX11	0.521	0.046	0.325		
	EX12	0.557	0.041	0.31		
	EX13	0.57	0.044	0.271		
		1.648	0.131	1.541	0.954	0.922
SAA	EX21	0.551	0.058	0.376		
	EX22	0.561	0.041	0.436		
	EX23	0.66	0.046	0.314		
	EX24	0.613	0.045	0.303		
		2.385	0.19	2.858	0.968	0.938
CAA	EX31	0.594	0.046	0.132		
	EX32	0.446	0.05	0.199		
	EX33	0.363	0.048	0.353		
		1.403	0.144	0.684	0.932	0.826

依据表 4－24 中数据。EPA 的因素负荷量均大于或等于 0.500 小于 0.700，信度系数均小于 0.5，但是平均方差抽取量为 0.922 >0.500，表明其聚合效度很好。其组合信度为 0.954 >0.500，表明测量指标关联性很大，同构性很好。

SAA 的因素负荷量中，均大于 0.500，信度系数均小于 0.5，但是平均方差抽取量为 0.938 >0.500，表明聚合效度很好。其组合信度 0.968 >0.500，表明测量指标关联性很大，同构性很好。

CAA 的因素负荷量中，除 SLX31 大于 0.500 外，其他小于 0.500，信度系数均小于 0.5，平均方差抽取量为 0.826 >0.500，表明聚合效度好。其组合信度为 0.932 >0.500，测量指标关联性很大，同构性很好。

（四）一阶区分效度检验

构建集群价值共创力一阶 CFA 模型并检验（图 4－13）从其标准化输出信息中提取 EPA、SAA 以及 CAA 之间的相关系数、计算 R^2，从表 4－24 中提取平均方差 AVE、R^2 与的信息，汇入表 4－25、表 4－26 中。

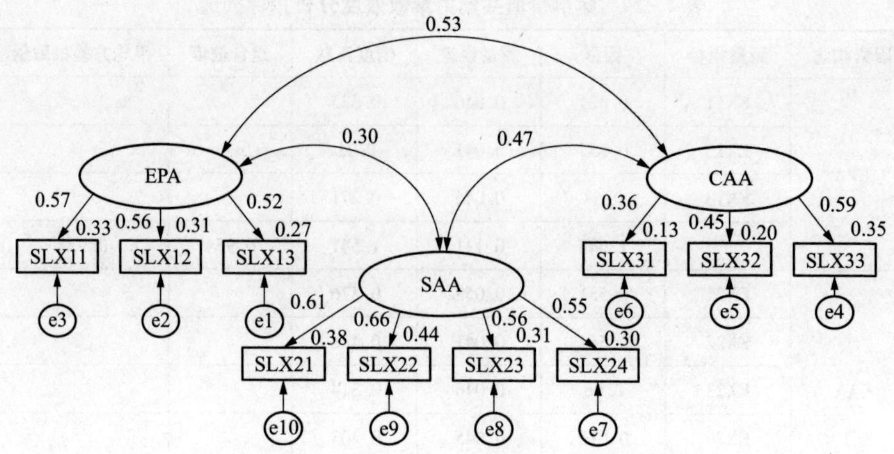

图 4-13　集群价值共创力一阶 CFA 模型

表 4-25　集群价值共创力因素 AVE 与 R^2 的摘要表

因素 A	因素 B	因素间相关系数	R * R	因素 A 平均方差抽取量 AVE
EPA	SAA	0.300	0.090	0.922
SAA	CAA	0.470	0.221	0.938
CAA	EPA	0.530	0.281	0.826

表 4-26　集群价值共创力 AVE 与 R^2 的差异比较表

	EPA AVE = 0.922	SAA AVE = 0.938	CAA 0.826
EPA	1.000	0.090	0.281
SAA	0.300 ***	1.000	0.221
CAA	0.530 ***	0.470 ***	1.000

注：对角线数值 1 为构念方差；下三角数值为构念间相关系数；上三角为构念间相关系数平方。

参照表 4-25 和表 4-26 中的数据，EPA 的平均方差抽取量 AVE_E = 0.922，SAA 的平均方差抽取量 AVE_S = 0.938，EPA 与 SAA 之间的相关系数 R_{ND} = 0.300，相关系数的平方 R_{C1}^2 = 0.090。由于 AVE_E、AVE_S 的值均高于 R_{C1}^2，EPA 和 SAA 之间具有很好的区别效度。

SAA 的平均方差抽取量 AVE_S = 0.938，CAA 的平均方差抽取量 AVE_C =

0.938，SAA 与 CAA 之间的相关系数 $R_{C2} = 0.470$，相关系数的平方 $R_{C2}^2 = 0.221$。由于 AVE_C、AVE_S 的值均高于 R_{C2}^2，SAA 和 CAA 之间具有很好的区别效度。

CAA 的平均方差抽取量 $AVE_C = 0.826$，EPA 的平均方差 $AVE_E = 0.922$，CAA 与 EPA 之间的相关系数 $R_{C3} = 0.530$，相关系数的平方 $R_{C3}^2 = 0.281$。由于 AVE_C、AVE_E 的值均高于 R_{C3}^2，因此，CAA 和 EPA 之间具有很好的区别效度。

（五）结论分析和管理启示

主流的企业共享经济理论中的交易成本理论、协同消费理论和多边市场理论只能描述企业共享经济的经济动机、行为特征和交易机制。产业集群是钻石体系催生的代表国家发展导向的集群共享体系。主流共享经济理论强调了共享经济体系中的自由市场成本，但是不能描述集群共享经济体系中利益相关者主导的体系价值导向，集群价值共创弥补了主流共享经济理论的不足，为评估集群共享体系的价值导向提供了一个新的概念和测评方法。

主流的战略管理理论中并没有描述集群企业有效战略路径的概念。“集群价值共创力”这一概念的内涵揭示了集群企业适应集群共享经济体系中多维制度逻辑、提高社会资本、改善产业集群结构与演进趋势的战略路径特征，也是集群企业获取集群共享社会产权、积累集群共享声誉和优势集群共享地位的有效战略路径。这一概念丰富了主流战略管理理论，为评估影响集群企业共享经济可持续能力的战略理性程度提供了新的理论工具。

集群共享经济体系中的政府管理机构可以运用集群价值共创来评估集群价值体系的理性价值导向和执行情况，可以据此评价具体企业在集群共享价值体系中所具有的战略价值。集群企业管理者可以运用集群价值共创力来评价企业致力于共享经济模式可持续发展的战略理性程度，依据集群价值共创的内涵选择提高集群企业共享经济模式可持续发展的有效战略路径。

二、集群网络嵌入力测量结构检验

（一）测评结构设计

依据第三章关于与集群价值共创力相对应的集群网络嵌入力的定义，集群网络嵌入力可以用来反映集群企业适应多元角色作用、服从多重制度逻辑的混合组织性质，是测评集群企业的集群网络嵌入能力和提高集群价值共创力的重要组织属性。对这一组织属性的测评需要放在集群网络环境中，以此来度量集群企业的组织边界内外的结构特征。

参照谢卫红在研究组织柔性与竞争优势时，从企业分权程度、整合协调性以及边界渗透性三个方面来测度组织的柔性，组织柔性测度的是企业适应环境变化的一种组织能力属性。论文基本依据这一基本测评结构以及各个维度的测度题项，结合集群企业所处集群网络环境的特征，集群企业的混合组织性质以及适应社会创业理念的结构需求，对各测度维度的测度题项进行了适当修改，构建了集群网络嵌入力的测度量表。

论文将也从分权程度、整合协调性以及边界渗透性来测度集群网络嵌入力。其中分权程度从工作流程制定权、解决问题自主权、日常事务决策、无人监管程度四个维度进行测评，用以测评集群企业权利分配结构是否合理，企业决策体系设计是否科学，企业基层管理人员是否被纳入企业决策体系之中。整体协调性从集体学习制度化、部门运行协调性、信息沟通畅通性以及资源配置合理性进行测评，用来测度集群企业提高学习能力、合理配置资源、提高沟通效率的组织结构性能力。边界渗透性从顾客参与度、协同创新度、协同生产度以及协同治理度四个维度进行测评，用来测评集群企业嵌入集群网络，协同生产与创新、提高组织间关系治理的网络能力结构。

与集群价值共创力相对应，影响集群企业共享经济模式可持续发展能力的集群网络嵌入力的测评结构可描绘如图 4-14 所示。

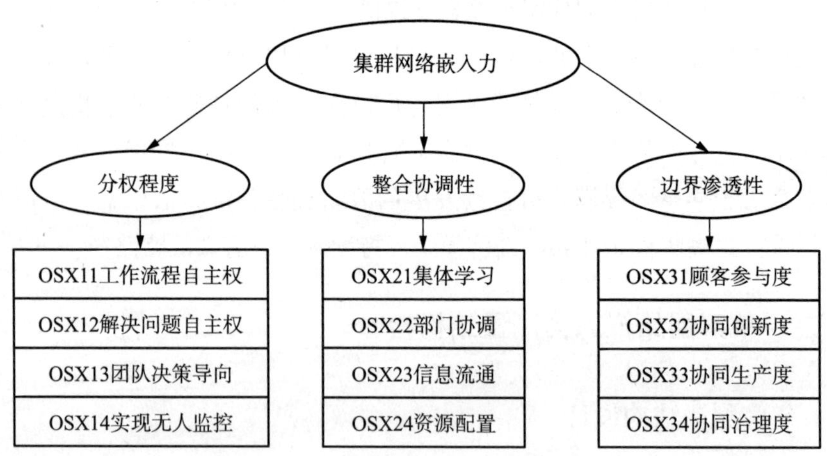

图 4-14　集群网络嵌入力测评结构

（二）适配度检验

以图4-14为依据，绘制检验模型，输入检验数据，运行、调整得图4-15所示的达标模型标准化输入图。

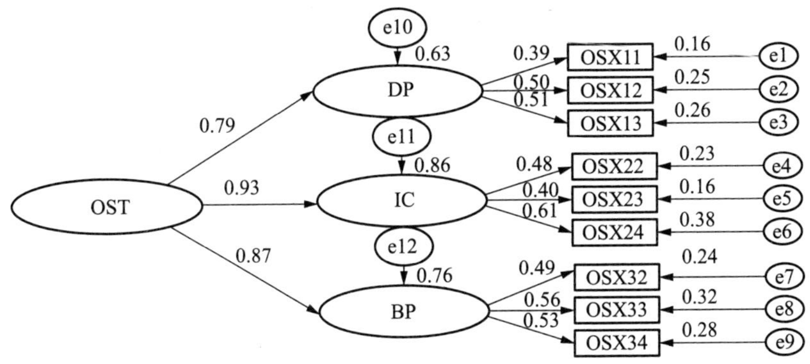

图4-15 集群网络嵌入力二阶CFA模型（达标）检验结果

图4-15中，OSC代表组织适应性，DP、IC和BP分别企业分权程度、整体协调性和边界渗透性。OSX11、OSX12、OSX13以及OSX14代表分权程度的四个测度变量；OSX21、OSX21、OSX23以及OSX24分别代表评价部门协调性的四个测度变量；OSX31、OSX31、OSX33以及OSX34分别代表边界渗透力的四个测量变量。初次检验中，OSX14、OSX21以及OSX31的因子参数小于0.5，从模型中删除后得到达标测度模型与检验结果。将图4-5中的输出信息录入表7-27中。

表4-27 集群网络嵌入力适配度检验指标汇总

统计检验量	适配的标准或临界值	检验结果数据	模型适配度判断
绝对适配度指数			
X^2	p>0.050	43.962（P=0.008<0.050）	不能判断
X^2/DF	<2.000（良好） <3.000（普通）	1.832	良好
RMR	<0.050	0.028	优良

续表

统计检验量	适配的标准或临界值	检验结果数据	模型适配度判断
RMSEA	<0.050（良好） <0.080（普通）	0.051<0.080	一般
GFI	>0.900 以上	0.970	优
AGFI	>0.900 以上	0.943	优良
CN	>200 以上	261	良好
比较适配度指数			
NFI	>0.900（普通） >0.950（良好）	0.868	接近达标
RFI	>0.900（普通） >0.950（良好）	0.808	接近达标
IFI	>0.900（普通）	0.935	优良
TLI	>0.900（普通） >0.950（良好）	0.899	优良
CFI	>0.900（普通） >0.950（良好）	0.933	优良
简约适配度指数			
PGFI	>0.50 以上	0.517	达标
PNFI	>0.50 以上	0.578	达标
PCFI	>0.50 以上	0.622	达标

依据统计指标与适配度评价标准，集群网络嵌入力二阶 CFA 模型的绝对适配度指标达到优良标准，比较适配度指标达到优良标准。简约适配度指标达到标准。综合考量各种检验指标，得出图 4－15 中集群网络嵌入力模型的整体适配度达到优良水准。

（三）测度变量聚敛效度检验

从图 4－15 所示的集群网络嵌入力 CFA 模型（达标）检验的标准化输出文档中摘选其聚敛效度分析所需的指标因素负荷量、信度系数（负荷量的平方）、测量误差汇入表 4－28 中。

表 4－28　集群网络嵌入力聚敛效度分析指标摘选表

因素构念	测量指标	因素	测量误差	信度系数	组合信度	平均方差抽取量
DP	DSX11	0.396	0.046	0.157		
	DSX12	0.493	0.057	0.243		
	DSX13	0.522	0.05	0.273		

续表

因素构念	测量指标	因素	测量误差	信度系数	组合信度	平均方差抽取量
DP	DSX13	1.411	0.153	0.673	0.929	0.815
IC	DSX22	0.479	0.044	0.229		
	DSX23	0.404	0.043	0.164		
	DSX24	0.612	0.042	0.374		
		1.495	0.129	0.767	0.945	0.856
BP	DSX32	0.537	0.295	0.288		
	DSX33	0.518	0.255	0.269		
	DSX34	0.471	0.213	0.157		
		1.526	0.763	0.714	0.753	0.483

（四）一阶构念区分效度检验

构建集群网络嵌入力一阶 CFA 识别模型，检验适配度后，从 4－15 中提取相关系数、计算 R^2，从表 6－28 中提取平均方差 AVE 信息，汇入表 4－29、表 4－30 中。

表 4－29　集群网络嵌入力因素 AVE 与 R^2 摘要表

因素 A	因素 B	因素间相关系数	R＊R	因素 A 平均方差抽取量 AVE
DP	IC	0.730	0.533	0.815
IC	BP	0.810	0.656	0.856
BP	DP	0.690	0.476	0.483

表 4－30　集群网络嵌入力因素 AVE 与 R^2 的差异比较表

	DP AVE＝0.815	IC AVE＝0.856	BP 0.483
DP	1.000	0.533	0.476
IC	0.730***	1.000	0.656
BP	0.690***	0.810***	1.000

注：对角线数值 1 为方差；下三角数值为相关系数；上三角为相关系数平方。

依据表中数据，DP 的平均方差抽取量 AVE_D＝0.815，IC 的平均方差 AVE_D＝0.856，DP 与 IC 之间的相关系数 R_{ND}＝0.730，相关系数的平方 R^2_{C1}＝0.533。由于 AVE_N、AVE_D 的值均高于 R^2_{C1}，因此，NPT 和 DBT 之间具有很好的区别效度。

IC 和 BP 的平均方差抽取量分别为 $AVE_I = 0.856$、$AVE_B = 0.483$，IC 与 BP 之间的相关系数 $R_{C2} = 0.810$，相关系数的平方 $R_{C2}^2 = 0.656$。由于 AVE_I、AVE_B 的值只有一个高于 R_{C2}^2，因此，IC 和 BP 的区别效度一般。

BP 和 DP 的平均方差抽取量分别为 $AVE_B = 0.815$、$AVE_D = 0.483$，BP 与 DP 之间的相关系数 $R_{C3} = 0.690$，相关系数的平方 $R_{C3}^2 = 0.476$。由于 AVE_B、AVE_D 的值均高于 R_{C3}^2，因此，BP 和 DP 之间具有良好的区别效度。

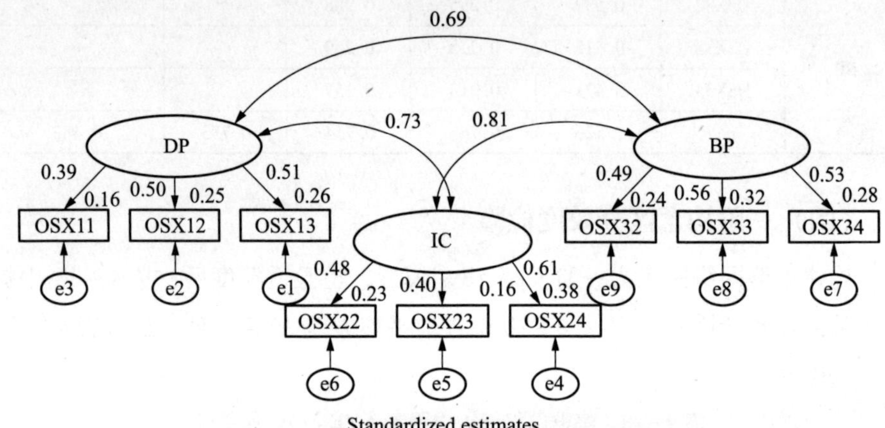

图 4-16 集群网络嵌入力一阶 CFA 模型

（五）结论分析和管理启示

在主流的组织理论中，并没有可以用来描述影响集群企业共享经济模式可持续发展能力的组织属性概念。集群网络嵌入力提出并通过检验之后，可以与集群价值共创力一起作为描述提高集群企业共享经济模式可持续发展能力的两个核心概念。运用这里概念，集群企业管理者可以评估集群企业的组织结构是否有利于提高集群社会资本、是否有利于提高集群价值创造力是否有利于产业集群结构调整与升级，对于现有的组织理论和管理实践具有重要意义。

三、集群共享竞争力测量结构检验

（一）测评结构设计

依据第三章中集群共享竞争力定义，集群企业共享竞争力是在竞争力的基础上被赋予合作的内涵，因为其生产力和创新能力的形成与提高与集群企业整合产业聚合时空中的共享经济相关。集群企业的集群共享竞争力可以突破集群组织的边界影响到协同组织的生产力和创新力，因此，它不同于传统的竞争力。构建集群共享竞争力概念可以更为准确地描述集群企业通过共享集群共享经济体系中的环境优势来提高协同生产和创新能力的战略特征。

就现有企业的账簿系统所能反映的信息考量，集群企业的集群共享竞争力仍然只能由传统意义的生产力和创新能力指标来测度，所以，本书借鉴谢卫红（2012）研究组织柔性与竞争优势时采用的量表从销售增长率、净利润增长率、销售利润率、现金流状况以及投资回报率等五个指标测度集群共享竞争力中的集群共享生产力，从新产品的资源分配、新产品链的差异性、新产品的开发周期以及开发新产品的社会责任四个维度测评集群共享竞争力中的集群共享创新力。

源于集群价值共创力和集群网络嵌入力的集群共享竞争力的测度结构如图4－17。

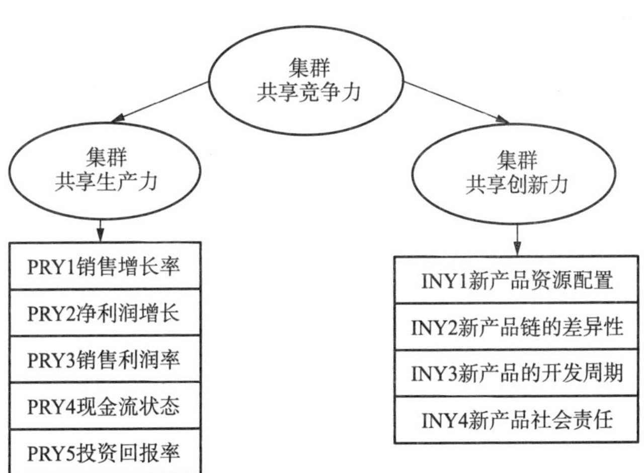

图4－17　集群共享竞争力测评结构

（二）适配度检验

依据图4-17所示的测量结构，运用AMOS软件绘集群竞合力一阶CFA模型（由于集群共享生产力与集群共享创新力的内涵与测度指标之间存在一定差异，其相关程度不足以提取两者之间的公因子，并经CFA模型检验，不适合构建二阶模型）输入检验数据，运行调整得图4-18所示的检验结果示意图。

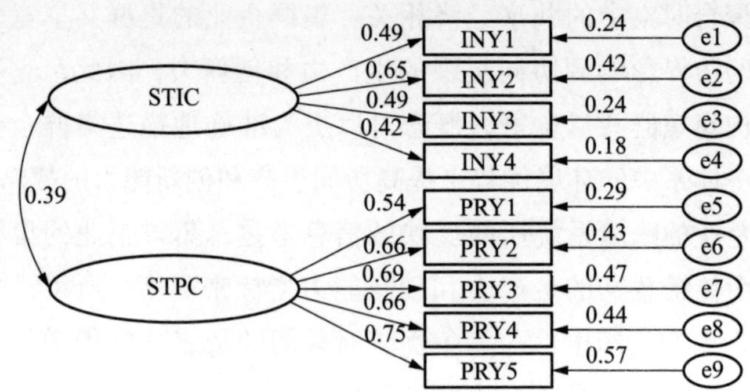

图4-18　集群共享竞争力一阶CFA模型检验结果

图中，STIC代表创新能力；STPC代表盈利能力。PRY1、PRY2、PRY3、PRY4以及PRY5五个测度变量标签分别代表销售增长率、净利润增长率、销售利润率、现金流状况以及投资回报率五个测度变量。INY1、INY2、INY3以及INY4分别代表新产品的资源分配、新产品链的差异性、新产品的开发周期以及开发新产品的社会责任四个测度变量。将图4-18所示的标准化检验输出信息录入表4-31中。

表4-31　集群共享竞争力适配度检验指标汇总

统计检验量	适配的标准或临界值	检验结果数据	模型适配度判断
绝对适配度指数			
X^2	p>0.050	50.149（P=0.003<0.050）	不能判断
X^2/DF	<2.000（良好） <3.000（普通）	1.929	良好
RMR	<0.050	0.034	优良

续表

统计检验量	适配的标准或临界值	检验结果数据	模型适配度判断
RMSEA	<0. 050（良好） <0. 080（普通）	0. 054 <0. 080	一般
GFI	>0. 900 以上	0. 964	优
AGFI	>0. 900 以上	0. 939	优良
CN	>200 以上	244	良好
比较适配度指数			
NFI	>0. 900（普通） >0. 950（良好）	0. 917	达标
RFI	>0. 900（普通） >0. 950（良好）	0. 885	接近达标
IFI	>0. 900（普通）	0. 958	优良
TLI	>0. 900（普通） >0. 950（良好）	0. 941	接近良好
CFI	>0. 900（普通） >0. 950（良好）	0. 957	良好
简约适配度指数			
PGFI	>0. 50 以上	0. 557	达标
PNFI	>0. 50 以上	0. 662	达标
PCFI	>0. 50 以上	0. 691	达标

依据表 4－37 中统计指标与适配度评价标准，集群共享竞争力一阶 CFA 模型的绝对适配度指标达到优良标准，比较适配度指标达到良好标准，简约适配度指标达到标准。综合考量各种检验指标，得出模型的整体适配度达到良好水准。

（三）测度变量聚敛效度检验

从图 4－18 所示的标准化输出文档中摘选其聚敛效度分析所需的因素负荷量、信度系数（负荷量的平方）、测量误差汇入表 4－32 中。

表 4－32　集群共享竞争力聚敛效度分析指标摘要表

因素构念	测量指标	因素	测量误差	信度系数	组合信度	平均方差抽取量
CPC	IRY1	0. 494	0. 046	0. 244		
	IRY2	0. 65	0. 045	0. 422		
	IRY3	0. 494	0. 051	0. 244		
	IRY4	0. 425	0. 048	0. 181		
		2. 063	0. 19	1. 091	0. 957	0. 852

续表

因素构念	测量指标	因素	测量误差	信度系数	组合信度	平均方差抽取量
CIC	PYR1	0. 542	0. 065	0. 294		
	PYR2	0. 657	0. 074	0. 442		
	PYR3	0. 686	0. 062	0. 471		
	PYR4	0. 665	0. 058	0. 431		
	PYR5	0. 754	0. 052	0. 294		
		3. 304	0. 311	1. 932	0. 972	0. 861

依据表4-32中数据，STIC的因素负荷量除IYR3外，其他均小于0.500，信度系数均小于0.5，但是平均方差抽取量为0.852>0.500，表明其聚合效度良好。其组合信度为0.957>0.500，表明测量指标的关联性大，同构性好。

在STPC的因素负荷量中，PRY5的因子系数高于0.7，其信度系数高于0.05，其余变量因子系数均高于0.500，但小于0.70，信度系数均小于0.5。平均方差抽取量为0.856>0.500，表明聚合效度好。其组合信度0.945>0.500，表明测量指标的关联性大，同构性好。

（四）一阶构念区分效度检验

从图6-31中的标准化输出信息中提取STPC以及STIC之间的相关系数、计算R^2，从表6-29中提取平均方差AVE信息通过比较AVE与R^2的大小，参照表4-33、表4-34可以分析STPC和STIC之间的区分效度。

表4-33　集群共享竞争力因素AVE与R^2摘要表

因素A	因素B	因素间相关系数	R＊R	因素A平均方差抽取量AVE
STPC	STIC	0. 39	0. 152	0. 852
STIC	STPC	0. 39	0. 152	0. 861

表4-34　集群共享竞争力因素AVE与R^2的差异比较表

	STPC AVE=0. 852	STIC AVE=0. 861
STPC	1. 000	0. 162
STIC	0. 39***	1. 000

注：对角线数值1为构念方差；下三角数值为构念间相关系数；上三角为构念间相关系数平方。

参照表4-33和表4-34中的数据。STPC的平均方差抽取量AVE_P=0.852，STIC的平均方差AVE_I=0.861，CPC与CIC之间的相关系数R_{PI}=

0.390，相关系数的平方 $R^2_{CI}=0.152$。由于 AVE_P、AVE_I 的值均高于 R^2_{PI}，因此，STPC 和 STIC 之间具有优良的区别效度。

（五）结论分析和管理启示

与集群价值共创力和集群网络嵌入力相类似，集群共享竞争力也属于主流战略管理理论和组织理论中未曾有的新概念。这一概念和集群共享生产力、集群共享创新力一起，可以用来测评集群企业通过提高集群价值共创力和集群网络嵌入力所形成的可持续发展能力，即可以作为集群企业实施集群共享经济模式的可持续发展能力的具体体现。这一概念填补了主流战略管理和组织理论的不足。集群企业管理者可以运用集群共享竞争力、集群共享生产力和集群共享创新力来分析和评价集群企业共享经济模式的可持续发展能力。

第五节　共享经济模式组织要素 CFA 检验结果总结

通过实证数据检验，描述组织要素的五个潜变量（集群价值共创力、集群网络嵌入力、集群竞合力、集群生产力和集群创新力）的测度变量数据具有很好的表面效度，测评结构具有优良的适配度，二阶模型中一阶潜变量的聚敛度和区分度都很好，因此，可以用来测评影响集群企业共享经济模式可持续发展的集群企业有效战略路径、有效组织形式以及由此产生的可持续发展能力。

集群价值共创力和集群网络嵌入力可以更为有效地描述集群企业提高集群共享合法性、积累集群共享声誉以及寻求集群共享地位升迁的战略路径，弥补了主流战略和组织理论在阐释集群企业共享经济模式的有效战略路径和组织形式方面的不足。集群共享竞争力、集群共享生产力和集群共享创新力三个概念则可以用来评估集群企业共享经济模式的可持续发展能力。这一组概念拓展了主流战略管理理论和组织理论范畴，扩展了传统理论的应用范围。

集群企业管理者可以运用集群价值共创力和集群网络嵌入力来分析如何提高集群企业共享经济模式可持续发展的有效战略路径和组织形式，可以运用集群共享竞争力、集群共享生产力和集群共享创新力来评估集群企业提高集群价值共创力和集群网络嵌入力所产生的战略绩效。这对于集群企业管理者选择和评价集群企业共享经济模式可持续发展的战略路径具有重要的实践价值。

第六节 本章小结

本章从理论研究基础上的实证检验需要出发，首先对实证检验数据的收集与分析过程进行了陈述。然后依照第二章、第三章构建的理论模型中涉及的九个潜变量的基本定义，参照国内外相关研究文献资料中的研究思路、测度量表，以及本书阐述的概念与概念之间的内在逻辑关系，运用收集到的实证数据对所有潜变量的测度结构进行了 CFA 检验。检验结果表明，所有潜变量的测度结构都达到了测度标准可以用于实证研究中的数据测评，从而为第五章、第六章中的结构方程模型奠定了基础。本章中所有潜变量 CFA 模型的测度结果，经对调研企业的回访，测度结构基本与现实状况相符，可以用来研究调研集群企业社会创业环境规制和时空竞争路径研究。本章中的每一节收尾时，对 CFA 检验通过的新概念的理论和管理实践意义进行了分析和总结。

第五章

>>> 集群共享经济环境规制实证检验

依照第二章中提出的集群企业共享经济环境规制假设 H1 – 10 以及由此构建的理论模型，运用第四章中相应潜变量的测度结构，本章实证检验产业集群时空环境规制集群企业集群价值共创导向的多路径特征。为了细致而深入了解集群共享经济体系集群企业战略行为的路径特征，笔者依次检验了集群共享经济环境要素影响集群价值共创的单一路径、中介效应以及综合路径模型。

第一节 环境要素影响集群价值共创导向单因素路径检验

一、集群共享经济激励集群价值共创

（一）因果模型适配度检验

依据图 4 – 2 以及图 4 – 14 中关于集群共享经济与集群价值共创的测度结构以及第 2 章中理论假设 H1：集群共享经济激励集群价值共创，运用 AMOS 软件假设绘制因果模型，输入样本数据，运行检验，调整，将最后检验达标的标准化检验结果中适配度指标，汇入表 5 – 1 中。

依据表 5 – 1 中指标与对标判断结果，集群共享经济激励集群价值共创单路径模型的绝对适配度达到良好水准，简约适配度达到标准，比较适配度主要指指数 CFI、IFI 指标已达标。检验路径参数可以用来路径分析。

表 5-1　集群共享经济激励集群价值共创单路径适配度指标

统计检验量	适配的标准或临界值	检验结果数据	模型适配度判断
绝对适配度指数			
X^2	p>0.05	213.931（P=0.000<0.050）	不能判断
X^2/DF	<2.00（良好） <3.00（普通）	1.573	良好
RMR	<0.05（良好） <0.08（普通）	0.033	良好
RMSEA	<0.05（良好） <0.08（普通）	0.042	良好
GFI	>0.900 以上	0.939	良好
AGFI	>0.900 以上	0.915	良好
CN（0.5）	>200 以上	255	良好
比较适配度指数			
NFI	>0.900（普通） >0.950（良好）	0.795	未达标
RFI	>0.900（普通） >0.950（良好）	0.743	未达标
IFI	>0.900（普通） >0.950（良好）	0.914	达标（普通）
TLI	>0.900（普通） >0.950（良好）	0.888	接近标准
CFI	>0.900（普通） >0.950（良好）	0.911	达标（普通）
简约适配度指数			
PGFI	>0.50 以上	0.672	达标（一般）
PNFI	>0.50 以上	0.633	达标（一般）
PCFI	>0.50 以上	0.724	达标（中等）

（二）路径分析

将因果模型检验达标的标准化和非标准化输出结果汇入如表 5-2 中。表中英文符号为使用 AMOS 软件时输入的潜变量简称。EES 代表集群共享经济，SED 代表集群价值共创，其他符号与测度这两个变量的子潜变量和测度题项相对应。通过这些路径回归系数可以分析两个变量之间的相互关系。

表 5-2　集群共享经济激励集群价值共创单路径回归系数摘要

路径				非标准化参数				标准化参数	
Path			Label	Estimate	S. E.	C. R.	P	R^2	Estimate
SED	<---	EES	W19	0. 349	0. 128	2. 729	0. 006	0. 116	0. 341
IS	<---	EES		1. 000				0. 500	0. 707
BS	<---	EES	W15	0. 899	0. 198	4. 536	***	0. 669	0. 818
MS	<---	EES	W16	1. 084	0. 236	4. 587	***	0. 914	0. 956
EPA	<---	SED	W17	0. 879	0. 264	3. 328	***	0. 441	0. 664
SAA	<---	SED	W18	0. 906	0. 257	3. 525	***	0. 325	0. 570
CAA	<---	SED		1. 000				0. 454	0. 674
TRSS	<---	BS		1. 000				0. 206	0. 454
IICS	<---	BS	W1	1. 301	0. 207	6. 285	***	0. 394	0. 628
ESSS	<---	BS	W2	1. 262	0. 234	5. 399	***	0. 379	0. 615
CCSS	<---	IS		1. 000				0. 353	0. 594
SBSS	<---	IS	W3	1. 014	0. 173	5. 865	***	0. 438	0. 662
PSSS	<---	IS	W4	0. 530	0. 153	3. 473	***	0. 130	0. 361
CMSS	<---	MS		1. 000				0. 268	0. 517
HMSS	<---	MS	W5	1. 133	0. 180	6. 279	***	0. 288	0. 537
EPSS	<---	MS	W6	1. 260	0. 197	6. 394	***	0. 353	0. 594
POAA	<---	EPA		1. 000				0. 359	0. 599
WAAA	<---	EPA	W7	0. 683	0. 155	4. 400	***	0. 186	0. 431
ENAA	<---	EPA	W8	0. 762	0. 170	4. 490	***	0. 218	0. 467
HAAA	<---	SAA		1. 000				0. 471	0. 687
CIAA	<---	SAA	W9	0. 523	0. 178	2. 931	0. 003	0. 157	0. 396
SQAA	<---	SAA	W10	0. 780	0. 176	4. 444	***	0. 307	0. 554
CTRA	<---	CAA		1. 000				0. 382	0. 618
CRSA	<---	CAA	W11	0. 783	0. 170	4. 610	***	0. 226	0. 476
CMAA	<---	CAA	W12	0. 998	0. 200	4. 994	***	0. 341	0. 584
CPUA	<---	CAA	W13	1. 170	0. 163	7. 170	***	0. 483	0. 695

注：*** $P<0.001$ 非标准化参数估计值为 1.000 者为参照指标变量

参见表 5-2 中非标准化参数，图 6-2 中的因子系数和路径参数除 W19（0.006）和 W9（0.003）外，其余均达到 0.001 以上的显著性水准，标准误和临界值均在可以接受的范围之内。因此，可以依据表中非标准和标准化因子与路径参数以及相关系数 R^2 评价测度变量的影响因子以及潜变量之间的因果路径。

数据表明：不考虑其他因素的影响效应，集群共享经济显著影响集群价值共创导向，所有测度变量的因子系数均达到显著水准。因此，单路径模型的测量结构假设和因果路径假设得以检验，第二章中单路径理论假设 H1 成立。依据表 5－2 中路径系数，可以绘制如图 5－1 所示的潜变量路径示意图。

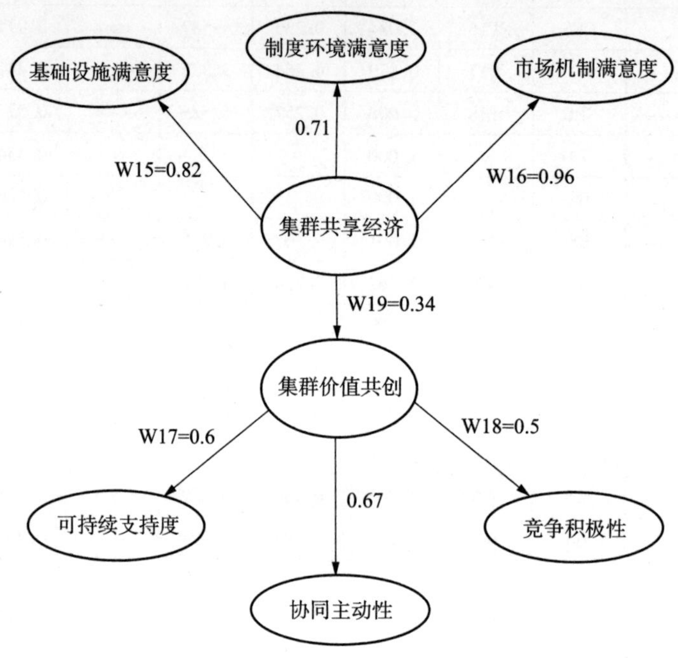

图 5－1　集群共享经济激励集群内价值共创单路径潜变量路径示意

参照图 5－1 所示潜变量路径和因子系数分析，集群共享经济可以促进集群企业的集群价值共创导向。按因子系数大小，自变量集群共享经济的一阶潜变量中依次为：市场机制满意度、基础设施满意度和制度环境满意度。在因变量集群价值共创中，一阶潜变量排序依次为：协同主动性、可持续支持度以及竞争积极性。说明受访者比较认可市场机制，但是竞争积极性并不高。

（三）结论分析和管理启示

在主流共享经济理论中，关于集群共享经济诱因，交易成本理论给出的解释是较低交易成本；关于共享经济形式，协同消费理论的解释是协同消费。这一部分的路径检验结果表明，集群企业共享经济模式存在多个方面的诱因，基础设施、制度环境和市场机制的状况都会影响集群共享经济的诱因。在集群共享经济诱因的驱使下，集群企业可以选择既有利于企业提高竞争优势又有利于产业集群或钻石体系长期健康发展的战略行为：集群价值共创。这一结论丰富了主流共享经济理论关于企业共享经济诱因和共享经济形式的理论，也丰富了主流战略管理理论和组织理论中关于企业环境分析的解释范式。

这一路径检验结果给公共管理部门带来的启示是：区域经济和产业集群管理机构可以通过加强市场管理、规范市场竞争秩序、提高基础设施建设投资和提高公共服务水准等途径多维度提高集群共享经济的环境诱因。从可持续支持度、协同主动性和竞争积极性评价集群企业共享经济行为动机和对集群共享体系的可能共享，通过动态的适度的共享经济环境环境诱因调整，促使集群企业的集群价值共创导向，从而提高集群企业共享经济模式的可持续发展能力。

二、集群社会资本影响集群价值共创

（一）因果模型适配度检验

依据图 4－5 和图 4－12 关于集群社会资本和集群价值共创的测读结构以及第二章中 H2：集群社会资本与集群价值共创不存在显著联系，运用 AMOS 软件假设绘制因果模型，输入样本数据，运行检验，调整，将最后检验达标的标准化检验结果中的适配度指标汇入表 5－3 中。

表 5－3　区域社会资本影响集群价值共创单路径适配度指标

统计检验量	适配的标准或临界值	检验结果数据	模型适配度判断
绝对适配度指数			
X^2	p＞0.05	229.566（P＝0.000＜0.050）	不能判断
X^2/DF	＜2.00（良好） ＜3.00（普通）	1.408	良好
RMR	＜0.05（良好） ＜0.08（普通）	0.031	良好
RMSEA	＜0.05（良好） ＜0.08（普通）	0.035	良好
GFI	＞0.900 以上	0.937	良好
AGFI	＞0.900 以上	0.919	良好
CN	＞200 以上	281	良好

续表

统计检验量	适配的标准或临界值	检验结果数据	模型适配度判断
比较适配度指数			
NFI	>0.900（普通） >0.950（良好）	0.789	未达标
RFI	>0.900（普通） >0.950（良好）	0.754	未达标
IFI	>0.900（普通） >0.950（良好）	0.928	达标
TLI	>0.900（普通） >0.950（良好）	0.914	达标
CFI	>0.900（普通） >0.950（良好）	0.926	达标
简约适配度指数			
PGFI	>0.50 以上	0.728	达标
PNFI	>0.50 以上	0.677	达标
PCFI	>0.50 以上	0.794	达标

依据表5－3中指标与达标标准分析，区域网络嵌入性影响社会选择导向达标模型的绝对适配度达到良好水准，简约适配度达到标准，比较适配度指标中，TLI、IFI、CFI、指标已达标。因此，可以运用该模型来进行因果路径分析。

（二）路径分析

将因果模型检验达标的标准化和非标准化输出结果汇入如表5－4中。表中英文符号NTS代表集群社会资本、SED代表集群价值共创，其他英文字母代表测度集群社会资本和集群价值共创的子潜变量和测度题项。通过这些路径回归系数，可以分析集群社会资本影响集群价值共创的路径特征。

表5－4　集群社会资本影响集群价值共创单路径回归系数摘要表

路径				非标准化参数				标准化参数	
Path			Label	Estimate	S. E.	C. R.	P	R^2	Estimate
SED	<---	NTS	W19	－0.047	0.055	－0.864	0.388	0.006	－0.079
PTS	<---	NTS		1.000				0.850	0.922
ITS	<---	NTS	W15	0.779	0.151	5.160	***	0,845	0.919

续表

路径				非标准化参数				标准化参数	
Path			Label	Estimate	S. E.	C. R.	P	R^2	Estimate
CTS	<---	NTS	W16	1.074	0.184	5.845	***	0.873	0.935
EPA	<---	SED	W17	1.009	0.322	3.136	0.002	0.315	0.561
CAA	<---	SED	W18	2.073	0.823	2.518	0.012	0.943	0.971
SAA	<---	SED		1.000				0.239	0.489
CIRS	<---	ITS		1.000				0.190	0.436
CIHS	<---	ITS	W1	1.131	0.204	5.534	***	0.257	0.507
CICS	<---	ITS	W2	1.249	0.235	5.312	***	0.278	0.527
CPRS	<---	PTS		1.000				0.259	0.508
CPTS	<---	PTS	W3	1.005	0.159	6.303	***	0.264	0.514
CPHS	<---	PTS	W4	1.037	0.159	6.514	***	0.296	0.544
CPAS	<---	PTS	W5	1.034	0.163	6.342	***	0.295	0.543
CSHS	<---	CTS		1.000				0.342	0.585
CSAS	<---	CTS	W6	0.945	0.135	6.995	***	0.306	0.554
CSCS	<---	CTS	W7	0.975	0.143	6.828	***	0.299	0.547
POAA	<---	EPA		1.000				0.275	0.524
WAAA	<---	EPA	W8	1.006	0.206	4.890	***	0.310	0.557
ENAA	<---	EPA	W9	1.055	0.217	4.851	***	0.320	0.566
HAAA	<---	SAA		1.000				0.355	0.596
CIAA	<---	SAA	W10	0.680	0.149	4.569	***	0.200	0.448
SQAA	<---	SAA	W11	0.581	0.157	3.687	***	0.128	0.358
CTRA	<---	CAA		1.000				0.303	0.550
CRSA	<---	CAA	W12	1.037	0.158	6.555	***	0.316	0.562
CMAA	<---	CAA	W13	1.268	0.179	7.081	***	0.437	0.661
CPUA	<---	CAA	W14	1.156	0.166	6.950	***	0.375	0.612

注：*** P<0.001 非标准化参数估计值为 1.000 者为参照指标变量

参见表 5-4 中非标准化参数，集群社会资本影响集群价值共创的路径系数 P=0.388，显著度不高，其余因子系数其余的均达到 0.01（大多数达到 0.001 水准），标准误和临界值均在可以接受的范围之内。因此，可以依据表中非标准和标准化因子与路径参数以及相关系数 R^2 评价测度变量的影响因子以及潜变量之间的因果路径。数据表明，不考虑其他因素的影响效应，集群社会影响集群价值共创路径不显著（与样本数量较小有关），其他所有测度变量的因子系数达到显著水准。因第二章中单路径理论假设 H2 成立。依据表 5-3路径参数，绘制图 5-2 所示的潜变量路径示意图。

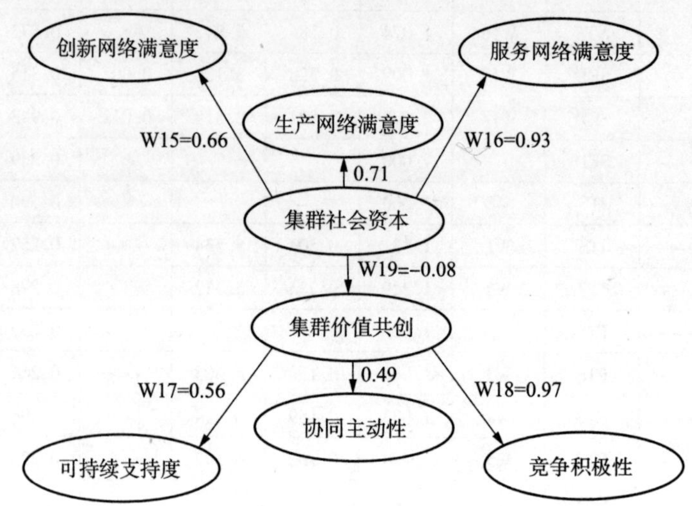

图 5-2　集群社会资本影响集群价值共创单路径潜变量路径示意图

依照图 5-4 中路径系数以及表 5-3 的数据，集群社会资本对集群企业的集群价值共创导向存在显著度不高的抑制作用。按照因子大小排序，在自变量集群社会资本中，一阶潜变量的因子大小排序依次为服务网络满意度、生产网络满意度以及创新网络满意度；因变量集群价值共创中的排序为协同主动性、可持续支持度以及竞争积极性。

检验结果表明，在集群企业社会资本中，服务型社会资本对集群价值共创的拟制作用较大，集群价值共创导向中协同的主动性受集群社会资本的抑制影响较大。集群社会资本中的创新网络和集群价值共创中的竞争积极性都有待提高，这两个因素对于集群企业共享经济模式可持续能力均具有较大的影响。

依据集群企业社会资本的属性和对集群价值共创的理论假设，集群社会资本理应促进集群价值共创。但是实证检验结果显示，社会资本抑制集群价值共创，表明管理者将存在与区域网络之间的社会资本当作可以坐享其成的社会资源，没有考虑通过集群价值共创促进社会资本的进一步扩展。

（三）结论分析和管理启示

主流共享经济理论中虽然有多边市场理论可以以用来解释集群企业共享

经济模式的市场环境特征，但是集群企业的社会环境结构以及集群企业利用社会资源实施共享经济模式的价值导向却并不清楚。这部分的实证检验结果，从集群企业主体战略行为的角度，揭示了集群企业共享经济环境中集群网络环境对集群企业战略行为的影响，弥补了企业共享经济理论中多边市场理论的不足，可以用来更为有效地分析集群共享经济的社会环境特征。

这一路径的实证检验结果给公共管理机构带来一些启示。集群企业社会资本可以一定程度拟制集群企业集群价值共创导向。政府管理机构不可以仅仅通过提高管理和服务部门的质量，加到信息产业投资中，促进互联网技术在传统产业中的应用，搭建有利于集群企业和利益相关者之间相互交流的共享平台，引导行业协会、工会等中介机构优化集群网络结构等手段提高社会资本，还需要鼓励竞争、督促企业发挥企业家精神，从集群网络的长期效益考量与选择集群价值共创导向，从而促进集群价值共创。

三、集群竞争力削弱集群价值共创

（一）因果模型适配度检验

依据图 4－10 和 4－12 中关于集群竞争力和集群价值共创的测评结构以及 H3：集群竞争力削弱集群价值共创。运用 AMOS 软件假设绘制两个变量之间的因果模型，输入样本数据，运行检验，调整，将最后检验达标的标准化检验结果，汇入表 5－5 中。

表 5－5 集群竞争力削弱集群价值共创导向单路径适配度指标

统计检验量	适配的标准或临界值	检验结果数据	模型适配度判断
绝对适配度指数			
X^2	p > 0.05	134.055（P = 0.000 < 0.050）	不能判断
X^2/DF	< 2.00（良好） < 3.00（普通）	1.596	良好
RMR	< 0.05（良好） < 0.08（普通）	0.040	良好
RMSEA	< 0.05（良好） < 0.08（普通）	0.042	良好
GFI	> 0.900 以上	0.949	良好
AGFI	> 0.900 以上	0.927	良好
CN	> 200 以上	264	良好

续表

统计检验量	适配的标准或临界值	检验结果数据	模型适配度判断
比较适配度指数			
NFI	>0.900（普通） >0.950（良好）	0.816	未达标
RFI	>0.900（普通） >0.950（良好）	0.770	未达标
IFI	>0.900（普通） >0.950（良好）	0.922	达标
TLI	>0.900（普通） >0.950（良好）	0.900	达标
CFI	>0.900（普通） >0.950（良好）	0.920	达标
简约适配度指数			
PGFI	>0.50 以上	0.664	达标
PNFI	>0.50 以上	0.653	达标
PCFI	>0.50 以上	0.736	达标

依据表 5-5 中指标与对标判断结果，集群竞争力抑制集群价值共创导向因果模型的绝对适配度达到良好水准，简约适配度达到标准，比较适配度指标中，TLI、IFI 和 CFI 指标已达标。因此，可以运用该模型的理论分析与数据结构的适配度达到检验要求，可以用来进行因果路径分析。

（二）路径分析

将因果模型检验达标的标准化和非标准化输出结果汇入如表 5-6 中。表中的英文符号 ICI 代表集群竞争力，SED 代表集群价值共创，其他英文简写分别代表测度集群竞争力和集群价值共创的子潜变量和测度题项。运用表中信息，可以分析集群竞争力削弱集群价值共享导向的路径特征。

表 5-6　集群竞争力削弱集群价值共创导向单路径回归系数摘要表

路径				非标准化参数				标准化参数	
Path			Label	Estimate	S. E.	C. R.	P	R^2	Estimate
SED	<---	ICI	W15	-0.231	0.135	-1.710	0.087	0.083	-0.289
CAA	<---	SED		1.000				0.354	0.595
EPA	<---	SED	W13	1.014	0.373	2.716	0.007	0.362	0.601

续表

路径				非标准化参数				标准化参数	
Path			Label	Estimate	S. E.	C. R.	P	R^2	Estimate
SAA	<---	SED	W14	1.454	0.558	2.605	0.009	0.743	0.862
SCCP	<---	ICI		1.000				0.150	0.387
CCCP	<---	ICI	W1	1.624	0.344	4.720	***	0.447	0.669
ICCP	<---	ICI	W2	1.252	0.291	4.300	***	0.245	0.495
PICP	<---	ICI	W3	1.075	0.240	4.481	***	0.203	0.450
RPCP	<---	ICI	W4	0.958	0.225	4.259	***	0.179	0.424
POAA	<---	EPA		1.000				0.380	0.617
WAAA	<---	EPA	W5	0.676	0.197	3.434	***	0.194	0.440
ENAA	<---	EPA	W6	0.707	0.206	3.429	***	0.199	0.446
HAAA	<---	SAA		1.000				0.349	0.591
CIAA	<---	SAA	W7	0.682	0.149	4.566	***	0.198	0.445
SQAA	<---	SAA	W8	0.599	0.161	3.710	***	0.134	0.366
CRSA	<---	CAA		1.000				0.312	0.559
CMAA	<---	CAA	W9	1.223	0.164	7.437	***	0.432	0.657
CPUA	<---	CAA	W10	1.116	0.159	7.029	***	0.371	0.609
CTRA	<---	CAA	W11	0.987	0.150	6.597	***	0.314	0.560

注：*** P<0.001 非标准化参数估计值为 1.000 者为参照指标变量

参见表 5-6 中非标准化参数，集群竞争力抑制集群价值共创导向路径 W15 的 P=0.08，未达到 0.05 显著水准，其余因子系数其余的显著度均达到 0.01（大多数达到 0.001）水准，标准误和临界值均在可以接受的范围之内。因此，可以依据表中非标准和标准化因子与路径参数来分析模型的因果关系与因子结构特征。不考虑其他因素的影响效应，W15 具有一定的显著性，其他因子系数达到显著水准，第二章中理论假设 H3 成立。依据表 5-6 中路径参数，可绘制图 5-6 所示的潜变量结构与路径参数示意图。

参照图 5-6 以及表 5-6，集群竞争力抑制集群价值共创导向但其显著度不高（与样本数量偏低有关）。依照因子系数从大到小秩序，集群竞争力的测度变量排序依次为顾客讨价还价能力、同行企业竞争力、潜在进入者竞争力、替代品生产者竞争力和供应商讨价还价能力；因变量集群价值共创导向的一阶潜变量的排序为竞争积极性、可持续支持度以及协同主动性。这说明集群竞争力对集群价值共创存在显著度较低的影响，其中顾客的讨价还价能力和

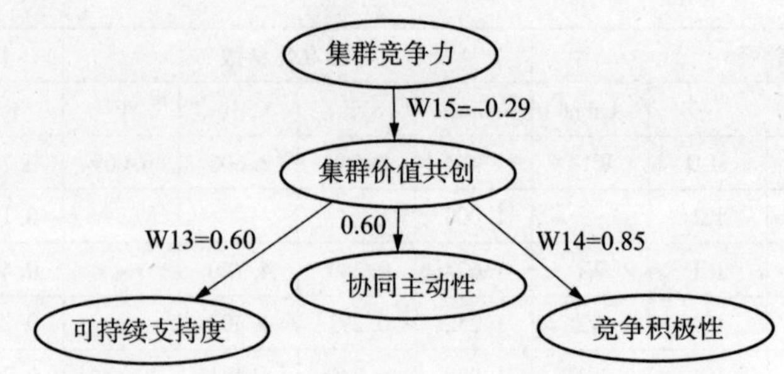

图5-3　集群竞争力削弱集群价值共创单路径示意图

同行竞争力对集群价值共创抑制作用较大。在集群价值共创力中，受集群竞争力抑制影响较大的是竞争积极性，即集群竞争越激烈，集群企业愿不愿意主动选择更高的质量标准、更挑剔的顾客以及持续进行投资和创新。

（三）结论分析和管理启示

主流共享经济理论中的多边市场理论可以用来描述企业共享经济的市场交易特点和多边治理机制，但是缺乏竞争分析范式。这一部分的路径检验结果表明：市场竞争会迫使企业选择追求短期利润的行为，其战略选择将不利用集群企业共享经济模式的长期发展。这一结论丰富了主流共享经济理论中多边市场理论范畴，也拓展了主流战略管理和组织理论范畴，为阐释集群共享经济体系中市场机制的效用提供了新的解释范式。

该检验结果对区域经济或产业集群公共管理部门的启示是：提高集群价值共创导向需要发挥公共管理部门的作用。公共管理结构可以通过制定与实施有关公共政策来引导产业内企业之间避免恶性价格战，鼓励同行之间拓展战略视野，在产业集群战略时空中形成景和关系，是集群竞争力维持在一定强度，同时，通过区域范围的人力资本投资来提高集群企业管理人员的企业家精神。

四、集群选择力促进集群价值共创

（一）因果模型适配度检验

依据图4-8和图4-12关于集群选择力和集群价值共创导向中测度结构和H4：集群选择力促进集群价值共创导向，运用AMOS软件绘制两个变量之间的因果模型，输入样本数据，检验运行，将检验所得的标准化输出结果中各适配度指标汇入表 5－7 中。

表 5－7　集群选择力促进集群价值共创导向单路径适配度指标

统计检验量	适配的标准或临界值	检验结果数据	模型适配度判断
绝对适配度指数			
X^2	$p>0.05$	163.272（$P=0.000<0.050$）	不能判断
X^2/DF	<2.00（良好） <3.00（普通）	1.420	良好
RMR	<0.05（良好） <0.08（普通）	0.037	良好
RMSEA	<0.05（良好） <0.08（普通）	0.036	良好
GFI	>0.900 以上	0.946	良好
AGFI	>0.900 以上	0.928	良好
CN	>200 以上	287	良好
比较适配度指数			
NFI	>0.900（普通） >0.950（良好）	0.795	未达标
RFI	>0.900（普通） >0.950（良好）	0.758	未达标
IFI	>0.900（普通） >0.950（良好）	0.929	达标
TLI	>0.900（普通） >0.950（良好）	0.914	达标
CFI	>0.900（普通） >0.950（良好）	0.927	达标
简约适配度指数			
PGFI	>0.50 以上	0.711	达标
PNFI	>0.50 以上	0.673	达标
PCFI	>0.50 以上	0.784	达标

依据表 5－7 中指标与对标判断结果，集群选择力促进集群价值共创导向单路径模型”的绝对适配度达到良好水准，简约适配度达到标准，适配度指标中 TLI、IFI 和 CFI 指标均已达标。因此，可以运用该模型的理论分析与数据结构的适配度达到检验要求，可以用来进行因果路径分析。

（二）路径分析

将因果模型检验达标的标准化和非标准化输出结果汇入如表5－8中。表中英文符号SSS代表集群选择力，SED代表集群价值共创，其他英文符号分别代表测度这两个潜变量的子潜变量和测度题项。

表5－8 集群选择力促进集群价值共创导向单路径回归系数摘要表

路径				非标准化参数				标准化参数	
Path			Label	Estimate	S. E.	C. R.	P	R^2	Estimate
SED	<---	SSS	W14	0. 140	0. 091	1. 541	0. 123	0. 042	0. 204
CAA	<---	SED		1. 000				0. 354	0. 595
EPA	<---	SED	W15	0. 812	0. 297	2. 739	0. 006	0. 346	0. 588
SAA	<---	SED	W16	1. 391	0. 480	2. 898	0. 004	0. 649	0. 806
MMRP	<---	SSS		1. 000				0. 230	0. 480
MPRP	<---	SSS	W1	1. 061	0. 189	5. 629	***	0. 248	0. 498
MCRP	<---	SSS	W2	1. 023	0. 191	5. 349	***	0. 219	0. 468
DCRP	<---	SSS	W3	0. 875	0. 172	5. 077	***	0. 166	0. 407
DSRP	<---	SSS	W4	1. 242	0. 205	6. 063	***	0. 347	0. 589
DIRP	<---	SSS	W5	0. 948	0. 175	5. 405	***	0. 224	0. 473
DVRP	<---	SSS	W6	1. 049	0. 183	5. 741	***	0. 235	0. 484
POAA	<---	EPA		1. 000				0. 258	0. 508
WAAA	<---	EPA	W7	1. 042	0. 211	4. 948	***	0. 312	0. 559
ENAA	<---	EPA	W8	1. 121	0. 232	4. 832	***	0. 339	0. 583
HAAA	<---	SAA		1. 000				0. 370	0. 608
CIAA	<---	SAA	W9	0. 645	0. 150	4. 301	***	0. 188	0. 433
SQAA	<---	SAA	W10	0. 568	0. 164	3. 460	***	0. 128	0. 358
CRSA	<---	CAA		1. 000				0. 316	0. 562
CMAA	<---	CAA	W11	1. 214	0. 163	7. 428	***	0. 431	0. 657
CPUA	<---	CAA	W12	1. 117	0. 159	7. 034	***	0. 377	0. 614
CTRA	<---	CAA	W13	0. 968	0. 147	6. 600	***	0. 305	0. 552

注：*** P<0. 001 非标准化参数估计值为1. 000者为参照指标变量

参见表5－8中非标准化参数，集群选择力影响集群价值共创导向的路径系数P＝0. 123，显著度不高，其余因子系数其余的显著度均达到0. 01（大多数达到0. 001）水准，标准误和临界值均在可以接受的范围之内。因此，可以依据表中非标准和标准化因子与路径参数分析模型的因果关系与因子结构特征。

数据表明：不考虑其他因素的影响效应，集群选择力影响集群价值共创导向相关性系数较高，但是路径显著性较低，其中部分原因在于测度样本数量较少的缘故。所有测度变量的因子系数均达到显著水准，因此，单路径模型的测量结构假设和因果路径假设得以检验，第二章中单路径理论假设 H4 成立。依据表 5－8 中可绘制图 5－4 所示的潜变量结构与路径参数示意图。

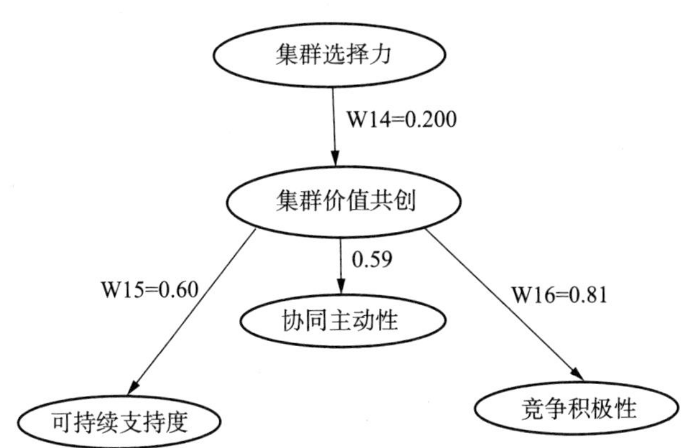

图 5－4　集群选择力促进集群价值共创单路径示意图

参照图 5－4 以及表 5－8，集群选择力促进集群价值共创导向但其显著度不高（与样本数量偏低有关）。依照因子系数从大到小秩序，自变量集群选择力中多边机制因素排序依次为公共媒体的影响力、管理机构的影响力以及消费者协会影响力；双边因素依次为供应商影响力、投资者影响力、协同创新组织影响力以及竞争者影响力；因变量社会创业导向的一阶潜变量的排序为竞争积极性、协同主动性以及可持续支持度。

检验结果表明：集群选择力在较低的显著度水平上促进集群企业的集群价值共创导向。在自变量集群选择力中，公共媒体、管理机构、供应商以及投资者对集群企业集群价值共创影响力较大。在因变量集群价值共创导向中，竞争积极性受集群选择力影响较大。

（三）结论分析和管理启示

主流共享经济理论中的多边市场理论尚不能用来有效解释集群企业共享经济模式的社会环境结构及其治理机制。这一检验结论不仅仅证实了集群共享经济体系中存在显著的“看得见的手”的作用，而且验证了利益相关者主导的社会选择机制可以有效促进集群价值共创导向。这一结论弥补了主流共享经济理论中多边市场理论解释范式的局限性，也丰富了主流战略管理和组织理论中关于企业战略环境分析的解释范式。

公共管理实践带来了这样的启示：如果要通过集群选择力提高集群企业的集群价值共创导向，可以增强公共媒体关于集群共享经济的宣传力度、管理部门颁布和实施相关促进集群共享经济的公共政策，增强集群共享经济体系中集群企业的供应商和投资者与集群企业之间的战略合作伙伴关系，从而促进集群企业的集群价值共创导向。

五、直接路径检验结果总结和综合管理启示

（一）结果总结

本节前四部分分别检验了集群企业共享经济模式的环境要素影响集群企业的集群价值导向的理论假设。通过实证检验得出的四个命题对于主流的企业共享经济理论和主流战略管理和组织理论均具有重要的理论意义。

主流共享经济理论中的交易成本理论、协同消费理论和多边市场理论侧重于对企业共享经济动机、行为和市场机制的描述性研究，忽视了企业共享经济的社会环境特征，也没能解释企业共享经济模式的环境因素与企业共享行为之间的关系，因此，不能系统阐释影响集群企业共享经济模式的环境结构特征与演进趋势。在解释影响集群共享经济体系环境特征时具有很大的局限性。

经检验得出的四个命题说明：集群共享经济、集群社会资本、集群竞争力和集群选择力均对集群价值共创存在促进或抑制作用。在解读集群企业共享经济模式的环境特征时，既需要考虑经济因素，又需要考虑社会结构与治理机制；既需要考虑静态的结构性因素，又需要考虑动态治理机制。这些新研究成果弥补了主流企业共享经济理论关于集群企业共享经济环境解释方面的不足。

在主流战略管理和组织理论领域，由于缺乏系统揭示集群企业战略环境方面的理论，依据这些新命题分析集群企业战略环境时，需要综合考虑影响集群企业集群价值共创导向的环境诱因、集群网络、产业竞争和社会影响等多方面因素，这比主流战略管理和组织理论中的一些一般性理论分析方法具有更强、更系统的解释力，因此，这些结论也拓展了主流战略管理和组织理论。

（二）综合管理启示

区域经济和产业集群管理机构的管理者运用这一节得出的四个命题，可

以综合考虑这个问题如果提高集群共享经济环境诱因，那么，如何提高集群社会资本和集群选择力激励以及如何控制集群竞争的激烈程度，从而促进集群企业选择和实施集群价值共创战略导向？而集群企业管理者则可以运用这些命题，系统分析集群企业共享经济环境哪些环境因素有利于选择和实施集群共享经济模式，哪些因素会妨碍集群价值共创战略导向。

第二节　集群共享经济环境要素的交互作用与中介效应检验

一、集群共享经济—集群社会资本交互作用

（一）交互作用模型适配度检验

依据假设 H5：集群共享经济与集群社会资本互为中介变量，相互影响对方作用于集群价值共创的路径。依照图 4-2、图 4-5 和图 4-11 中关于集群共享经济、集群社会资本和集群价值共创的测度结构，运用 AMOS 软件检验，绘制集群共享经济与集群社会资本交互影响集群价值共创的结构方程模型（基本结构如图 5-5 所示），将标准化输出结果中各适配度指标汇入表 5-9 中。

表 5-9　集群共享经济与集群社会资本交互作用适配度指标

统计检验量	适配的标准或临界值	检验结果数据	模型适配度判断
绝对适配度指数			
X^2	$p>0.05$	588.938（$P=0.000<0.050$）	不能判断
X^2/DF	<2.00（良好） <3.00（普通）	1.627	良好
RMR	<0.05（良好） <0.08（普通）	0.037	良好
RMSEA	<0.05（良好） <0.08（普通）	0.043	良好
GFI	>0.900 以上	0.890	接近达标
AGFI	>0.900 以上	0.868	接近达标
CN	>200 以上	230	良好

续表

统计检验量	适配的标准或临界值	检验结果数据	模型适配度判断
比较适配度指数			
NFI	>0.900（普通） >0.950（良好）	0.682	未达标
RFI	>0.900（普通） >0.950（良好）	0.644	未达标
IFI	>0.900（普通） >0.950（良好）	0.848	接近达标
TLI	>0.900（普通） >0.950（良好）	0.824	接近达标
CFI	>0.900（普通） >0.950（良好）	0.834	接近达标
简约适配度指数			
PGFI	>0.50 以上	0.741	达标
PNFI	>0.50 以上	0.608	达标
PCFI	>0.50 以上	0.752	达标

表5-9的指标说明，集群共享经济与集群社会资本交互影响集群价值共创的结构返程模型的绝对适配度达到一般水准，简约适配度达到标准，比较适配度指标接近标准这些可以用来进行因果路径分析。

（二）交互作用路径分析

将结构方程模型中检验达标的标准化和非标准化路径系数输出结果汇入如表5-10中。从AMOS软件输入和输出的英文符号EES代表集群共享经济、NTS代表集群社会资本、SED代表集群价值共创，其他英文符号分别代表测度这些变量的子潜变量和测度题项。运用表中这些回归系数，可以详尽分析集群共享经济与集群社会资本交互影响集群价值共创的路径特征。

表5-10　集群共享经济与集群社会资本交互作用回归系数摘要

路径				非标准化参数				标准化参数	
Path			Label	Estimate	S. E.	C. R.	P	R^2	Label
SED	<---	EES	W30	0.177	0.181	0.977	0.328	0.027	0.163
SED	<---	NTS	W31	-0.124	0.089	-1.385	0.166		-0.199
IS	<---	EES		1.000				0.420	0.648

续表

路径				非标准化参数				标准化参数	
Path			Label	Estimate	S. E.	C. R.	P	R^2	Label
BS	<---	EES	W15	2. 067	0. 520	3. 978	***	0. 969	0. 984
MS	<---	EES	W16	1. 737	0. 422	4. 121	***	0. 741	0. 861
PTS	<---	NTS		1. 000				0. 997	0. 999
ITS	<---	NTS	W18	0. 726	0. 143	5. 066	***	0. 755	0. 869
CTS	<---	NTS	W19	1. 059	0. 180	5. 877	***	0. 782	0. 885
CAA	<---	SED		1. 000				0. 263	0. 513
EPT	<---	SED	W28	0. 946	0. 318	2. 971	0. 003	0. 308	0. 555
SAA	<---	SED	W29	1. 920	0. 797	2. 408	0. 016	0. 903	0. 950
ESSS	<---	BS		1. 000				0. 354	0. 595
IISS	<---	BS	W1	1. 073	0. 145	7. 392	***	0. 399	0. 632
TRSS	<---	BS	W2	0. 894	0. 148	6. 036	***	0. 245	0. 495
EPSS	<---	IS		1. 000				0. 240	0. 490
HMSS	<---	IS	W3	0. 979	0. 237	4. 134	***	0. 215	0. 464
CMSS	<---	IS	W4	1. 163	0. 302	3. 846	***	0. 279	0. 529
PSSS	<---	MS		1. 000				0. 290	0. 539
SBSS	<---	MS	W5	0. 906	0. 161	5. 636	***	0. 285	0. 533
CCSS	<---	MS	W6	0. 575	0. 138	4. 160	***	0. 121	0. 348
CIRS	<---	ITS		1. 000				0. 185	0. 430
CIHS	<---	ITS	W7	1. 190	0. 215	5. 525	***	0. 276	0. 526
CICS	<---	ITS	W8	1. 236	0. 241	5. 118	***	0. 264	0. 514
CSHS	<---	CTS		1. 000				0. 373	0. 611
CSAS	<---	CTS	W9	0. 887	0. 126	7. 053	***	0. 293	0. 542
CSCS	<---	CTS	W10	0. 900	0. 132	6. 798	***	0. 278	0. 527
CPRS	<---	PTS		1. 000				0. 221	0. 470
CPTS	<---	PTS	W12	1. 078	0. 174	6. 180	***	0. 260	0. 510
CPHS	<---	PTS	W13	1. 127	0. 175	6. 444	***	0. 298	0. 546
POAA	<---	EPT		1. 000				0. 271	0. 521
WAAA	<---	EPT	W20	1. 019	0. 210	4. 859	***	0. 314	0. 560
ENAA	<---	EPT	W21	1. 065	0. 221	4. 822	***	0. 322	0. 567
CTRA	<---	CAA		1. 000				0. 303	0. 550
CRSA	<---	CAA	W22	1. 035	0. 158	6. 560	***	0. 314	0. 561
CMAA	<---	CAA	W23	1. 268	0. 179	7. 097	***	0. 437	0. 661

续表

路径				非标准化参数				标准化参数	
Path			Label	Estimate	S. E.	C. R.	P	R^2	Label
CPUA	<---	CAA	W24	1. 158	0. 166	6. 962	***	0. 376	0. 613
HAAA	<---	SAA		1. 000				0. 350	0. 592
CIAA	<---	SAA	W25	0. 683	0. 150	4. 567	***	0. 199	0. 446
SQAA	<---	SAA	W26	0. 595	0. 163	3. 657	***	0. 133	0. 364
CPAS	<---	PTS	par_ 63	1. 178	0. 185	6. 376	***	0. 327	0. 572

注：*** P<0. 001 非标准化参数估计值为 1. 000 者为参照指标变量

将单因素路径、交互作用路径模型中的路径系数和 P 值汇入表 5 – 11 中。参照表中数据，路径系数和 p 值在单因素模型和交互作用模型中存在显著差别，交互作用模型中集群共享经济和集群社会资本之间的相关系数为 0. 60（达到 0. 001 显著水准），说明假设 H5 成立。

表 5 – 11　集群共享经济与集群社会资本交互作用分析表

		路径系数	P 值
集群共享经济影响集群价值共创路径	单因素模型	0. 34	0. 006
	交互作用模型	0. 16	0. 328
集群社会资本影响集群价值共创路径	单因素模型	–0. 08	0. 388
	交互作用模型	–0. 20	0. 166

依据路径系数，可绘制如下所示的集群共享经济和集群社会资本交互影响集群价值共创的潜变量结构与路径示意图（见图 5 – 5）。

对比图 5 – 1、图 5 – 2 以及图 5 – 4 中集群共享经济、集群社会资本以及集群价值共创导向中的因子系数，三个潜变量的因子结构在单因素模型和交互模型中存在显著差别，说明集群共享经济和集群社会资本互为中介变量，交互影响对方的单因素路径结构。

（三）结论分析和管理启示

1. 结论分析

主流企业共享经济理论中用来分析企业共享经济环境特征的理论仅有多边市场理论，该理论侧重阐述企业共享经济贸易中的市场治理机制，没有涉及企业共享经济环境的社会结构及其对共享经济行为的影响问题。这一交互作用路径检验证实，集群企业共享经济环境中的经济诱因与集群网络结构存

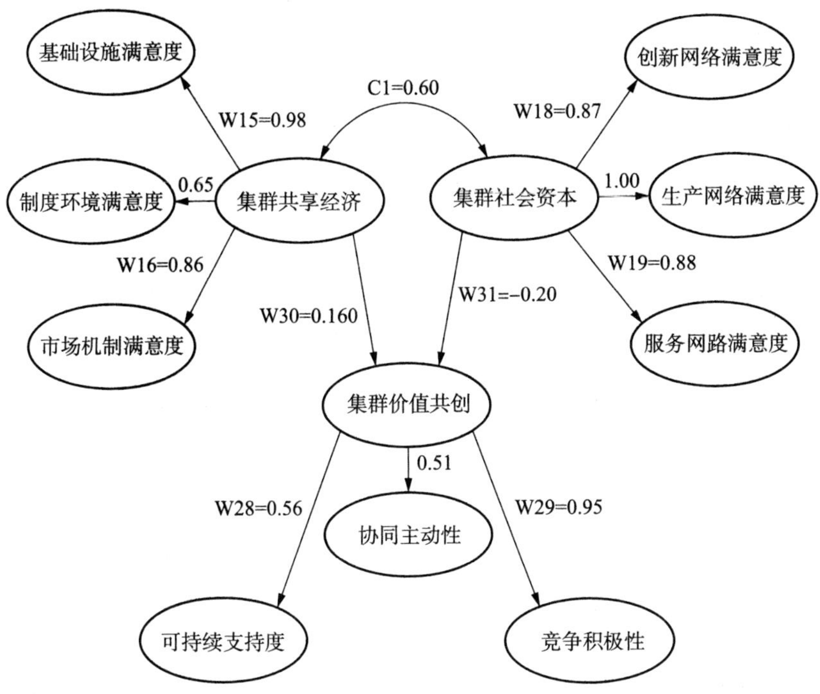

图 5-5　集群共享经济与集群社会资本交互作用模型潜变量路径示意图

在相互联系，共同影响集群企业的集群价值共创导向。这一结论丰富了主流共享经济理论中关于集群企业共享经济环境的综合认知。

主流战略管理理论和组织理论中关于企业环境分析的理论中，只存在环境分析的一般性流程和方法，而且通常将经济环境和社会环境分析隔离开来，较少考虑经济环境和社会环境之间的交互作用。交互作用模型检验得出的命题说明，集群企业共享经济的经济环境和社会环境相互作用共同影响集群价值共创导向。这一命题拓展了主流战略管理和组织理论的解释范式，为系统阐释集群企业共享经济模式的经济和社会环境特征提供了直接的解释范式。

2. 管理启示

本节检验得出的命题说明，提供公共服务和公共管理的政府机构管理人员需要认识到，在促进集群企业选择和实施共享经济模式的环境中，既有共享经济诱因，又有集群网络，经济诱因和社会资本之间存在相互作用。要想提高集群企业可持续发展能力，既需要通过良好的公共设施建设、公共服务和规范的市场机制促进集群价值共创行为，也需要提供平台新服务，为集群企业牵线搭桥，努力提高集群企业社会资本。同时，改善集群企业共享经济模式的经济和社会环境，通过两种环境的良性互动促进集群价值共创行为，从而实现集群共享经济模式的可持续发展。

集群企业管理者需要综合分析集群企业共享经济模式所处的经济集群网络环境特征，系统分析有利于集群企业共享经济可持续发展的环境诱因和集群网络结构特征，选择可以获取集群共享合法性、积累集群共享声誉、提升集群共享地位的集群价值共创的战略路径。一方面，利用集群共享经济和集群社会资本提高共享经济模式的可持续发展能力；另一方面，通过集群价值共创促进集群共享经济体系的良性运行和可持续发展。

二、集群竞争力对集群共享环境要素的中介效应检验

（一）集群竞争力对集群共享经济中介效应检验

1. 中介模型适配度检验

依据假设 H6：集群竞争力中介于集群共享经济和集群价值共创导向之间，削弱集群共享经济的激励作用，依照图 4－1、图 4－7 和图 4－9 所示的关于集群共享经济、集群价值共创和集群竞争力的测评结构，运用 AMOS 软件，绘制中介效应的结构返程模型（基本结构如图 5－6）。输入实证数据、运行检验与调整，将检验达标后的标准化输出信息中各适配度指标汇入表 5－12 中。

表 5－12　集群竞争力对集群共享经济中介效应适配度指标

统计检验量	适配的标准或临界值	检验结果数据	模型适配度判断
绝对适配度指数			
X^2	p>0.05	435.648（P=0.000<0.050）	不能判断
X^2/DF	<2.00（良好） <3.00（普通）	1.911	良好
RMR	<0.05（良好） <0.08（普通）	0.040	良好
RMSEA	<0.05（良好） <0.08（普通）	0.052	中等偏上
GFI	>0.900 以上	0.901	达到标准
AGFI	>0.900 以上	0.870	接近达标
CN	>200 以上	202	良好

续表

统计检验量	适配的标准或临界值	检验结果数据	模型适配度判断
比较适配度指数			
NFI	>0.900（普通） >0.950（良好）	0.704	未达标
RFI	>0.900（普通） >0.950（良好）	0.642	未达标
IFI	>0.900（普通） >0.950（良好）	0.833	接近达标
TLI	>0.900（普通） >0.950（良好）	0.790	接近达标
CFI	>0.900（普通） >0.950（良好）	0.826	接近达标
简约适配度指数			
PGFI	>0.50 以上	0.685	达标
PNFI	>0.50 以上	0.582	达标
PCFI	>0.50 以上	0.683	达标

依据表5-12中指标与对标判断结果，集群共享经济中介效应检验结构方程模型的绝对适配度达到良好水准，简约适配度达到标准，比较适配度指标接近标准。表明该模型的适配度尚可，可以运用该模型进行因果路径分析。

2. 路径分析

将反映各潜变量与测度变量之间的回归与因子系数列入表5-13中。表中英文符号ESS代表集群共享经济，SED代表集群价值共创，ICI代表集群竞争力，其他英文符号分别代表测度这三个变量的子潜变量和题项。依据表中信息可以分析集群竞争对集群共享经济的中介效应。

表5-13 集群竞争力对集群共享经济中介效应路径系数摘要

路径				非标准化参数				标准化参数	
Path			Label	Estimate	S. E.	C. R.	P	R^2	Estimate
ICI	<---	EES	W14	0.230	0.229	1.004	0.315	0.011	0.105
SED	<---	EES	W22	1.289	0.478	2.699	0.007	0.292	0.356
SED	<---	ICI	W23	-0.738	0.204	-3.624	***		-0.446
BS	<---	EES	W11	1.845	0.555	3.324	***	0.703	0.838

续表

路径				非标准化参数				标准化参数	
Path			Label	Estimate	S. E.	C. R.	P	R^2	Estimate
IS	<---	EES		1.000				0.591	0.769
MS	<---	EES	W13	2.190	0.573	3.826	***	0.957	0.978
CAA	<---	SED	W24	0.567	0.125	4.533	***	0.869	0.932
EPA	<---	SED	W25	0.266	0.089	2.997	0.003	0.177	0.421
SAA	<---	SED	W26	0.346	0.099	3.490	***	0.434	0.659
ESSS	<---	BS		1.000				0.342	0.585
IISS	<---	BS	W1	1.095	0.169	6.466	***	0.401	0.634
TRSS	<---	BS	W2	0.945	0.174	5.438	***	0.265	0.514
PSSS	<---	IS		1.000				0.140	0.375
SBSS	<---	IS	W3	1.748	0.447	3.910	***	0.395	0.628
CCSS	<---	IS	W4	1.790	0.472	3.793	***	0.343	0.586
EPSS	<---	MS		1.000				0.312	0.558
HMSS	<---	MS	W5	0.867	0.147	5.886	***	0.236	0.486
CMSS	<---	MS	W6	0.785	0.138	5.679	***	0.231	0.481
SCCP	<---	ICI		1.000				0.240	0.490
CCCP	<---	ICI	W7	1.060	0.260	4.071	***	0.305	0.552
ICCP	<---	ICI	W8	1.364	0.343	3.973	***	0.465	0.682
PICP	<---	ICI	W9	0.925	0.228	4.053	***	0.241	0.491
RPCP	<---	ICI	W10	0.656	0.182	3.604	***	0.135	0.367
POAA	<---	EPA		1.000				0.365	0.604
WAAA	<---	EPA	W15	0.676	0.224	3.021	0.003	0.186	0.431
ENAA	<---	EPA	W16	0.763	0.258	2.953	0.003	0.222	0.472
CRSA	<---	CAA		1.000				0.280	0.529
CMAA	<---	CAA	W17	1.180	0.206	5.740	***	0.361	0.601
CPUA	<---	CAA	W18	1.138	0.215	5.289	***	0.347	0.589
CTRA	<---	CAA	W19	1.123	0.188	5.965	***	0.364	0.604
HAAA	<---	SAA		1.000				0.232	0.482
CIAA	<---	SAA	W20	0.651	0.194	3.351	***	0.120	0.346
SQAA	<---	SAA	W21	0.838	0.269	3.115	0.002	0.175	0.418

注：*** P<0.001 非标准化参数估计值为1.000者为参照指标变量

依据表5-13和中介模型结构，可绘制如图5-6所示的潜变量路径示意图。将单因素路径和中介模型中的路径系数和P值汇入表5-14中。

表 5-14 集群竞争力对集群共享经济中介效应分析表

		路径系数	P 值
集群共享经济影响集群价值共创导向路径	单因素模型	0.34	0.006
	中介效应模型	0.36	0.007

参照表 5-13，在中介模型中，直接路径系数 $W_{de-s}=0.36$ 高于单因素路径系数0.02，间接路径系数 $W_{ide-s}=W14*W23=-0.045$，说明由于集群竞争力有削弱集群价值共创的作用倾向，强化了集群共享经济对集群价值共创的激励作用，市场机制增强了集群企业对集群共享经济的依赖程度。假设 H6 成立。

对比图 5-1 和图 5-6，集群共享经济和集群价值共创导向的因子系数发生了明显变化，说明在中介变量集群竞争力使集群共享经济影响集群价值共创导向的具体路径发生了改变。将图 5-1 和 5-6 中集群共享经济和集群价值共创导向各因子系数录入表 5-15 中。

表 5-15 集群竞争力对集群共享经济中介效应因子系数分析表

	集群共享经济			集群价值共创		
	基础设施	制度环境	市场机制	可持续	协同	竞争
单因素模型	0.82	0.71	0.96	0.66	0.67	0.57
中介效应模型	0.78	0.77	0.98	0.42	0.87	0.66

参照表 5-15 中数据，在集群竞争力的中介作用下，集群企业管理者对集群共享经济中的市场机制和制度环境的重视程度增加，其集群价值共创导向中的协同主动性和竞争积极性增加，这进一步证明了假设 H6：集群竞争力对集群共享经济影响集群价值共创导向路径的中介效应，并与第二章中的相关理论分析一致。

3. 结论分析与管理启示

（1）结论分析

市场机制是促进企业持续将康发展的基础。虽然集群企业共享经济模式不同于传统层级组织的经营方式，但盈利能力仍然是集群企业共享经济模式可持续发展的必要条件。经济竞争力对集群共享经济影响集群价值共创的中介效应得到检验，说明集群共享经济体系中市场竞争会削弱共享经济诱因对集群价值共创的激励效果。这一结论从集群共享经济诱因与集群价值共创的互动关系中阐释了市场竞争对集群共享经济体系的影响，在多边市场理论的

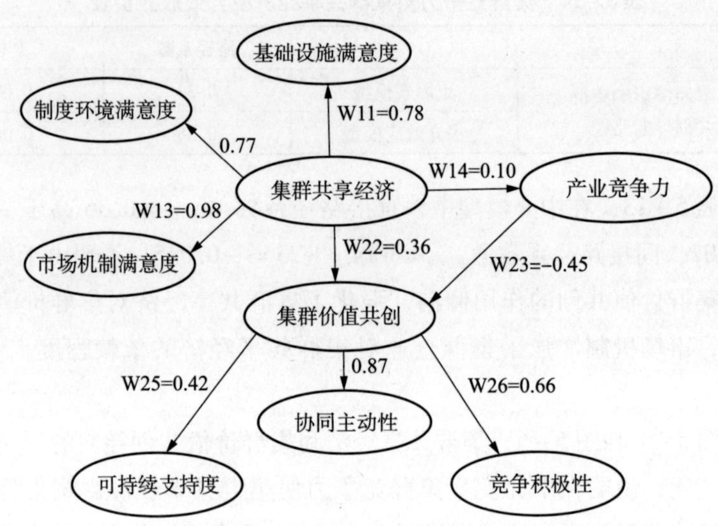

图 5-6　集群竞争力对集群共享经济中介效应路径示意图

基础上更加深入地解析了市场机制影响集群企业共享经济模式的内在机理。

主流战略管理理论中虽然有五力模型可以用来分析集群企业所处的产业竞争态势，但是不能进一步解释市场如何影响集群企业共享经济的动机以及集群价值共创的导向。集群竞争力对集群共享经济影响集群价值共创具有中介效应，说明市场竞争可以通过削弱集群共享经济诱因的激励作用降低集群企业的集群价值共创动机。这一结论拓展了主流战略管理和组织理论中环境分析的解释范式，为在产业聚合经济体系中分析市场竞争如何影响集群共享经济模式的可持续发展提供了新的解释范式。

（2）管理启示

市场竞争是促进企业持续投资和创新的基础。由于市场竞争会削弱集群企业共享经济环境诱因对集群价值共创的激励效果，因此，政府机构的管理人员需要考虑适当控制产业竞争强度，增强集群企业共享经济诱因如加大基础设施建设力度、提高公共服务水准、减少制度成本、规范市场竞争秩序，从而促进集群企业的集群价值共创导向，有利于集群企业共享经济模式的可持续发展。权衡市场竞争促进集群企业持续投资和创新和诱发企业短期行为的双重作用，是维护市场竞争机制的关键。

集群企业管理者需要认识到市场竞争对集群共享体系发展的重要作用以及可能产生的削弱集群企业集群价值共创导向的影响，所以，要尽量避免打价格战，并且致力于通过创新、差异化策略提高集群企业共享经济模式的可持续发展能力。同时，要提高企业管理者的企业家精神提供不断的技术创新提高集群企业应对市场竞争的实力，从而实现集群企业共享经济模式的可持续发展。

（二）集群竞争力对集群社会资本的中介效应检验

1. 中介路径模型适配度检验

依据假设 H7：集群竞争力中介于集群社会资本与集群价值共创导向之间，使集群社会资本抑制集群企业的集群价值共创导向。依照图 4－4、图 4－7以及图 4－11 关于集群竞争力、集群社会资本以及集群价值共创导向的测度结构，运用 AMOS 软件绘制中介效应检验结构方程模型（如图 5－7 所示），输入实证数据，运行修正、检验调试，将达标模型的标准化输出结果中的各适配度指标汇入表 5－16 中。

表 5－16　集群竞争力对集群社会资本中介效应适配度指标

统计检验量	适配的标准或临界值	检验结果数据	模型适配度判断
绝对适配度指数			
X^2	p >0.05	427.572（P =0.000 <0.050）	不能判断
X^2/DF	<2.00（良好） <3.00（普通）	1.690	良好
RMR	<0.05（良好） <0.08（普通）	0.040	良好
RMSEA	<0.05（良好） <0.08（普通）	0.046	中等偏上
GFI	>0.900 以上	0.907	达到标准
AGFI	>0.900 以上	0.881	接近达标
CN	>200 以上	227	良好
比较适配度指数			
NFI	>0.900（普通） >0.950（良好）	0.719	未达标
RFI	>0.900（普通） >0.950（良好）	0.667	未达标
IFI	>0.900（普通） >0.950（良好）	0.863	接近达标

续表

统计检验量	适配的标准或临界值	检验结果数据	模型适配度判断
TLI	>0.900（普通） >0.950（良好）	0.831	接近达标
CFI	>0.900（普通） >0.950（良好）	0.857	接近达标
简约适配度指数			
PGFI	>0.50 以上	0.706	达标
PNFI	>0.50 以上	0.607	达标
PCFI	>0.50 以上	0.723	达标

依据表 5-16 指标，集群竞争力对集群社会资本影响集群价值共创导向中介效应模型的绝对适配度达到中等偏上水准，简约适配度达到标准，比较适配度指标接近标准。表明该模型的适配度尚可，可以用作因果路径分析。

2. 路径分析

将图 5-16 中的系数列入表 5-17 中，并绘制如图 5-7 所示的路径示意图。

表 5-17　集群竞争力对集群社会资本中介效应回归系数

路径				非标准化参数				标准化参数	
Path			Label	Estimate	S. E.	C. R.	P	R^2	Estimate
ICI	<---	NPT	W22	0.246	0.121	2.035	0.042	0.054	0.233
SED	<---	NPT	W23	0.131	0.224	0.585	0.559	0.195	0.122
SED	<---	ICI	W27	-0.460	0.343	-1.343	0.179		-0.454
PTS	<---	NPT		1.000				0.875	0.936
ITS	<---	NPT	W20	1.056	0.187	5.656	***	0.783	0.885
CTS	<---	NPT	W21	1.060	0.192	5.515	***	0.847	0.920
CAA	<---	SED		1.000				0.626	0.791
EPA	<---	SED	W25	0.518	0.551	0.940	0.347	0.206	0.453
SAA	<---	SED	W26	0.764	0.738	1.036	0.300	0.525	0.725
CICS	<---	ITS		1.000				0.349	0.590
CIHS	<---	ITS	W1	0.868	0.150	5.789	***	0.296	0.544
CIRS	<---	ITS	W2	0.667	0.133	5.010	***	0.166	0.407
CPTS	<---	PTS		1.000				0.251	0.501
CPHS	<---	PTS	W3	1.001	0.171	5.851	***	0.265	0.514

续表

路径				非标准化参数				标准化参数	
Path			Label	Estimate	S. E.	C. R.	P	R^2	Estimate
CPAS	<---	PTS	W4	1.043	0.182	5.746	***	0.288	0.537
CSCS	<---	CTS		1.000				0.312	0.559
CSAS	<---	CTS	W5	0.963	0.152	6.333	***	0.315	0.561
CSHS	<---	CTS	W6	1.037	0.162	6.409	***	0.365	0.604
CPRS	<---	PTS	W7	0.972	0.160	6.090	***	0.234	0.484
SCCP	<---	ICI		1.000				0.190	0.436
CCCP	<---	ICI	W8	1.332	0.285	4.675	***	0.382	0.618
ICCP	<---	ICI	W9	1.125	0.287	3.920	***	0.251	0.501
PICP	<---	ICI	W10	0.985	0.230	4.277	***	0.217	0.465
RPCP	<---	ICI	W11	0.824	0.203	4.059	***	0.169	0.411
POAA	<---	EPT		1.000				0.357	0.598
WAAA	<---	EPT	W12	0.720	0.286	2.514	0.012	0.207	0.454
ENAA	<---	EPT	W13	0.752	0.297	2.528	0.011	0.212	0.460
HAAA	<---	SAA		1.000				0.279	0.528
CIAA	<---	SAA	W14	0.618	0.181	3.412	***	0.130	0.360
SQAA	<---	SAA	W15	0.699	0.262	2.663	0.008	0.146	0.382
CRSA	<---	CAA		1.000				0.362	0.601
CMAA	<---	CAA	W16	1.091	0.259	4.210	***	0.398	0.631
CPUA	<---	CAA	W17	0.875	0.182	4.813	***	0.264	0.514
CTRA	<---	CAA	W18	1.120	0.224	5.011	***	0.468	0.684

注：***P<0.001 非标准化参数估计值为1.000者为参照指标变量

在表5-17中，ICI代表集群竞争力，SED代表集群价值共创，NPT代表集群社会资本，其他英文标签分别代表测度这三个变量的子潜变量和测度题项。依据表中数据可以分析集群竞争力影响集群社会资本的中介路径特征。

将图5-2中的单因素路径和表5-17中介模型的路径系数和P值汇入表5-18中,依据路径系数和P值得比较分析，可以判断集群竞争力对区域社会资本影响集群价值共创导向路径是否存在中介效应。

表5-18　集群竞争力对集群社会资本中介效应分析表

		路径系数	P值
集群社会资本影响集群价值共创路径	单因素模型	0.35	0.006
	中介效应模型	0.12	0.559

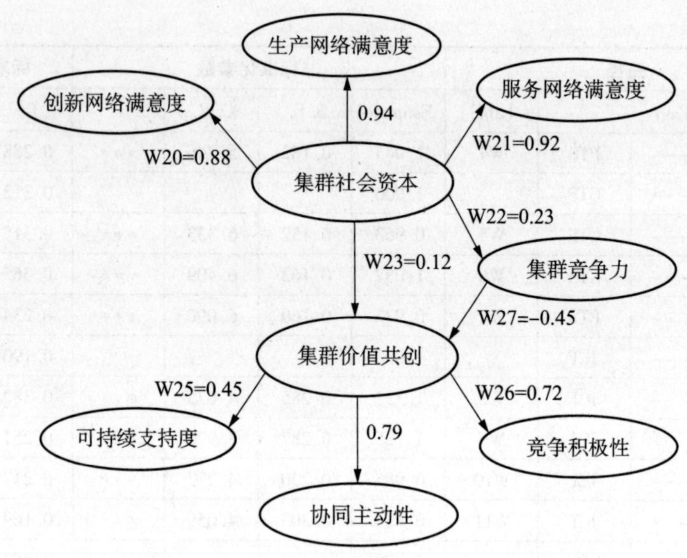

图 5-7　集群竞争力对集群社会资本中介效应模型潜变量路径示意

依据表 5-18 中数据，集群社会资本影响集群价值共创导向的路径系数在单因素模型中为 $W_{sntse}=0.35$，在中介效应模型中直接路径系数为 $W_{dmntse}=0.12$，间接效应 $W_{dmntse}=0.23*(-0.45)=-0.10$，表明集群企业管理者在不考虑市场竞争时，集群社会资本可以促进集群企业的集群价值共创导向。而在集群竞争力的中介作用下，由于集群社会资本会促进集群竞争力，而集群竞争力又削弱集群企业的集群价值共创导向，集群社会资本通过集群竞争力的中介作用，由于加大了集群竞争力，因而会抑制集群企业的集群价值共创导向。因此，假设 H7 成立。

将图 5-2 和 5-7 中集群社会影响集群价值共创导向的单因素和中介效应模型中因子系数输入表 5-19 中。

表 5-19　集群竞争力对集群社会资本中介效应因子系数分析表

	集群社会资本			集群价值共创导向		
	创新网络	生产网络	服务网络	可持续	协同	竞争
单因素模型	0.66	0.93	0.77	0.56	0.49	0.97
中介效应模型	0.88	0.94	0.92	0.45	0.79	0.72

参照表 5-19 中数据在集群竞争力的中介作用下，集群社会资本中的创新网络和服务网络满意度对社会创业导向的促进作用增加，生产满意度的促进作用仍然保持较高水准。在社会创业导向中，协同主动上升为首要因子，

竞争积极性降低为次要因素，可持续支持度的相对地位进一步下降。这进一步证明了假设H7：产业竞争力对集群网络嵌入性影响社会创业导向路径的具有中介效应。

3. 结论分析和管理启示

（1）结论分析

主流共享经济理论中没有关于集群企业共享经济环境中社会资本的解释范式，更没有关注到市场机制与社会治理之间的相互作用。这一部分的中介检验证实集群竞争力可以影响集群企业社会资本与集群价值共创之间的关系，说明市场机制可以通过影响集群网络结构削弱集群企业的集群价值共创动机。这一结论丰富了主流共享经济理论范畴。

在主流战略管理和组织理论中，企业的经济环境和社会环境分析一般是相对独立的各有不同的分析方法，较少涉及两种环境之间的关联。这一部分的中介检验结果表明，影响集群企业战略选择的直接市场力量对集群企业共享经济体系中集群网络结构存在显著影响，有必要突破主流解释范式的约束，在经济环境和社会环境之间搭建必要的桥梁。

（2）管理启示

由于集群竞争力对集群社会资本影响集群价值共创路径具有显著影响，为了更为有效地提高集群社会资本促进集群企业的集群价值共创导向，政府管理部门一方面需要致力于搭建平台、鼓励集群企业之间协同生产与创新、努力提高集群企业社会资本，另一方面，需要规范市场机制，通过网络合作与市场竞争之间的相互作用，适当控制市场竞争的强度。

集群企业管理者需要看到市场机制与集群网络之间的相互作用。通过有效的关系治理提高服务型网络、生产型网络和创新型网络中所蕴含的社会资本，促进集群价值共创导向有利于提高共享经济模式的可持续发展能力。由于市场竞争会削弱集群价值共创导向，因此，集群企业在面对较大市场经济压力时，需要扩展战略视野、立足长期发展、发挥企业家精神，通过控制集群竞争力对集群价值共创导向的消极影响，促进集群企业共享经济模式可持续能力。

（三）集群竞争力对集群选择力的中介效应检验

1. 中介路径模型适配度检验

依据假设H8：集群竞争力中介于集群选择力和集群价值共创之间，削弱集群选择力对集群价值共创的影响。依照图4-10、4-8和4-12中的测度结构，运用AMOS软件绘制图5-8所示结构的结构返程模型，输入实证数据，运行、检验、修正，检验适配度，将达标指标汇入表5-20中。

表5-20 集群竞争力对集群选择力中介效应模型适配度指标

统计检验量	适配的标准或临界值	检验结果数据	模型适配度判断
绝对适配度指数			
X^2	$p>0.05$	323.688（P=0.000<0.050）	不能判断
X^2/DF	<2.00（良好） <3.00（普通）	1.675	良好
RMR	<0.05（良好） <0.08（普通）	0.042	良好
RMSEA	<0.05（良好） <0.08（普通）	0.045	良好
GFI	>0.900以上	0.920	达到标准
AGFI	>0.900以上	0.896	接近达标
CN	>200以上	233	良好
比较适配度指数			
NFI	>0.900（普通） >0.950（良好）	0.725	未达标
RFI	>0.900（普通） >0.950（良好）	0.674	未达标
IFI	>0.900（普通） >0.950（良好）	0.876	接近达标
TLI	>0.900（普通） >0.950（良好）	0.837	接近达标
CFI	>0.900（普通） >0.950（良好）	0.862	接近达标
简约适配度指数			
PGFI	>0.50以上	0.709	达标
PNFI	>0.50以上	0.612	达标
PCFI	>0.50以上	0.728	达标

依据表5-20中指标与对标判断结果，集群选择力对集群竞争力中介作用效应模型的绝对适配度达到中等偏上水准，简约适配度达到标准。表明该

模型的适配度尚可，可以运用该模型进行因果路径分析。

2. 路径分析

将 AMOS 软件输出的结构方程模型检验的标准化输出信息各潜变量的回归与因子系数列入表 5-21 中。在表中，标签 ICI 代表集群竞争力，SSS 代表集群选择力，SED 代表集群价值共创，表中其他标签代表测度这三个变量的子潜变量、测度题项和路径系数。依照表中路径系数信息，可以分析集群竞争力对集群选择力的中介作用效应与路径特征。

表 5-21 集群竞争力对集群选择力中介效应模型回归系数摘要

路径				非标准化参数				标准化参数	
Path			Label	Estimate	S. E.	C. R.	P	R^2	Estimate
ICI	<---	SSS	W19	-0.194	0.073	-2.666	0.008	0.066	-0.257
SED	<---	SSS	W18	0.233	0.113	2.063	0.039	0.207	0.197
SED	<---	ICI	W20	-0.572	0.197	-2.896	0.004		-0.363
CAA	<---	SED		1.000				0.882	0.939
EPA	<---	SED	W21	0.256	0.137	1.869	0.062	0.106	0.325
SAA	<---	SED	W22	0.512	0.221	2.316	0.021	0.359	0.599
DVRP	<---	SSS		1.000				0.214	0.462
DIRP	<---	SSS	W1	0.958	0.174	5.500	***	0.229	0.479
DSRP	<---	SSS	W2	1.275	0.220	5.808	***	0.366	0.605
DCRP	<---	SSS	W3	0.837	0.170	4.938	***	0.152	0.390
MCRP	<---	SSS	W4	1.014	0.187	5.420	***	0.215	0.464
MPRP	<---	SSS	W5	1.167	0.214	5.457	***	0.300	0.548
MMRP	<---	SSS	W6	0.979	0.173	5.664	***	0.221	0.470
SCCP	<---	ICI		1.000				0.117	0.341
CCCP	<---	ICI	W7	1.820	0.405	4.495	***	0.437	0.661
ICCP	<---	ICI	W8	1.485	0.367	4.041	***	0.268	0.518
PICP	<---	ICI	W9	1.257	0.301	4.177	***	0.216	0.464
RPCP	<---	ICI	W10	1.113	0.279	3.989	***	0.188	0.434
POAA	<---	EPT		1.000				0.250	0.500
WAAA	<---	EPT	W11	1.141	0.236	4.842	***	0.362	0.602
ENAA	<---	EPT	W12	1.117	0.455	2.452	0.014	0.326	0.571
HAAA	<---	SAA		1.000				0.271	0.520
CIAA	<---	SAA	W13	0.610	0.191	3.201	0.001	0.123	0.350

续表

路径				非标准化参数				标准化参数	
Path			Label	Estimate	S. E.	C. R.	P	R^2	Estimate
SQAA	<---	SAA	W14	0.721	0.253	2.852	0.004	0.151	0.388
CRSA	<---	CAA		1.000				0.379	0.615
CMAA	<---	CAA	W15	1.056	0.211	4.997	***	0.390	0.625
CPUA	<---	CAA	W16	0.869	0.164	5.283	***	0.273	0.523
CTRA	<---	CAA	W17	1.062	0.192	5.544	***	0.441	0.664

注：*** 标示 P<0.001，非标准化参数估计值为 1.000 者为参照指标变量

依据中介效应结构方程模型和 AMOS 软件的路径系数输出结果，可绘制如图 5-8 所示的潜变量路径示意图。

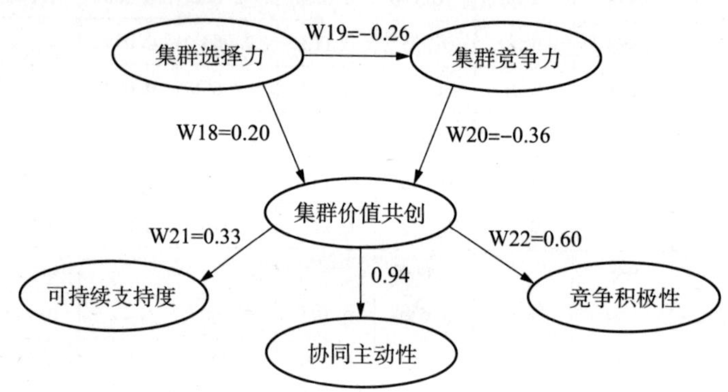

图 5-8 集群竞争力对集群选择力中介效应检验模型潜变量路径示意图

将图 5-8 中的单因素路径和表 5-21 中的中介效应路径系数和 P 值汇入表 5-22 中。

表 5-22 集群竞争力对集群选择力影响集群价值共创导向中介效应分析表

		路径系数	P 值
集群竞争力影响集群价值共创路径	单因素模型	0.20	0.123
	中介效应模型	0.20	***

依据表 5-22 中单因素模型和中介效应模型的路径和 P 值，参照图 5-8，集群选择力影响集群价值共创导向的路径系数在单因素模型中为 $W_{sstse}=0.20$，在中介效应模型中，直接路径系数为 $W_{dmstse}=0.20$，间接效应 $W_{dmntse}=(-0.26)*(-0.36)=0.09$，总效应 $W=0.20+0.09=0.29$。

对比数据表明集群企业管理者在不考虑市场竞争时，集群选择力对集群

价值共创导向具有一定显著度水准的促进作用。当考虑到市场竞争时，集群选择力的直接促进作用未变，但是集群选择力可以通过降低集群竞争力而减少其削弱集群价值共创的效应，综合促进效果被加强。因此集群竞争力对集群选择力影响集群价值共创导向具有中介效应，而且增强了集群选择力对集群价值共创导向的总的促进作用。假设 H8 成立，即集群竞争力对集群选择力影响集群价值共创的路径具有显著的中介效应。

将图 5－2 和 5－7 中集群选择力影响集群价值共创导向的单因素和中介效应模型中因子系数输入表 5－23 中。

表 5－23　集群竞争力对集群选择力中介效应因子系数分析表

	集群选择力							集群价值共创		
	公共媒体	管理机构	消费者协会	供应商	投资者	协同组织	竞争者	可持续	协同	竞争
单因素模型	0.48	0.50	0.47	0.41	0.59	0.48	0.48	0.60	0.59	0.81
中介效应模型	0.46	0.48	0.61	0.39	0.46	0.55	0.47	0.33	0.94	0.60

参照表 5－23 的中介模型，由于集群竞争力的中介作用，集群选择力中消费者协会和协同创新和生产组织促进集群企业社会创业导向的作用增强；在集群竞争力的中介作用下，集群企业的集群价值共创导向中协同主动性增加，竞争积极性和可持续支持度下降。这表明，集群企业管理者在权衡经济和社会力量影响时，具有倚靠社会资本、回避竞争的倾向，集群竞争力改变集群企业的集群选择力影响集群价值共创导向的路径，假设 H8 成立。

3. 结论分析和管理启示

（1）结论分析

集群竞争力和集群选择力是影响集群企业战略行为的直接经济和社会力量，两者影响力在集群共享经济体系中分别处于不同的时空结构和治理机制之中。主导集群竞争力的利益相关者的利益诉求在于获取更多的利润，主持集群选择力的利益相关者的利益诉求则在于集群意识主导向的共享价值即促进集群共享体系的可持续发展。两种环境影响力量具有不同的经济和社会属性，在不同的双边或多边治理机制下寻求不同的利益诉求。

在主流的企业共享经济理论中并可以用来分析直接影响集群企业战略行为的经济或社会力量的解释范式，更没有可用来分析和判断两者之间相互作用的理论。在主流的战略管理和组织理论中，虽然有五力模型和利益相关者理论可以用来分析影响集群企业战略导向的直接经济和社会力量，但是也缺乏这些经济和社会力量是否存在相互作用的命题。因此，这一部分的中介效应检验命题无论对于主流共享经济理论还是战略管理和组织理论，都具有一定的理论创新价值。

（2）管理启示

由于集群选择力可以通过集群竞争力的中介效应间接促进集群企业的集群价值共创导向，而社会选择力促进集群价值共创的效应并不显著，因此，通过集群选择力影响集群竞争力从而间接促进集群企业的集群价值共创导向是一条行之有效的路径，政府管理机构可以通过增强社会选择力间接促进集群企业的集群价值共创导向。

集群企业管理者在认识集群竞争力对集群选择力影响集群价值共创路径的中介效应后，应该全面分析和权衡影响集群企业集群价值共创导向的直接经济和社会力量。正确评估所面临的集群竞争力以及集群选择力对集群竞争力的影响路径、影响方式和影响程度，努力提高自身的企业家精神，选择有利于集群共享经济可持续发展的集群价值共创导向。

三、集群选择力对集群共享环境要素中介效应检验

（一）集群选择力对集群共享经济中介效应检验

1. 中介路径模型适配度检验

依据假设H9：集群选择力中介于集群共享经济与集群价值共创之间，促进集群价值共创导向，依照图4－2、图4－8以及图4－12中关于集群共享经济、集群选择力和集群价值共创的测度结构，绘制如图5－9所示结构的结构方程模型。使用AMOS软件，输入实证数据，检验适配度，将达标指标汇入表5－24中。

表5－24　集群选择力对集群共享经济中介效应模型适配度指标

统计检验量	适配的标准或临界值	检验结果数据	模型适配度判断
绝对适配度指数			
X^2	$p>0.05$	424.010（P＝0.000＜0.050）	不能判断
X^2/DF	＜2.00（良好） ＜3.00（普通）	1.576	良好

续表

统计检验量	适配的标准或临界值	检验结果数据	模型适配度判断
RMR	<0.05（良好） <0.08（普通）	0.037	良好
RMSEA	<0.05（良好） <0.08（普通）	0.042	良好
GFI	>0.900 以上	0.915	达到标准
AGFI	>0.900 以上	0.889	接近达标
CN	>200 以上	242	良好
比较适配度指数			
NFI	>0.900（普通） >0.950（良好）	0.718	未达标
RFI	>0.900（普通） >0.950（良好）	0.659	未达标
IFI	>0.900（普通） >0.950（良好）	0.874	接近达标
TLI	>0.900（普通） >0.950（良好）	0.841	接近达标
CFI	>0.900（普通） >0.950（良好）	0.868	接近达标
简约适配度指数			
PGFI	>0.50 以上	0.701	达标
PNFI	>0.50 以上	0.594	达标
PCFI	>0.50 以上	0.719	达标

依据表 5－24，集群选择力对集群共享经济影响集群价值共创路径的中介效应检验模型的绝对适配度达到良好水准，简约适配度达到标准，比较适配度指标接近标准（主要原因在于强变量数目较多，样本数量偏少）。这表明该模型的适配度尚可，可以用作因果路径分析。

（2）路径分析

在结构方程模型中，运用 AMOS 软件检验达标的标准化和非标准化输出结果汇入如表 5－25 中。在表中，标签 EES 代表集群共享经济，SED 代表集群价值共创导向，SSS 代表集群选择力，其他标签符号代表与这三个变量测度结构相对应的子潜变量和测度题项。依据表中路径系数特征，可以详尽解析集群选择力对集群共享经济影响集群价值共创路径的中介效应。

表 5-25 集群选择力对集群共享经济中介效应模型回归系数摘要

路径				非标准化系数				标准化系数	
Path			Label	Estimate	S. E.	C. R.	P	R^2	Estimate
SSS	<---	EES	W26	0. 366	0. 107	3. 414	***	0. 134	0. 366
SED	<---	EES	W23	0. 035	0. 069	0. 504	0. 614	0. 038	0. 059
SED	<---	SSS	W24	0. 098	0. 081	1. 211	0. 226		0. 166
IS	<---	EES		1. 000				0. 575	0. 758
MS	<---	EES	W13	0. 592	0. 147	4. 031	***	0. 681	0. 825
EPA	<---	SED	W21	1. 143	0. 471	2. 428	0. 015	0. 326	0. 571
SAA	<---	SED	W22	1. 578	0. 602	2. 624	0. 009	0. 454	0. 674
CAA	<---	SED		1. 000				0. 416	0. 645
BS	<---	EES	W25	0. 778	0. 173	4. 499	***	0. 796	0. 892
ESSS	<---	BS		1. 000				0. 239	0. 489
IISS	<---	BS	W1	1. 127	0. 190	5. 921	***	0. 297	0. 545
TRSS	<---	BS	W2	1. 206	0. 222	5. 424	***	0. 300	0. 548
HMSS	<---	IS		1. 000				0. 484	0. 696
CMSS	<---	IS	W3	0. 789	0. 144	5. 484	***	0. 360	0. 600
RMSS	<---	IS	W4	0. 597	0. 146	4. 085	***	0. 218	0. 467
CLSS	<---	MS		1. 000				0. 202	0. 450
PSSS	<---	MS	W5	0. 940	0. 236	3. 980	***	0. 168	0. 409
SBSS	<---	MS	W6	1. 396	0. 314	4. 445	***	0. 339	0. 583
MA	<---	SSS		1. 000				0. 250	0. 500
PM	<---	SSS	W7	1. 157	0. 201	5. 753	***	0. 320	0. 566
COT	<---	SSS	W8	0. 898	0. 173	5. 202	***	0. 183	0. 428
CR	<---	SSS	W9	0. 735	0. 158	4. 650	***	0. 127	0. 356
CSP	<---	SSS	W10	1. 219	0. 206	5. 915	***	0. 363	0. 602
CINR	<---	SSS	W11	0. 911	0. 169	5. 383	***	0. 225	0. 474
CIV	<---	SSS	W12	1. 001	0. 178	5. 627	***	0. 232	0. 482
POAA	<---	EPA		1. 000				0. 437	0. 661
WAAA	<---	EPA	W14	0. 592	0. 205	2. 894	0. 004	0. 171	0. 413
ENAA	<---	EPA	W15	0. 814	0. 234	3. 472	***	0. 303	0. 550
HAAA	<---	SAA		1. 000				0. 548	0. 741
CIAA	<---	SAA	W16	0. 461	0. 158	2. 921	0. 003	0. 142	0. 377
SQAA	<---	SAA	W17	0. 726	0. 162	4. 492	***	0. 310	0. 556
CRSA	<---	CAA		1. 000				0. 216	0. 465
CMAA	<---	CAA	W18	1. 186	0. 198	6. 000	***	0. 282	0. 531
CPUA	<---	CAA	W19	1. 502	0. 379	3. 966	***	0. 467	0. 683
CTRA	<---	CAA	W20	1. 426	0. 350	4. 081	***	0. 454	0. 674

注：***P<0.001 非标准化参数估计值为1.000者为参照指标变量

依据输出结果，可绘制如图5-8所示的潜变量路径示意图。

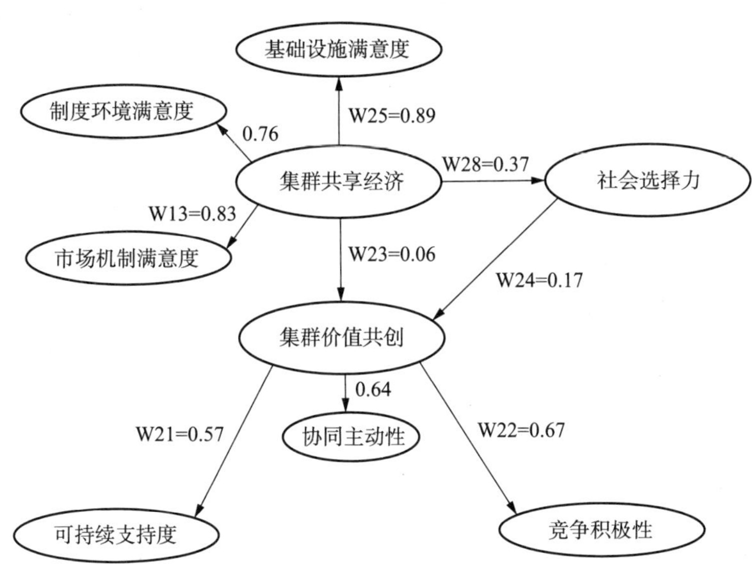

图5-9　集群选择力对集群共享经济中介效应路径示意

将单因素和中介效应路径系数和P值汇入表5-26中，依据表中路径系数和P值得比较分析，可以判断社会选择力的中介效应。

表5-26　集群选择力对集群共享经济中介效应分析表

		路径系数	P值
集群共享经济影响集群价值共创导向路径	单因素模型	0.34	0.006
	中介效应模型	0.06	0.614

依据表5-26，参照图5-9，集群共享经济激励集群价值共创的路径系数在单因素模型中为 $W_{seetse}=0.20$，在中介效应模型中直接路径系数为 $W_{dmeetse}=0.06$，间接效应 $W_{dmeetse}=(0.37)*(0.17)=0.06$，总效应 $W=0.06+0.06=0.12$。这表明集群企业管理者在不考虑社会选择机制时，集群共享经济对集群价值共创导向具有显著的激励作用，考虑到社会选择机制时，集群共享经济的直接激励作用大幅下降，集群共享经济对集群价值共创的激励作用主要通过集群选择的中介作用进行，总激励作用略有降低。这表明集群选择力对集群共享经济影响集群价值共创导向路径具有中介效应。假设H9成立，即，将图5-2和5-9中集群选择力影响集群价值共创导向的单因素和中介效应模型中因子系数输入表5-27中。

表5-27 集群选择力对集群共享经济中介效应因子系数分析表

	集群共享经济			集群价值共创		
	基础设施	制度环境	市场机制	可持续	协同	竞争
单因素模型	0.82	0.71	0.96	0.66	0.67	0.57
中介效应模型	0.83	0.76	0.89	0.57	0.64	0.67

依据表5-27，在中介模型中集群共享经济中，制度环境满意度和基础设施满意度两个因子的影响程度上升，市场机制满意度的因子系数降低，而受其激励的集群价值共创导向时空路径中，竞争积极性上升为主导地位，这表明，产业聚合体系的双边或多边治理机制具有促进集群企业发挥企业家精神主动寻求竞争的导向，这进一步证明了假设H9。

3. 结论分析和管理启示

（1）结论分析

在主流的战略管理和组织理论中，关于企业环境分析的理论，只有一般意义的分析框架如PEST和SWOT分析方法，而且经济环境和社会环境分析通常被割裂开来。本节的实证检验验证了社会选择力对集群共享经济影响集群价值共创导向的路径具有显著的中介作用，而且具有加强集群共享经济对集群价值共创的促进作用。这说明社会选择力受集群意识的主导，可以通过社会力量促进集群共享经济环境对集群价值共创导向影响。这个结论揭示了集群共享经济模式中的经济和社会环境存在相互联系，市场机制中存在共享经济诱因，社会环境中则存在促进集群企业选择共享经济模式的社会力量。因此，该结论拓展了主流战略管理和组织理论关于企业战略环境分析的范畴。

在主流的共享经济理论中，只有多边市场理论可以用来分析集群企业共享经济模式的经济环境。运用多边市场理论智能阐释共享经济模式的双边或多边市场交易可能面临的问题。集群共享经济不同于一般意义的自由市场经济，共享经济的利益相关者之间存在集群网络关系，集群网络中的制度逻辑是集群企业需要遵从的社会力量。因此，多边市场理论的解释力存在不足之处。实证检验的理论假设可以弥补多边市场理论的不足，为解释集群企业共享经济模式的经济环境与社会环境之间的相互作用提供了新的理论依据。

（2）管理启示

社会选择力可以促进集群共享环境中的经济诱因对集群价值共创的促进作用。政府部门可以通过增强社会选择力，提高集群共享经济诱因对集群价值共创的促进作用。增强社会选择力可以提高对集群共享合法性的控制力度，减少集群企业的机会主义和短期行为。增强社会选择力可以强化对集群企业共享经济行为的过程监督和控制，促使集群企业整合集群共享经济资源，并通过提高集群价值共创力积累集群共享声誉，通过集群价值共创提升集群共享环境诱因，提高集群共享经济的可持续能力。

集群企业管理者需要深入了解主导集群选择力的利益相关者结构，准确识别集群共享价值属性，选择集群社会创业方式满足多元利益相关者的利益诉求，通过集群价值共创的战略导向提高集群共享经济模式的可持续发展能力。识别并顺应集群选择力的作用，有助于集群企业管理有效治理集群共享经济体系中的利益相关者，提高整合共享经济资源的能力，还可以通过合理的共享经济利益分配，提高利益相关者的满意度和对集群企业共享经济模式的支持度，从而确保集群企业共享经济模式的可持续发展。

（二）集群选择力对集群社会资本中介效应

1. 适配度检验

依据假设 H10：集群选择力中介于集群社会资本与集群价值共创导向之间，促进集群价值共创导向，依照图 4－4、图 4－7 和图 4－11 中关于集群社会资本、集群选择力和集群价值共创的测度结构，运用 AMOS 软件绘制图 5－19 所示结构的结构方程模型。输入量表数据，运行检验与调整，将检验所得达标模型各适配度指标汇入表 5－28 中。

表 5－28 集群选择力对集群社会资本中介效应适配度指标

统计检验量	适配的标准或临界值	检验结果数据	模型适配度判断
绝对适配度指数			
X^2	p>0.05	464.628（P=0.000<0.050）	不能判断
X^2/DF	<2.00（良好） <3.00（普通）	1.509	良好
RMR	<0.05（良好） <0.08（普通）	0.036	良好
RMSEA	<0.05（良好） <0.08（普通）	0.039	中等偏上
GFI	>0.900 以上	0.913	达到标准

续表

统计检验量	适配的标准或临界值	检验结果数据	模型适配度判断
AGFI	>0.900 以上	0.893	接近达标
CN	>200 以上	251	良好
比较适配度指数			
NFI	>0.900（普通） >0.950（良好）	0.710	未达标
RFI	>0.900（普通） >0.950（良好）	0.670	未达标
IFI	>0.900（普通） >0.950（良好）	0.879	接近达标
TLI	>0.900（普通） >0.950（良好）	0.857	接近达标
CFI	>0.900（普通） >0.950（良好）	0.875	接近达标
简约适配度指数			
PGFI	>0.50 以上	0.724	达标
PNFI	>0.50 以上	0.623	达标
PCFI	>0.50 以上	0.768	达标

依据表5-28，中介效应检验模型的绝对适配度达到中等偏上水准，简约适配度达到标准，比较适配度指标接近标准。这表明该模型的适配度尚可，可以用来进行因果路径分析。

(2) 路径分析

依据中介效应模型标准化输出信息，将反映各潜变量与测度变量之间的回归与因子系数列入表5-29中，可以分析集群选择力对集群共享经济激励集群价值共创导向的中介效应与路径特征。在表中，标签SSS代表集群选择力，NPT代表集群社会资本，SED代表集群价值共创导向，其他标签分别代表测度这三个潜变量的子潜变量和测度题项。

表5-29 集群选择力对集群社会资本中介效应回归系数摘要

路径				非标准化参数				标准化参数	
Path			Label	Estimate	S. E.	C. R.	P	R^2	Estimate
SSS	<---	NPT	W28	1.167	0.232	5.030	***	0.534	0.731
SED	<---	NPT	W27	-0.153	0.148	-1.031	0.303	0.030	-0.197
SED	<---	SSS	W29	0.123	0.103	1.187	0.235		0.252

续表

路径				非标准化参数				标准化参数	
Path			Label	Estimate	S. E.	C. R.	P	R^2	Estimate
PTS	<---	NPT		1. 000				0. 592	0. 770
CTS	<---	NPT	W22	1. 228	0. 229	5. 354	***	0. 753	0. 868
ITS	<---	NPT	W23	1. 399	0. 257	5. 434	***	0. 979	0. 989
EPA	<---	SED	W24	1. 280	0. 387	3. 304	***	0. 410	0. 640
CAA	<---	SED		1. 000				0. 267	0. 516
SAA	<---	SED	W26	1. 899	0. 685	2. 772	0. 006	0. 856	0. 925
CPRS	<---	ITS		1. 000				0. 291	0. 540
CPHS	<---	ITS	W1	0. 910	0. 145	6. 269	***	0. 257	0. 507
CPCS	<---	ITS	W2	0. 725	0. 135	5. 357	***	0. 183	0. 428
CSHS	<---	CTS		1. 000				0. 344	0. 586
CSAS	<---	CTS	W3	0. 871	0. 134	6. 483	***	0. 261	0. 511
CSCS	<---	CTS	W4	0. 991	0. 159	6. 234	***	0. 310	0. 557
CIRS	<---	PTS		1. 000				0. 296	0. 544
CITS	<---	PTS	W5	0. 729	0. 154	4. 747	***	0. 161	0. 401
CIHS	<---	PTS	W6	1. 013	0. 168	6. 032	***	0. 321	0. 567
CIAS	<---	PTS	W7	0. 697	0. 133	5. 220	***	0. 176	0. 420
POAA	<---	EPT		1. 000				0. 384	0. 620
WAAA	<---	EPT	W8	0. 663	0. 182	3. 641	***	0. 188	0. 434
ENAA	<---	EPT	W9	0. 706	0. 197	3. 579	***	0. 201	0. 448
CTRA	<---	CAA		1. 000				0. 307	0. 554
CRSA	<---	CAA	W10	1. 030	0. 157	6. 573	***	0. 316	0. 562
CMAA	<---	CAA	W11	1. 251	0. 176	7. 092	***	0. 431	0. 657
CPUA	<---	CAA	W12	1. 149	0. 165	6. 972	***	0. 375	0. 613
HAAA	<---	SAA		1. 000				0. 371	0. 609
CIAA	<---	SAA	W13	0. 651	0. 144	4. 512	***	0. 191	0. 437
SQAA	<---	SAA	W14	0. 559	0. 154	3. 638	***	0. 124	0. 353
MA	<---	SSS		1. 000				0. 326	0. 571
PM	<---	SSS	W15	0. 924	0. 147	6. 309	***	0. 266	0. 516
COT	<---	SSS	W16	0. 753	0. 143	5. 274	***	0. 168	0. 410
CR	<---	SSS	W17	0. 698	0. 135	5. 173	***	0. 149	0. 386
CSP	<---	SSS	W18	0. 937	0. 149	6. 286	***	0. 279	0. 528
CINR	<---	SSS	W19	0. 643	0. 127	5. 049	***	0. 146	0. 382
CIV	<---	SSS	W20	0. 939	0. 147	6. 374	***	W20	0. 516

注：*** P<0. 001 非标准化参数估计值为 1. 000 者为参照指标变量

依据中介效应模型和 AMOS 软件的路径系数输出结果，可绘制如图 5－10 所示的潜变量路径示意图。依据图示中潜变量间的路径系数和因子系数，可以解析集群选择力对集群社会资本影响集群价值共创路径的中介效应。

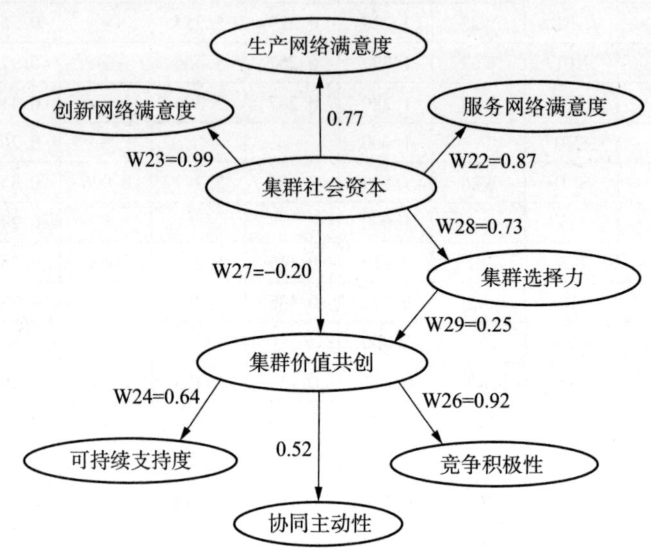

图 5－10　集群选择力对集群社会资本中介效应潜变量路径示意图

对照图 5－4 和图 5－10 中示意集群社会资本影响集群价值共创具有两条路径，直接路径系数与图 4 中直接路径系数均为负值，而间接路径中集群社会资本可以通过促进集群选择力提高集群价值共创导向。

图 5－10 中集群社会资本影响集群价值共创的路劲系数为负，这说明，集群企业管理者具有将社会资本视为可以内化的社会资源。社会资本越高，集群企业通过集群价值共创改善社会网络结构，促进集群共享体系发展的意愿越低，该检验结果与理论理论假设相悖，表明集群企业管理的企业家精神还需要提高。图中集群社会资本可以促进集群选择力进而提高集群价值共创，表明集群企业社会资本越高，集群企业利益相关者主导的社会选择力越大，越有利于促进集群企业的集群价值共创导向。

将单因素和中介效应的路径系数和 P 值汇入表 5－30 中，将单因素和中介效应模型中因子系数输入表 5－31 中。依据两个表中路径系数和因子系数的对比分析，可以进一步了解集群选择力对集群社会资本影响集群价值共创路径的中介效应特征。

表 5-30　集群选择力对集群社会资本中介效应路径系数分析表

		路径系数	P 值
集群社会资本影响集群价值共创路径	单因素模型	-0.08	0.399
	中介效应模型	-0.20	0.303

表 5-31　集群选择力对集群社会资本中介效应因子系数分析表

	集群社会资本			集群价值共创		
	创新网络	生产网络	服务网络	可持续	协同	竞争
单因素模型	0.66	0.71	0.93	0.56	0.49	0.97
中介效应模型	0.99	0.77	0.82	0.64	0.52	0.93

参照表 5-30 和表 5-31 中数据，与单路径模型相比，中介效应模型中的路径系数、因子系数和相应 P 值均发生了显著变化，证明假设 H10 成立，即集群选择力对集群社会资本影响集群价值共创路径具有中介效应。

3. 结论分析和管理启示

(1) 结论分析

虽然社会选择力和集群社会资本均属于解释集群企业共享经济模式所处社会环境的两个概念，但社会选择力体现的是理论相关者主导的制度约束力，社会资本是集群企业所拥有的集群网络资源。两者对于集群企业共享经济模式具有不同的影响方式。

这一部分的实证研究成果验证了集群企业共享经济模式的利益相关者和集群企业主体之间的相互作用，说明受集群意识主导的利益相关者在共享价值的驱使下会通过对集群共享合法性、集群共享声誉和集群共享地位的影响来促使集群企业提高社会资本，提升集群价值共创力。

在主流的战略管理和组织理论中，有利益相关者理论可以用来分析集群企业的社会环境结构和治理机制，却没有提供可以分析集群企业贡献经济模式利益相关者与集群企业之间相互作用的直接解释范式。这一成果丰富了主流战略管理和组织理论。主流共享经济理论中多边市场理论尚不能用来细致分析集群企业社会环境结构和治理机制，因此，这一成果也拓展了主流共享经济理论。

(2) 管理启示

对比分析图 5-4 和图 5-10 的路径系数，集群企业社会资本影响集群企业集群价值共创导向的直接路径系数均为负，说明集群企业管理者倾向于将社会资本作为固有资源内化为企业资产，社会资本越高，致力于提高社会资本的集群价值共创动力越弱。但是，集群选择力则通过中介效应，使集群社会资本对集群价值共创具有促进作用。

因此，政府管理部门除了致力于改善集群网络环境、努力提高集群企业社会资本之外，还需要通过提高社会选择力对集群社会资本促进集群价值共创路径的影响，提高集群企业的集群价值共创力。集群选择力越高，集群企业社会资本通过集群选择力提高集群价值共创的影响越大。

集群企业管理者则可以通过致力于提高集群企业社会资本，还需要主动发挥企业家精神，即考虑将企业社会资本视为企业可以整合的社会资源，还需要考虑集群网络结构优化和企业社会资本的持续提高问题。此外，集群企业管理者可以通过有效的关系治理，通过集群企业与利益相关者之间的相互作用，努力提高集群企业对集群选择力的影响，通过集群选择力的中介效应，提高集群价值共创导向。集群企业社会资本与集群选择力协同一致，可以提高集群价值共创力。

第三节　共享经济综合影响路径检验与环境约束机制分析

前面通过对集群共享经济体系中环境要素影响集群价值共创导向的单路径、双因素交互作用和中介效应路径理论分析、提出假设和实证检验，验证了集群共享经济环境规制集群企业战略行为的路径特征。由于集群共享经济体系的诸环境要素之间均存在相互作用，因此，点对点的理论分析和实证检验并不能揭示集群共享体系规制集群企业战略行为的系统特征。

本章第一节和第二节中的实证检验已经为构建集群共享环境规制集群价值共创导向奠定了基础。在单路径和中介效应检验的基础上，运用已经检验过的单路径模型、中介效应模型中路径系数显著的逻辑关系，可以构建集群共享经济环境要素影响集群价值共创导向综合路径模型。

通过实证检验这些综合模型的路径特征，可以系统解读集群共享经济环境规制集群企业的集群价值共创导向的路径特征。与单一路径模型、双因素交互模型以及中介效应模型相比，在综合路径模型中，集群共享经济环境经要素之间相互联系，环境要素对集群价值共创的路径系数均会发生变化，这是系统中各要素之间相互作用所形成的影响。综合路径模型中所展现的集群共享经济环境规制集群价值共创导向的路径特征，可以更为系统而真实地揭示集群共享经济环境要素与集群企业战略行为之间的相互作用。

为了更为细致地揭示集群共享经济体系的运行机理。本书将集群共享环境分为共享经济环境和集群网络环境，依据集群共享体系中两种环境的构成要素及其与集群企业战略行为之间的相互作用，构建了集群共享经济影响集群价值共创综合路径理论模型和集群网络要素综合影响机制两个理论模型。在此基础上，运用结构方程模型对集群共享经济体系的经济和社会环境规制集群价值共创导向的路径特征进行了实证检验。

通过实证检验得出的两个综合模型中的路径系数可以分别揭示集群共享经济体系中共享经济环境和共享网络环境中诸环境要素规制集群企业战略行为的路径特征。实证检验得出的这些结论丰富了主流共享经济理论，也拓展了主流战略管理理论和组织理论的应用范围。研究结论对于政府部门的公共管理职能和集群企业的企业管理职能均具有理论指导意义。

一、集群共享经济要素综合影响路径检验与机制分析

（一）理论模型

参照第二章图 2-3 中集群共享经济诱因影响集群价值共创导向综合机制理论模型，依据本章第一节和第二节中已经得到检验的存在显著关联性的路径假设，可以进一步构建集群共享经济要素影响集群价值共创的综合路径模型。体现集群共享经济体系经济特征的要素涉及新构建的四个概念：集群共享经济、集群竞争力、集群选择力和集群价值共创。

集群共享经济描述的是共享经济环境诱因，集群竞争力和集群选择力分别用来评价影响集群集群价值导向的市场竞争和社会影响力，集群价值共创则可以描述集群共享体系的价值导向。考察集群企业管理者的环境识别和战略选择之间的联系，集群共享经济、集群竞争力和集群选择力都对集群价值共创具有直接影响，（参见单因素路径假设 H1、H3、H4），集群竞争力和集群选择力对集群共享经济影响集群价值共创的路径存在中介效应（H6、H8 和 H9）。以这些假设为依据，可以构建如图 5-11 所示的集群共享经济要素影响集群价值共创导向理论模型。

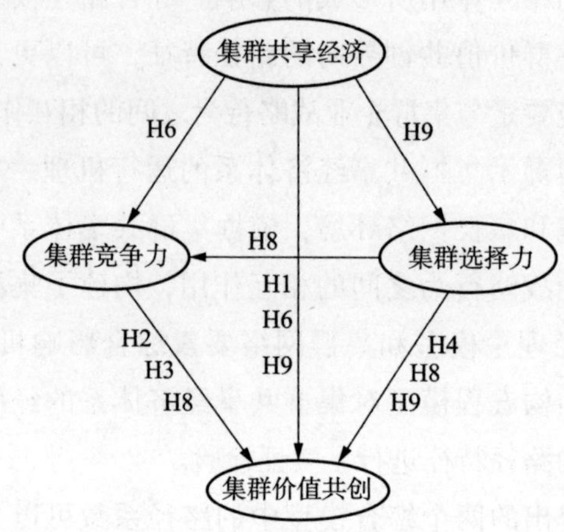

图 5-11　集群共享经济环境要素影响集群价值共创综合路径模型

（二）适配度检验

依据图 5-11 所示的集群共享经济要素影响集群价值共创导向综合路径模型，运用图 4-2、图 4-8、图 4-10 以及图 4-12 中相关潜变量的测度结构，使用 AMOS 软件进行适配度检验，输入样本数据，检验、调试，将达标模型的标准化输出信息中的各适配度指标汇入表 5-32 中。

表 5-32　集群共享经济要素综合影响路径模型适配度指标

统计检验量	适配的标准或临界值	检验结果数据	模型适配度判断
绝对适配度指数			
X^2	p>0.05	744.068（P=0.000<0.050）	不能判断
X^2/DF	<2.00（良好） <3.00（普通）	1.842	良好
RMR	<0.05（良好） <0.08（普通）	0.043	良好
RMSEA	<0.05（良好） <0.08（普通）	0.050	良好
GFI	>0.900 以上	0.878	接近标准
AGFI	>0.900 以上	0.849	接近达标
CN	>200 以上	202	良好

续表

统计检验量	适配的标准或临界值	检验结果数据	模型适配度判断
比较适配度指数			
NFI	>0.900（普通） >0.950（良好）	0.643	未达标
RFI	>0.900（普通） >0.950（良好）	0.589	未达标
IFI	>0.900（普通） >0.950（良好）	0.797	未达标
TLI	>0.900（普通） >0.950（良好）	0.758	未达标
CFI	>0.900（普通） >0.950（良好）	0.790	未达标
简约适配度指数			
PGFI	>0.50 以上	0.714	达标
PNFI	>0.50 以上	0.558	达标
PCFI	>0.50 以上	0.686	达标

依据表 5 - 32 中指标与对标判断结果，经济环境要素综合影响机制模型的绝对适配度达到中等偏上水准，简约适配度达到标准，比较适配度指标未达到标准（主要原因在于潜变量数目较多，样本数量偏少）。表明该模型的适配度尚可，可以运用该模型进行因果路径分析。

（3）路径分析

将 AMOS 软件分析的达标模型的标准化输出信息中关于图 5 - 11 所示的区域经济要素综合影响路径模型中各潜变量与测度变量的回归与因子系数摘选列入表 5 - 33 中。通过表中路径系数及其相关信息，可以综合分析集群共享经济体系中，集群共享经济因素规制集群企业集群价值共创的路径特征。

在表中，EES 代表集群共享经济，ICI 代表集群竞争力，SSS 代表集群选择力，SED 代表集群价值共创，表中其他标签分别代表测度这四个变量的子潜变量和测度题项。

参照表 5 - 33 中数据，除了可持续支持度的因子系数 W27 的显著性略低（P =0.054）外，其他所有因子系数的显著性均超过 0.05 的显著度水准（大多数达到 0.001 的显著度）。因此，集群共享经济环境要素影响集群企业的集群价值共创导向综合机制模型的测度变量结构假设成立，所有潜变量的测度结构合理。依据表5-33中数据和图5-11中所示潜变量结构，可以将具有显著联系的潜变量结构绘制如图5-12所示。

表5-33 集群共享经济要素综合影响路径模型参数表

路径				非标准化参数				标准化参数	
Path			Label	Estimate	S. E.	C. R.	P	R^2	Estimate
SSS	<---	EES	W29	0.701	0.168	4.163	***	0.325	0.570
ICI	<---	EES	W31	0.295	0.155	1.905	0.057	0.097	0.291
ICI	<---	SSS	W33	-0.301	0.130	-2.311	0.021		-0.365
SED	<---	EES	W26	0.422	0.183	2.301	0.021	0.270	0.289
SED	<---	SSS	W30	0.047	0.144	0.324	0.746		0.039
SED	<---	ICI	W32	-0.620	0.187	-3.323	***		-0.431
IS	<---	EES		1.000				0.598	0.773
BS	<---	EES	W24	1.246	0.241	5.173	***	0.891	0.944
MS	<---	EES	W25	0.956	0.209	4.582	***	0.741	0.861
CAA	<---	SED		1.000				0.966	0.983
EPA	<---	SED	W27	0.290	0.151	1.924	0.054	0.107	0.328
SAA	<---	SED	W28	0.513	0.197	2.610	0.009	0.164	0.405
TRSS	<---	BS		1.000				0.303	0.550
IISS	<---	BS	W1	1.089	0.147	7.386	***	0.406	0.637
ESSS	<---	BS	W2	0.953	0.154	6.182	***	0.318	0.564
CCSS	<---	IS		1.000				0.300	0.548
SBSS	<---	IS	W3	0.927	0.173	5.361	***	0.311	0.558
PSSS	<---	IS	W4	0.551	0.141	3.919	***	0.120	0.346
CMSS	<---	MS		1.000				0.262	0.512
HMSS	<---	MS	W5	1.180	0.216	5.473	***	0.305	0.553
EPSS	<---	MS	W6	1.176	0.216	5.437	***	0.301	0.549
MA	<---	SSS		1.000				0.241	0.491
PM	<---	SSS	W7	1.115	0.186	6.000	***	0.286	0.535
COT	<---	SSS	W8	0.974	0.178	5.473	***	0.207	0.455
CR	<---	SSS	W9	0.813	0.160	5.069	***	0.150	0.387
CSP	<---	SSS	W10	1.161	0.185	6.261	***	0.317	0.563
CINR	<---	SSS	W11	0.926	0.165	5.619	***	0.223	0.473
CIV	<---	SSS	W12	1.035	0.174	5.961	***	0.239	0.489

续表

路径				非标准化参数				标准化参数	
Path			Label	Estimate	S. E.	C. R.	P	R^2	Estimate
RPCP	<---	ICI		1.000				0.191	0.437
PICP	<---	ICI	W13	1.198	0.225	5.332	***	0.246	0.496
ICCP	<---	ICI	W14	1.372	0.392	3.497	***	0.287	0.536
CCCP	<---	ICI	W15	1.400	0.334	4.188	***	0.324	0.569
SCCP	<---	ICI	W16	1.132	0.313	3.617	***	0.187	0.433
POAA	<---	EPA		1.000				0.331	0.576
WAAA	<---	EPA	W17	0.781	0.368	2.123	0.034	0.225	0.475
ENAA	<---	EPA	W18	0.925	0.400	2.312	0.021	0.297	0.545
HAAA	<---	SAA		1.000				0.623	0.789
CIAA	<---	SAA	W19	0.408	0.181	2.251	0.024	0.126	0.355
SQAA	<---	SAA	W20	0.720	0.231	3.110	0.002	0.346	0.588
CRSA	<---	CAA		1.000				0.361	0.601
CMAA	<---	CAA	W21	1.098	0.211	5.206	***	0.402	0.634
CPUA	<---	CAA	W22	0.931	0.169	5.516	***	0.299	0.547
CTRA	<---	CAA	W23	1.052	0.181	5.828	***	0.412	0.642

注：*** P<0.001 非标准化参数估计值为 1.000 者为参照指标变量

对比单路径检验模型，参照综合影响路径的潜变量结构以及路径参数。相互作用路径系数分别为 W29 =0.570，P 值达到 0.001 的显著水准、W31 = 0.291，P =0.057（接近 0.05 显著水准）、W33 = -0.365，P =0.021（达到 0.05 显著水准）。直接路径系数分别为：W26 =0.289，P =0.021（达到 0.05 显著水准）、W30 =0.039，P =0.746（显著水准低）、W32 = -0.431，P 值达到 0.001 显著水准。图 5-11 理论模型中除 W30 所有路径假设得到验证。

集群共享经济三个层面要素之间的关联度分别为：集群共享影响集群价值共创导向 $R^2_{EES \to SSS}=0.325$；集群共享经济、集群选择力影响集群竞争力 $R^2_{EES \to ICI, SSS \to ICI,}=0.097$，集群共享经济、集群选择力和集群竞争力影响集群价值共创导向 $R^2_{EES \to SED, SSS \to SED, ICI \to SED}=0.270$。这些关联度系数验证了图 6-39 中集群共享经济环境要素影响机制层次结构的合理性。

依据图 5-12，集群共享经济影响集群价值共创导向效应的综合路径有三条。其中一条为直接路径，两条为间接路径。

第一条为直接路径，其路径系数 $W_{EES \to SED}$ = W26 = 0.289，说明集群共享经济具有直接促进作用。第二条为间接路径，其路径系数 $W_{EES \to ICI \to SED}$ = W31 * W32 = 0.291 * (-0.431) = -0.125，说明在集群竞争力的中介作用下，集群共享经济抑制集群价值共创导向。第三条路径为间接路径，路径系数 $W_{EES \to SSS \to ICI \to SED}$ = W29 * W33 * W32 = 0.570 * (-0.365) * (-0.431) = 0.090。说明集群选择力可以抵减集群竞争力对集群价值共创的削弱作用。

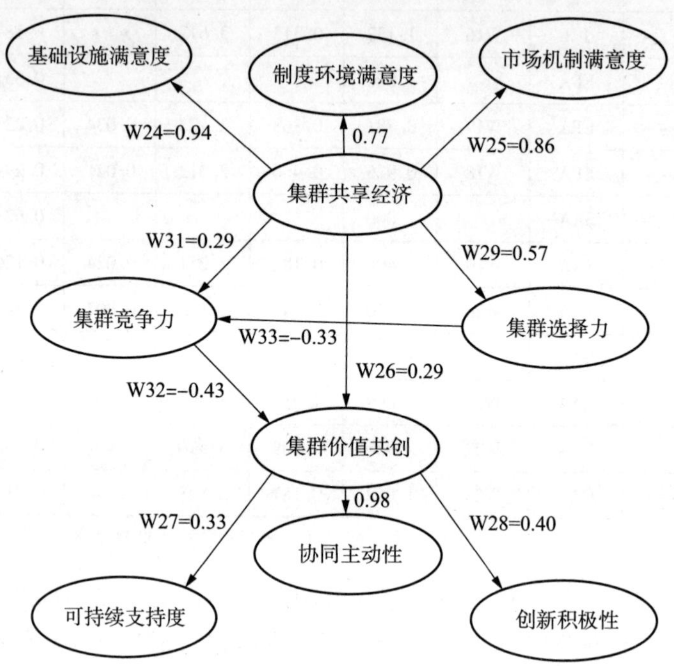

图 5-12 集群共享经济影响集群价值共创综合路径示意图

将决定集群共享经济综合影响机制效应的三条路径系数以及集群共享经济和集群价值共创导向的一阶因子系数汇入表 5-34 中。

表 5-34 集群共享经济要素综合影响机制路径系数

自变量		路径		因变量		影响系数
名称	因数(X)	标识	系数(M)	名称	因数(Y)	$W_{IJT} = (X_I * M_J * Y_T)$
基础设施满意度	$X_1 = 0.94$	EES→SED	$M_1 = 0.289$	可持续支持度	$Y_1 = 0.33$	$W_{111} = 0.090$
				协同主动性	$Y_2 = 0.98$	$W_{112} = 0.266$
				竞争积极性	$Y_3 = 0.40$	$W_{113} = 0.109$
				小计($W_{111} + W1_{12} + W_{113}$)		$W_{11} = 0.465$

续表

自变量		路径		因变量		影响系数
名称	因数(X)	标识	系数(M)	名称	因数(Y)	$W_{IJT}=(X_I*M_J*Y_T)$
基础设施满意度	$X_1=0.94$	EES→ICI→SED	$M_2=-0.125$	可持续支持度	$Y_1=0.33$	$W_{121}=-0.039$
				协同主动性	$Y_2=0.98$	$W_{122}=-0.115$
				竞争积极性	$Y_3=0.40$	$W_{123}=-0.003$
				小计($W_{121}+W_{122}+W_{123}$)		$W_{12}=-0.157$
		EES→SSS→ICI→SED	$M_3=0.009$	可持续支持度	$Y_1=0.33$	$W_{131}=0.003$
				协同主动性	$Y_2=0.98$	$W_{132}=0.008$
				竞争积极性	$Y_3=0.40$	$W_{133}=0.004$
				小计($W_{131}+W_{132}+W_{133}$)		$W_{13}=0.015$
	累计 $W_1=W_{11}+W_{12}+W_{13}$					0.323
制度环境满意度	$X_2=0.77$	EES→SED	$M_1=0.289$	可持续支持度	$Y_1=0.33$	$W_{211}=0.073$
				协同主动性	$Y_2=0.98$	$W_{212}=0.218$
				竞争积极性	$Y_3=0.40$	$W_{213}=0.089$
				小计($W_{211}+W_{212}+W_{213}$)		$W_{21}=0.38$
		EES→ICI→SED	$M_2=-0.125$	可持续支持度	$Y_1=0.33$	$W_{221}=-0.032$
				协同主动性	$Y_2=0.98$	$W_{222}=-0.094$
				竞争积极性	$Y_3=0.40$	$W_{223}=-0.039$
				小计($W_{221}+W_{222}+W_{223}$)		$W_{22}=-0.165$
		EES→SSS→ICI→SED	$M_3=0.009$	可持续支持度	$Y_1=0.33$	$W_{231}=0.002$
				协同主动性	$Y_2=0.98$	$W_{232}=0.007$
				竞争积极性	$Y_3=0.40$	$W_{233}=0.003$
				小计($W_{231}+W_{232}+W_{233}$)		$W_{23}=0.012$
	累计($W_{21}+W_{22}+W_{23}$)					$W_2=0.227$
市场机制满意度	$X_3=0.86$	EES→SED	$M_1=0.289$	可持续支持度	$Y_1=0.33$	$W_{311}=0.082$
				协同主动性	$Y_2=0.98$	$W_{312}=0.244$
				竞争积极性	$Y_3=0.40$	$W_{313}=0.099$
				小计($W_{311}+W_{312}+W_{313}$)		$W_{31}=0.425$
		EES→ICI→SED	$M_2=-0.125$	可持续支持度	$Y_1=0.33$	$W_{321}=-0.035$
				协同主动性	$Y_2=0.98$	$W_{322}=-0.105$
				竞争积极性	$Y_3=0.40$	$W_{323}=-0.043$
				小计($W_{321}+W_{322}+W_{323}$)		$W_{32}=-0.183$
		EES→SSS→ICI→SED	$M_3=0.009$	可持续支持度	$Y_1=0.33$	$W_{331}=0.003$
				协同主动性	$Y_2=0.98$	$W_{332}=0.008$

续表

<table>
<tr><th colspan="2">自变量</th><th colspan="2">路径</th><th colspan="2">因变量</th><th rowspan="2">影响系数
$W_{IJT}=(X_I*M_J*Y_T)$</th></tr>
<tr><th>名称</th><th>因数(X)</th><th>标识</th><th>系数(M)</th><th>名称</th><th>因数(Y)</th></tr>
<tr><td rowspan="3">市场机制满意度</td><td rowspan="2">$X_3=0.86$</td><td rowspan="2">EES→SSS→ICI→SED</td><td rowspan="2">$M_3=0.009$</td><td>竞争积极性</td><td>$Y_3=0.40$</td><td>$W_{333}=0.003$</td></tr>
<tr><td colspan="2">小计($W_{331}+W_{332}+W_{333}$)</td><td>$W_{33}=0.014$</td></tr>
<tr><td colspan="5">累计($W_{31}+W_{32}+W_{33}$)</td><td>$W_3=0.256$</td></tr>
<tr><td colspan="6">总计($W_3+W_3+W_3$)</td><td>$W=0.806$</td></tr>
</table>

参照图5-12，依据表5-27，集群共享经济要素显著影响集群价值共创导向的路径系数为W=0.806，说明共享经济要素对集群企业集群价值共创导向的影响程度较大，其中基础设施满意度的促进作用最大（$W_1=0.323$），其次是市场机制满意度（$W_3$0.256），最后是制度环境满意度（$W_2=0.227$）。

在基础设施满意度中，可持续支持度的路径系数 $W_{1J1}=0.054$；协同主动性的影响路径系数为 $W_{1J2}=0.159$，竞争积极性的为 $W_{1J2}=0.110$。说明基础设施满意度对协同积极性促进作用较大，其次是竞争积极性，再次是可持续支持度。

制度环境满意度影响集群价值共创导向路径中可持续支持度的路径系数 $W_{2J1}=0.043$；影响协同主动性的路径系数为 $W_{2J2}=0.131$；影响竞争积极性的路径系数为 $W_{2J3}=0.053$。这说明制度环境满意度对协同主动性影响较大，其次是竞争积极性，再次是可持续支持度。

市场机制满意度影响集群价值共创导向中可持续支持度的路径系数 $W_{3J1}=0.050$；影响协同主动性的路径系数为 $W_{3J2}=0.147$；影响竞争积极性的路径系数为 $W_{3J3}=0.059$。这说明制度环境满意度对协同主动性影响较大，其次是竞争积极性，再次是可持续支持度。

集群共享经济影响集群价值共创导向中可持续支持度的路径系数 $W_1=0.147$；影响协同主动性的路径系数为 $W_2=0.437$；影响竞争积极性的路径系数为 $W_3=0.222$。这说明集群共享经济对协同主动性影响较大，其次是竞争积极性，再次是可持续支持度。总影响系数 $W=0.806$，表明集群共享经济可以较大程度地促进集群企业集群价值共创导向。

4. 结论分析与政策启示

(1) 结论分析

通过理论与实证检验，本书得出如下结论并在相关理论领域实现了创新。

第一，集群共享经济概念的测度结构 CFA 检验通过，表明产业集群中存在更为丰富的共享经济诱因。集群共享经济可以用来更为系统地评价集群企业选择共享经济模式的动机。这一概念及其测评方法丰富了主流共享经济理论中的共享动机理论。

第二，集群竞争力和集群选择力的测度结构 CFA 检验通过，表明影响集群企业共享经济模式所能创造的共享价值结构的环境因素中除了传统的经济力量，还有影响经济结构与演进机制的社会力量。两个概念可以更为全面地评估集群企业共享经济模式的区域环境特征，从而提供关于集群共享环境分析的新的理论工具。

第三，集群价值共创测度结构的 CFA 检验通过，而且集群共享经济在经济竞争力和集群选择力作用下与之具有直接或间接的内在联系，表明集群价值共创是实现集群企业共享经济可持续发展的有效战略路径。集群价值共创为集群企业谋求可持续发展能力指明了方向，丰富了企业共享经济理论中的关于可持续战略的范畴。

第四，通过集群竞争力和集群选择力对集群共享经济影响集群企业集群价值导向的中介效应检验，验证了集群企业共享经济体系中存在的双边或多边治理机制下利益相关者主导的经济和社会网络影响力量。这些力量影响集群企业共享经济的环境诱因以及集群企业的集群价值共创导向，这些研究成果丰富了主流共享经济理论中的多边市场理论和主流战略和组织理论中的战略环境分析理论。

第五，结构方程模型中实证检验结果表明，集群共享经济在集群竞争力和集群选择力的影响下可以促进集群价值共创，这是存在与共享环境与共创价值行为之间的集群企业共享经济可持续发展的基本逻辑框架。社会选择力不直接影响而是通过影响集群竞争力间接促进集群价值共创，表明市场机制是促进集群企业共享经济模式可持续发展的根本动力。这些命题丰富了共享经济理论中的多边市场理论。

（2）政策启示

本节的研究成果以及其他章节的相关研究成果对于政府管理部门和集群企业管理都具有重要的政策启示。

第一，政府管理部门在制定促进集群企业共享经济时，不能只通过减低税收、提高大数据和数字平台服务水准降低交易成本的方式促进共享经济的发展，还要考虑到扩大集群共享经济资源的类别、提高公共服务水准并通过竞争机制提高共享经济资源的配置和价值转化效率。这样更有利于集群范围内共享经济的可持续性。政府的首要管理职能仍然是维系或调节市场竞争。

第二，集群企业管理者选择和实施共享经济模式应系统考虑产业集群环境中的多种共享经济资源，综合选择多种共享形式，权衡共享经济环境中的经济和社会力量，选择为利益相关者创造共享价值的有效战略路径，实现共享经济模式的可持续发展。共享产业聚合优势是实现共享经济的有利条件，创造共享价值是实现共享经济模式可持续发展的根本路径，市场竞争和社会选择是检验共享经济模式可持续性的试金石。

第三，产业集群是现代经济的主要存在形式，共享经济是实现新旧动能转化的内源经济动力。本书结论与实现的创新对于盘活产业集群范围的存量资本、提高协同创新和生产水平、催生新的业态、加深互联网技术与其他产业之间的融合具有一定的解释力。本书的研究成果对于如何通过促进集群企业共享经济，推动供给侧改革效果、促进两化融合、提高产业集群创新与升级能力具有一定的实践意义。

二、集群共享网络要素综合影响路径检验与机制分析

图 5－12 展示的路径特征可以用来系统分析集群共享体系中共享经济环境要素对集群价值共创导向的影响。这一模型虽然加入体现共享经济体系社会影响力的集群选择力要素，但是没能将集群网络结构特征纳入分析范式之中。本节将利用关于集群共享经济体系中集群网络要素影响集群价值共创的单路径假设、双因素交互作用假设和中介效应的研究成果，构建集群共享网络要素影响集群价值共创导向的综合路径模型。

这一模型选取集群社会资本、集群竞争力、集群选择力以及集群价值共创为潜变量。运用本章第一节、第二节关于集群社会资本、集群竞争力和集群选择力影响集群价值共创的单路径假设、交互作用假设和中介效应假设的研究成果的基础上，进一步研究这些潜变量之间的相互联系。与前面的单一或中介效应检验的研究成果相比，集群共享网络要素影响集群价值共创的综合路径系数可以更为系统而真实地揭示集群共享网络规制集群企业战略行为的路径特征。

（一）理论模型

集群企业共享经济模式所处的集群网络环境要素涉及三个核心概念：集群社会资本、集群竞争力和集群选择力。集群社会资本可以以评价集群企业

所能拥有的集群网络资源，可以用来提高识别共享经济、整合共享经济资源的能力。集群竞争力和集群选择力是影响集群网络形成和演进的市场竞争和社会规制力量，这两种力量都对集群企业社会资本的形成和利用具有重要影响，是集群社会资本影响集群价值共创的中介变量。

参照图2-3的理论模型，依据第一节和第二节中得到检验的具有显著路径系数的单因素路径假设H2-4，交互作用和中介效应假设H6-8、H10，构建集群网络要素影响集群企业集群价值共创导向综合模型如图5-13所示。

从图示5-13中可以看出，在集群网络要素影响集群价值共创综合模型中，集群网络要素集群社会资本、集群竞争力和集群选择力之间存在相互作用，这些要素影响集群价值共创的直接路径和中介路径均是多种效应叠加的结果。从严格意义上讲，第一节和第二节所进行的相关实证研究是为综合路径模型的构建奠定基础。只有综合路径模型中的路径系数，才可以系统而真实地揭示集群共享体系中集群网络要素规制集群价值共创导向的路径特征。

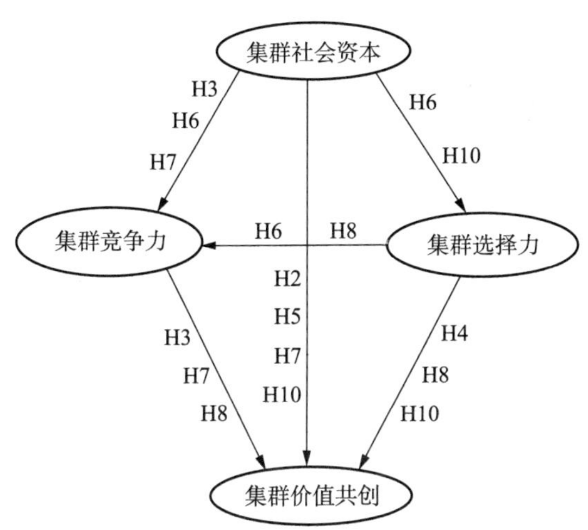

图5-13 集群网络要素影响集群价值共创综合路径模型

（二）适配度检验

依据图5-13中理论模型，图4-5、图4-8、图4-10以及图4-12中各潜变量的测度结构，绘制结构方程模型，输入样本数据，运行、检验与调整，将达标模型的标准化输出信息中的各适配度指标汇入表5-35中。

表 5-35 集群网络要素影响集群价值共创综合路径模型适配度

统计检验量	适配的标准或临界值	检验结果数据	模型适配度判断
绝对适配度指数			
X^2	$p>0.05$	726.857（P=0.000<0.050）	不能判断
X^2/DF	<2.00（良好） <3.00（普通）	1.679	良好
RMR	<0.05（良好） <0.08（普通）	0.042	良好
RMSEA	<0.05（良好） <0.08（普通）	0.045	良好
GFI	>0.900 以上	0.886	接近标准
AGFI	>0.900 以上	0.861	接近达标
CN	>200 以上	221	良好
比较适配度指数			
NFI	>0.900（普通） >0.950（良好）	0.670	未达标
RFI	>0.900（普通） >0.950（良好）	0.622	未达标
IFI	>0.900（普通） >0.950（良好）	0.834	接近达标
TLI	>0.900（普通） >0.950（良好）	0.803	接近达标
CFI	>0.900（普通） >0.950（良好）	0.828	接近达标
简约适配度指数			
PGFI	>0.50 以上	0.726	达标
PNFI	>0.50 以上	0.585	达标
PCFI	>0.50 以上	0.723	达标

依据表 6-28 中指标与对标判断结果，集群网络要素综合影响路径模型的绝对适配度达到中等偏上水准，简约适配度达到标准，比较适配度指标未达到标准（主要原因在于潜变量数目较多，样本数量偏少）。这表明该模型的适配度尚可，不妨运用该模型进行因果路径分析。

（三）路径分析

将达标模型检验结果的标准化输出信息中，各潜变量与测度变量的回归与因子系数列入表 5-36 中。

表 5－36　集群网络要素影响集群价值共创综合路径回归系数摘要

路径				非标准化参数				标准化参数	
Path			Label	Estimate	S. E.	C. R.	P	R^2	Estimate
SSS	<---	NTS	W29	0.826	0.145	5.705	***	0.465	0.682
ICI	<---	NTS	W28	0.577	0.172	3.364	***	0.307	0.724
ICI	<---	SSS	W32	−0.433	0.137	−3.151	0.002	−0.659	
SED	<---	ICI	W30	−0.596	0.183	−3.252	0.001	0.224	−0.389
SED	<---	SSS	W31	0.215	0.097	2.211	0.027	0.213	
PTS	<---	NTS		1.000				0.946	0.973
ITS	<---	NTS	W26	0.673	0.137	4.907	***	0.782	0.885
CTS	<---	NTS	W27	1.018	0.160	6.366	***	0.917	0.957
CAA	<---	SED		1.000				0.809	0.900
EPA	<---	SED	W34	0.363	0.186	1.950	0.051	0.157	0.396
SAA	<---	SED	W35	0.564	0.237	2.382	0.017	0.412	0.642
CIRS	<---	ITS		1.000				0.169	0.411
CIHS	<---	ITS	W1	1.246	0.234	5.325	***	0.277	0.526
CICS	<---	ITS	W2	1.470	0.279	5.270	***	0.342	0.585
CSHS	<---	CTS		1.000				0.322	0.568
CSAS	<---	CTS	W3	0.892	0.131	6.789	***	0.257	0.507
CSCS	<---	CTS	W4	0.986	0.144	6.831	***	0.288	0.537
CPRS	<---	PTS		1.000				0.256	0.506
CPTS	<---	PTS	W5	0.991	0.152	6.537	***	0.255	0.505
CPHS	<---	PTS	W6	0.952	0.151	6.294	***	0.247	0.497
CPAS	<---	PTS	W7	1.011	0.161	6.282	***	0.279	0.528
POAA	<---	EPA		1.000				0.331	0.576
WAAA	<---	EPA	W8	0.766	0.285	2.691	0.007	0.217	0.466
ENAA	<---	EPA	W9	0.820	0.309	2.653	0.008	0.233	0.483
HAAA	<---	SAA		1.000				0.280	0.529
CIAA	<---	SAA	W10	0.591	0.182	3.251	0.001	0.119	0.345
SQAA	<---	SAA	W11	0.696	0.237	2.930	0.003	0.145	0.381
CTRA	<---	CAA		1.000				0.416	0.645
CRSA	<---	CAA	W12	1.006	0.152	6.611	***	0.408	0.639
CMAA	<---	CAA	W13	0.957	0.171	5.593	***	0.342	0.585
CPUA	<---	CAA	W14	0.861	0.172	5.013	***	0.286	0.535
RPCP	<---	ICI		1.000				0.157	0.396

续表

路径				非标准化参数				标准化参数	
Path			Label	Estimate	S. E.	C. R.	P	R^2	Estimate
PICP	<---	ICI	W15	1. 338	0. 240	5. 573	***	0. 252	0. 502
ICCP	<---	ICI	W16	1. 628	0. 438	3. 716	***	0. 332	0. 576
CCCP	<---	ICI	W17	1. 531	0. 322	4. 748	***	0. 319	0. 565
SCCP	<---	ICI	W18	1. 407	0. 362	3. 880	***	0. 238	0. 488
MA	<---	SSS		1. 000				0. 312	0. 558
PM	<---	SSS	W19	1. 027	0. 155	6. 638	***	0. 314	0. 561
COT	<---	SSS	W20	0. 802	0. 145	5. 551	***	0. 182	0. 427
CR	<---	SSS	W21	0. 813	0. 144	5. 630	***	0. 193	0. 440
CSP	<---	SSS	W22	0. 969	0. 150	6. 449	***	0. 286	0. 535
CINR	<---	SSS	W23	0. 724	0. 134	5. 383	***	0. 177	0. 420
CIV	<---	SSS	W24	0. 909	0. 144	6. 295	***	0. 238	0. 488

注：*** P<0. 001 非标准化参数估计值为 1. 000 者为参照指标变量

参照表 5－36 中数据，除了可持续支持度的因子系数 W27 的显著性略低（P＝0. 051）外，其他所有因子系数的显著性均超过 0. 05 的显著度水准（大多数达到 0. 001 的显著度），因此，集群网络要素综合影响路径模型的测度变量结构假设成立，所有潜变量的测度结构合理。以图 5－11 中结构和表 5－26 中具有显著性的路径系数为依据，绘制图 5－14 的潜变量结构示意图。

对比图 5－3、图 5－5 和图 5－7 示的集群社会资本、集群竞争力和集群选择力的单路径检验模型。参照图 5－14 中所示的潜变量结构以及表 5－29 中的路径参数。集群网络要素之间相互作用的路径系数分别为：$W29=0.682$，P 值达到 0. 001、$W28=0.724$，P 值达到 0. 001 的显著水准、$W32=-0.659$，$P=0.002$（达到 0. 005 显著水准）、$W30=-0.389$，P 值达到 0. 001 的显著水准、$W31=0.213$，$P=0.0027$（达到 0. 005）水准。这些路径系数的显著性水准均超过 0. 005，因此，关于集群网络要素之间相互作用的路径系数假设得以验证。

在集群共享经济体系中，集群网络环境三个层次要素之间的关联度分别为：集群社会资本影响集群价值共创 $R^2_{NTS\to SSS}=0.465$；集群社会资本、集群选择力影响集群竞争力 $R^2_{EES\to ICI,SSS\to ICI,}=0.307$，集群选择力和集群竞争力影响集群价值共创导向 $R^2_{SSS\to SED,ICI\to SED}=0.224$。这些关联度系数验证了图 5－13 中集群网络要素影响机制层次结构的合理性。依据图5-14，决定集群社会影响集群价值共创效应的集群网络综合影响机制有三条路径。

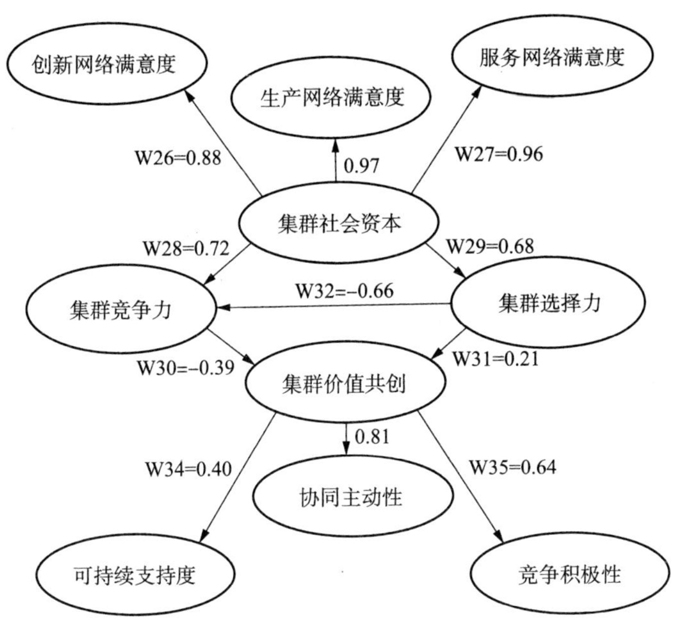

图5-14　集群网络要素影响集群价值共创综合路径示意图

第一条为路径为集群社会资本通过集群竞争力的中介作用影响集群价值共创导向，其路径系数 $W_{NTS \to ICI \to SED} = W28 * W30 = 0.72 * (-0.39) = -0.281$。说明在集群竞争力的中介作用下，集群企业社会资本抑制集群价值共创导向，即企业管理者具有内化社会资本、回避竞争、忽视可持续发展的战略倾向。

第二条路径为集群社会资本通过集群选择力影响集群价值共创导向，其路径系数 $W_{NTS \to SSS \to SED} = W29 * W31 = 0.68 * 0.21 = 0.143$，说明在集群选择力的中介作用下，集群社会资本促进集群价值共创导向，即在利益相关者主导的社会选择机制的作用下，集群企业管理者具有重视可持续发展问题、贡献社会资本以及积极参与竞争的时空战略倾向。

第三条路径为集群社会资本-集群选择力-集群竞争力，再通过集群竞争力的中介作用影响集群企业的集群价值共创导向，其路径系数为 $W_{NTS \to SSS \to ICI \to SED} = W29 * W32 * W30 = 0.680 * (-0.660) * (-0.390) = 0.175$。这说明集群社会资本可以通过集群选择力的中介作用弱化集群竞争力从而促进集群企业的集群价值共创导向。

将决定集群网络要素影响集群价值共创综合效应的三条路径系数以及集群社会资本以及集群价值共创的一阶因子系数汇入表5-37中，可以进行更为细致的解读，在集群网络综合影响机制作用下，集群社会资本的一阶变量的结构特征以及集群企业的集群价值共创导向的结构特征，从而更为详尽地解读集群网络要素影响集群企业集群价值共创综合路径的路径特点。

表5-37　集群网络要素影响集群价值共创综合路径系数

自变量		路径		因变量		影响系数
名称	因数(X)	标识	系数(M)	名称	因数(Y)	$W_{IJT}=(X_I*M_J*Y_T)$
创新网络满意度	$X_1=0.88$	NTS→ICI→SED	$M_1=-0.281$	可持续支持度	$Y_1=0.40$	$W_{111}=-0.099$
				协同主动性	$Y_2=0.81$	$W_{112}=-0.200$
				竞争积极性	$Y_3=0.64$	$W_{113}=-0.158$
				小计($W_{111}+W_{112}+W_{113}$)		$W_{11}=-0.475$
		NTS→SSS→SED	$M_2=0.143$	可持续支持度	$Y_1=0.40$	$W_{121}=0.006$
				协同主动性	$Y_2=0.81$	$W_{122}=0.102$
				竞争积极性	$Y_3=0.64$	$W_{123}=0.080$
				小计($W_{121}+W_{122}+W_{123}$)		$W_{12}=0.188$
		NTS→SSS→ICI→SED	$M_3=0.175$	可持续支持度	$Y_1=0.40$	$W_{131}=0.062$
				协同主动性	$Y_2=0.81$	$W_{132}=0.125$
				竞争积极性	$Y_3=0.64$	$W_{133}=0.099$
				小计($W_{131}+W_{132}+W_{133}$)		$W_{13}=0.286$
	累计($W_{11}+W_{12}+W_{13}$)					$W_1=-0.001$
生产网络满意度	$X_2=0.97$	NTS→ICI→SED	$M_1=-0.281$	可持续支持度	$Y_1=0.40$	$W_{211}=-0.109$
				协同主动性	$Y_2=0.81$	$W_{212}=-0.221$
				竞争积极性	$Y_3=0.64$	$W_{213}=-0.175$
				小计($W_{211}+W_{212}+W_{213}$)		$W_{21}=-0.505$
		NTS→SSS→SED	$M_2=0.143$	可持续支持度	$Y_1=0.40$	$W_{221}=0.056$
				协同主动性	$Y_2=0.81$	$W_{222}=0.113$
				竞争积极性	$Y_3=0.64$	$W_{223}=0.089$
				小计($W_{221}+W_{222}+W_{223}$)		$W_{22}=0.258$
		NTS→SSS→ICI→SED	$M_3=0.175$	可持续支持度	$Y_1=0.40$	$W_{231}=0.068$
				协同主动性	$Y_2=0.81$	$W_{232}=0.138$
				竞争积极性	$Y_3=0.64$	$W_{233}=0.109$
				小计($W_{231}+W_{232}+W_{233}$)		$W_{23}=0.315$
	累计($W_{21}+W_{22}+W_{23}$)					$W_2=0.068$

续表

自变量		路径		因变量		影响系数
名称	因数(X)	标识	系数(M)	名称	因数(Y)	$W_{IJT}=(X_I*M_J*Y_T)$
服务网络满意度	$X_3=0.96$	NTS→ICI→SED	$M_1=-0.281$	可持续支持度	$Y_1=0.40$	$W_{311}=-0.108$
				协同主动性	$Y_2=0.81$	$W_{312}=-0.022$
				竞争积极性	$Y_3=0.64$	$W_{313}=-0.173$
				小计($W_{311}+W_{312}+W_{313}$)		$W_{31}=-0.303$
		NTS→SSS→SED	$M_2=0.143$	可持续支持度	$Y_1=0.40$	$W_{321}=0.055$
				协同主动性	$Y_2=0.81$	$W_{322}=0.111$
				竞争积极性	$Y_3=0.64$	$W_{323}=0.088$
				小计($W_{321}+W_{322}+W_{323}$)		$W_{32}=0.254$
		NTS→SSS→ICI→SED	$M_3=0.175$	可持续支持度	$Y_1=0.40$	$W_{331}=0.067$
				协同主动性	$Y_2=0.81$	$W_{332}=0.136$
				竞争积极性	$Y_3=0.64$	$W_{333}=0.108$
				小计($W_{331}+W_{332}+W_{333}$)		$W_{33}=0.311$
	累计($W_{31}+W_{32}+W_{33}$)					$W_3=0.262$
总计($W_1+W_2+W_3$)						$W=0.329$

参照图5－14，依据表5－37中路径系数，集群社会资本显著影响集群企业的集群价值共创导向的路径系数为 $W=0.329$，其中创新网络满意度为 $W_1=-0.001$，生产网络满意度的路径系数为 $W_2=0.068$，服务网络满意度为 $W_3=0.262$。这说明在集群网络要素综合影响机制作用下，创新网络满意度抑制集群价值共创导向（在竞争力影响下，集群企业管理者具有微弱的逆向选择倾向），生产网络满意度和服务网络满意度促进集群企业集群价值共创导向。

在创新网络满意度影响集群价值共创导向中，可持续支持度的路径系数 $W_{1J1}=-0.031$；协同主动性为 $W_{1J2}=0.027$，竞争积极性为 $W_{1J2}=0.021$。这说明创新网络满意度对可持续支持度具有抑制作用，对协同主动性和竞争积极性则具有促进作用。在集群网络要素的综合作用下，集群环境良好的创新网络会促使集群企业选择协同生产和创新以及塑造产业竞争，但是产业竞争的压力会忽略可持续发展问题。

在生产网络满意度影响社会创业导向中，可持续支持度的路径系数 $W_{2J1}=0.015$；影响协同主动性的路径系数为 $W_{2J2}=0.030$；影响竞争积极性的路径系数为 $W_{2J3}=0.023$。这说明在集群网络要素综合影响下，生产网络满意度可以提高集群企业管理者协同主动性以及可持续支持度。

在服务网络满意度影响社会创业导向中，可持续支持度的路径系数 $W_{3J1}=0.014$；影响协同主动性的路径系数为 $W_{3J2}=0.225$；影响竞争积极性的路径系数为 $W_{3J3}=0.023$。这说明服务网络满意度对集群企业协同主动性促进作用较大，其次是竞争积极性，再次是可持续支持度。

第四节 结论分析与政策启示

一、研究发现

依据关于产业集群网络和集群企业行为的相关理论，本书界定了可以用来研究集群网络环境要素的三个定义（集群社会资本、集群竞争力和集群选择力）以及一个测度集群企业战略理性程度的定义（集群价值共创）。在此基础上，借助本章第一节和第二节的关于集群网络要素影响集群企业战略行为的直接路径、交互作用和中介效应的实证研究成果，进一步检验了集群网络要素规制集群企业集群价值共创导向的路径特征。这些研究发现了理论和实践成果。

第一，通过潜变量结构的 CFA 检验，集群社会资本、集群竞争力、集群选择的测度维度设计合理，具有足够的信度和效度。这些新概念的 CFA 检验通过也表明，集群共享经济体系中客观存在规制集群企业战略导向的网络要素即集群社会资本、集群竞争力和集群选择力。这些概念丰富了主流战略管理理论和组织理论中关于集群企业战略环境分析的理论，也丰富了主流共享经济理论中关于集群企业共享经济模式网络环境分析的理论。

第二，集群价值共创概念的 CFA 检验得以通过，表明集群共享经济体系中存理性战略导向，集群价值共创导向反映了集群网络规制的制度逻辑。这一发现拓展了主流战略管理理论和组织理论关于集群企业战略行为研究的应用范畴，这一概念反映了集群企业实现集群共享经济可持续发展的战略动机和战略路径，也弥补了主流共享经济理论中关于集群共享动机、共享方式的不足。集群价值共创既是集群网络规制的战略理性导向，也是集群企业实现共享经济模式可持续发展的有效战略路径。

第三，通过综合理论模型的实证检验，发现集群社会资本与集群价值共创之间不具有显著的直接影响；集群竞争力和就请你选择力对集群价值共创具有显著的直接影响，前者抑制、后者促进集群价值共创导向；集群竞争力和集群选择力对于集群社会影响集群价值共创路径具有显著的中介效应，集群竞争力对于集群选择力促进集群价值共创具有显著的中介效应。这些发现进一步丰富了主流战略管理理论和组织理论中的环境分析范式，也拓展了主流共享经济理论中多边市场理论的范畴，可以更为有效地分析集群企业共享经济模式的集群网络环境规制集群企业战略行为的路径特征。

第四，集群网络属于集群企业共享的社会资本，对集群企业的战略行为并无直接影响，集群企业的集群价值共创导向决定于集群共享经济体系的时空环境中市场竞争和社会选择机制的交互作用，也就是说抛开市场竞争和社会选择力量对集群企业战略行为的影响，研究产业集群网络的结构特征与集群企业行为之间的关联并无实质性意义。

第五，如果将市场竞争和社会选择机制同时纳入集群网络影响集群企业集群价值共创导向的路径分析之中，就会发现：如果市场机制居于主导地位，那么集群社会资本并不能有效促进集群企业的集群价值共创导向，也就是集群企业社会资本主要用于降低成本提高盈利能力。如果社会选择机制居于主导地位，那么集群企业的社会资本可以有效地促进集群企业创造共享价值，但是也会影响到集群企业的短期效益问题。

二、结果讨论

本书从影响产业集群网络结构与演进机制的体制基础解析了集群共享经济体系中，基本经济力量和社会力量对集群社会资本影响集群企业集群价值共创导向的平衡作用机理，因此更为深入而系统地分析了集群共享经济体系中集群网络结构特征影响集群企业战略行为的内在机制。

产业集群理论已经占据一定学术地位，在钻石理论、产业集群理论引导下的国家创新体系建设在世界范围内得到广泛实践，本书构建的理论模型具有较为充分的理论基础。这一节结构方程模型中所有潜变量经过 CFA 检验，具有较高的信度和效度，综合模型的实证检验指标达到了较好的标准，研究结论具有足够的信度和效度。本节的研究发现可以为系统解读集群共享经济体系中集群网络要素规制集群企业的集群价值共创导向提供理论依据。

与前一节得出的演进成果类似，我国乃至世界区域经济或产业集群的产业结构和经济发展具有一定的同构性，集群企业共享经济模式的集群网络环境与治理机制具有相似性。集群企业的集群价值共创可以优化集群共享经济体系的网络结构、形成新业态，促进产业集群中的多产业融合，提高产业集群的协同生产和创新能力。因此，本节的研究成功具有重要的理论和实践意义。

3. 政策启示

产业结构调整与创新升级的重心在集群企业。促进产业结构调整与升级的政策目的在于确保集群企业共享产业聚合经济提高持续竞争优势，同时通过促使集群企业创造共享价值维系并拓展共享经济时空优势。市场竞争和社会选择力量是影响产业集群网络结构是否有利于促进集群企业创造共享价值的内在力量，两种力量相互作用与平衡，决定集群网络结构的形成与创新升级的多维路径特征。因此，促进我国产业结构调整与升级的公共政策不能仅仅停留在制定公共政策和公共政策执行效果的评估，而要重视公共政策对于企业行为的影响以及动态影响过程的治理机制。

政府部门管理机构一方面需要致力于搭建平台，努力提高集群企业的社会资本；另一方面，需要权衡市场竞争和社会选择两种机制的平衡作用。过于激烈的市场竞争可能诱发短期行为、抑制创造共享价值动机、削弱协同效应。必要的市场竞争是激发企业持续投资和创新、提高自主创新能力、抵制垄断行为、优化集群网络结构的体制基础。作为维护市场机制的主体，政府管理机构需要有效维系和强化市场机制，努力构建以中小企业为主的产业集群网络体系，降低进入产业聚合体系的门槛、鼓励竞争、制止垄断之外，还需要通过人力资本投资，不断增加专业技术人才和管理人才的存量和增量，减少集群企业对产业集群内社会资本存量的依赖程度，使企业家精神成为支撑集群社会创业的内在动力。

以创造共享价值为导向的社会选择机制可以引导集群创造共享价值、增强社会创业协同效应、提高共享网络经济效率、促进传统的经济型企业家职能向社会企业家转化，这些职能具有市场竞争不可替代的作用。政府管理部门对于社会选择机制中的双边或多边治理关系具有搭建平台、监控运作和仲裁冲突的作用。因此，调控社会选择机制可以作为政府管理部门的政策基础，通过社会选择优化产业集群网络结构，维系多元利益相关者的利益诉求，协调双边或多边关系，有效促进集群企业创造共享价值。

只有政府制定的公共政策可以有效优化产业集群结构，促进集群网络良性演进，平衡市场竞争和社会选择力量，确保集群网络必要的社会资本存量，并通过促进创造共享价值产生集群网络的社会资本增量，才能够主导构建和维系有效促使集群企业、创造共享价值的网络规制机制。这对于我国现行的供给侧改革、通过双创促进区域经济和产业集群的发展，提高产业或产业集群的创新与升级能力具有重要的现实意义。

第五节　本章小结

这一章运用结构方程模型实证检验了产业聚合要素影响集群企业社会创业导向的环境规制路径特征，第一节检验了环境聚合要素的单路径模型、第二节检验了环境要素的交互作用和中介效应模型，第三节以前两节中检验的显著存在的潜变量路径为溢出，将图 2-3 中集群共享经济环境要素影响集群价值共创导向理论模型分解为集群共享经济要素影响集群价值共创导向综合路径模型和集群网络要素影响集群价值共创导向综合路径模型，运用结构方程模型进行了实证检验，从而实证检验了集群共享经济体系环境要素规制集群企业的集群价值共创导向的多路径特征。

第六章

>>> 集群价值共创力提高共享竞争力实证检验

在检验集群共享经济环境要素规制集群企业集群价值共创导向的路径特征之后，这一章将以集群企业为主体，实证检验集群企业能否通过集群价值共创提高集群企业共享经济模式的可持续发展能力。鉴于主流战略管理和组织理论在研究集群企业主体行为方面存在的不足，本书构建了集群价值共创力、集群网络嵌入力、集群共享竞争力、集群共享生产力和集群共享创新力五个新概念。

集群价值共创力和集群网络嵌入力是提高集群共享竞争力的有效战略路径和组织形式，集群共享生产能力和集群共享创新力是集群共享竞争力两种表现形式。实证检验这五个概念之间的内在联系，可以系统分析集群集群共创力提高集群共享竞争力的路径特征，从而揭示集群价值共创力提高集群企业共享经济模式可持续发展能力的组织机理。

本章依据图 3－4 所示理论模型，依次对集群价值共创力和集群网络嵌入力提高集群共享生产力和集群共享创新力的单路径假设、交互作用假设进行检验。在此基础上，运用显著路径构建综合模型，实证检验集群价值共创力和集群网络嵌入力提高集群共享竞争力的综合路径特征。

第一节 提高集群共享竞争力的单路径检验

一、集群价值共创力提高集群共享生产力

（一）适配度检验

依据假设 P1：集群企业价值共创力越高，其集群共享生产力越高，运用

AMOS 软件绘制结构如图 6－1 所示的因果关系模型，依照图 4－11 和图 4－17 所示的潜变量测度结构，输入样本数据，将达标模型的标准化输出信息中的各适配度指标，汇入表 6－1 中。

表 6－1　集群价值共创力提高集群共享生产力单路径适配度指标

统计检验量	标准或临界值	检验结果数据	适配度判断
绝对适配度指数			
X^2	p >0.05	131.069.931（P =0.002 <0.050）	不能判断
X^2/DF	<2.00（良好） <3.00（普通）	1.573	良好
RMR	<0.05（良好） <0.08（普通）	0.036	良好
RMSEA	<0.05（良好） <0.08（普通）	0.039	良好
GFI	>0.900 以上	0.950	良好
AGFI	>0.900 以上	0.932	良好
CN（0.5）	>200 以上	279	良好
比较适配度指数			
NFI	>0.900（普通） >0.950（良好）	0.866	未达标
RFI	>0.900（普通） >0.950（良好）	0.838	未达标
IFI	>0.900（普通） >0.950（良好）	0.950	良好
TLI	>0.900（普通） >0.950（良好）	0.939	接近良好
CFI	>0.900（普通） >0.950（良好）	0.949	接近良好
简约适配度指数			
PGFI	>0.50 以上	0.689	达标（一般）
PNFI	>0.50 以上	0.717	达标（一般）
PCFI	>0.50 以上	0.787	达标（中等）

依据表 6－1 中指标与对标判断结果，集群价值共创力提高集群共享生产力单路径模型的绝对适配度达到良好水准，简约适配度达到标准，比较适配

度主要指指数 CFI、IFI、TLI 指标已达到或接近良好水准，可以用作路径分析。

（二）路径分析

将模型检验达标的路径系数和因子系数输出结果汇入表 6－2 中。图中英文标签 SED 代表集群价值共创力，CAA、SAA、EPA 分别代表集群价值共创力的子潜变量可持续徐发展支持度、协同主动性和竞争积极性。STPC 代表集群共享生产力，ITPS、CMFS、SPVS NPIV 和 SQIV 分别代表集群共享生产力的测度题项销售增长率、净利润增长率、销售利润率和投资回报率。CPUA、CMPA、CRPA 和 CTRA 分别代表测度可持续支持度的四个测度题项，其他标签则代表测度协同主动性和竞争积极性的测度标签。

表 6－2　集群价值共创力提高集群共享生产力单路径回归系数摘要

路径				非标准化参数				标准化参数	
Name			Label	Estimate	S. E.	C. R.	P	Estimate	R^2
CAA	<---	SED		1. 000				0. 912	0. 832
SAA	<---	SED	W13	0. 327	0. 135	2. 424	0. 015	0. 533	0. 284
EPA	<---	SED	W14	0. 294	0. 145	2. 024	0. 043	0. 387	0. 149
STPC	<---	SED	W15	0. 559	0. 158	3. 530	***	0. 433	0. 187
ITPS	<---	STPC		1. 000				0. 744	0. 554
CMFS	<---	STPC	W1	0. 944	0. 082	11. 510	***	0. 669	0. 448
SPVS	<---	STPC		1. 000				0. 676	0. 457
NPIV	<---	STPC	W3	0. 937	0. 083	11. 267	***	0. 664	0. 441
SQIV	<---	STPC	W4	0. 730	0. 078	9. 377	***	0. 555	0. 308
CPUA	<---	CAA		1. 000				0. 621	0. 385
CMAA	<---	CAA	W5	1. 085	0. 138	7. 863	***	0. 663	0. 440
CRSA	<---	CAA	W6	0. 865	0. 121	7. 144	***	0. 549	0. 301
CTRA	<---	CAA	W7	0. 853	0. 119	7. 158	***	0. 550	0. 303
SQAA	<---	SAA		1. 000				0. 388	0. 150
CIAA	<---	SAA	W8	1. 090	0. 291	3. 743	***	0. 450	0. 203
HAAA	<---	SAA	W9	1. 514	0. 458	3. 304	***	0. 567	0. 322
POAA	<---	EPA		1. 000				0. 485	0. 235
WAAA	<---	EPA	W10	1. 120	0. 232	4. 828	***	0. 573	0. 328
ENAA	<---	EPA	W11	1. 195	0. 251	4. 757	***	0. 593	0. 351

注：***P<0.001 非标准化参数估计值为 1.000 者为参照指标变量

参见表6-2中非标准化参数，图7-2中的所有因子系数和路径参数除W13（0.006）和W14（0.003）外，其余的均达到0.001以上的显著性水准，标准误和临界值均在可以接受的范围之内。因此，可以依据表中非标准和标准化因子与路径参数以及相关系数 R^2 来评价测度变量的影响因子以及潜变量之间的因果路径。W15=0.43，P值达到0.001显著水准，因此，集群价值共创力显著影响集群共享生产力，理论假设P1成立。

依据AMOS软件的标准化输出结构模型，绘制如图6-1所示的潜变量路径示意图。集群价值共创力的因子系数结构表明，集群价值共创力中的协同主动性对集群共享生产力的提升作用最大，其次是竞争积极性。

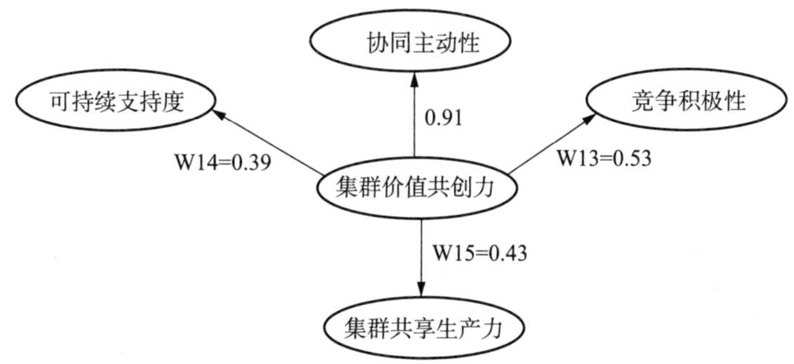

图6-1　集群价值共创力提高集群共享生产力单路径示意图

（三）结论分析和管理启示

1. 结论分析

由于主流战略管理和组织理论均源于非集群企业战略和组织行为的研究，因此缺乏可以具体描述解释集群企业战略行为的理论。集群价值共创力影响集群共享生产力的直接路径得以检验，为研究集群企业战略行为提供了新的范式。

依据这一检验结果，集群企业支持产业集群和区域经济的可持续发展（如提高不可再生资源和能源的利用效率、关注弱势群体等）、主动需求协同生产和创新以及积极竞争（选择更高的质量标准和更挑剔的顾客）都不会影响集群企业共享经济模式的长期盈利空间。

2. 管理启示

图6-1中路径系数表明，集群价值共创力对集群共享生产力具有显著影响，因此，集群企业管理者可以考虑通过提高集群价值共创力来提升企业的

集群生产力。要提升集群价值共创力，就要加大环境保护力度，提高不可再生资源的利用效率，致力于解决社会就业和主动承担社会责任，提高可持续支持度；在供应链、生产、营销、研发等价值链活动中寻求协同机会提高协同的主动性；通过持续的人力资本投资提高集群企业企业家精神，选择更高的质量标准、更挑剔的顾客来提高竞争的积极性，以此来提高集群共享生产力。

由于协同主动性对集群共享生产力的促进作用最大，因此，要主动寻求与协同组织的协作，通过提高协同创新和生产能力来提高集群企业共享经济模式的集群生产力。在集群企业所有价值链活动中都存在着协同的可能性，集群企业可以在集群共享体系中的研发、供应链、营销、生产、人力资源管理、财务管理等诸多环节寻求协同，增强协同主动性，从而提高集群共享生产力。

二、集群价值共创力提升集群共享创新力

（一）适配度检验

依据假设P2：集群价值共创力提升集群共享创新力，依照图4－11和图4－17中所示的潜变量结构图、绘制结构方程模型，运用AMOS软件检验适配度，将指标输入表6－3中。

表6－3　集群价值共创力提高集群共享创新力单路径适配度指标

统计检验量	适配的标准或临界值	检验结果数据	模型适配度判断
绝对适配度指数			
X^2	p＞0.05	118.098	无法判断
X^2/DF	＜2.00（良好） ＜3.00（普通）	1.618	良好
RMR	＜0.05（良好） ＜0.08（普通）	0.036	良好
RMSEA	＜0.05（良好） ＜0.08（普通）	0.043	良好
GFI	＞0.900以上	0.952	良好
AGFI	＞0.900以上	0.931	良好

续表

统计检验量	适配的标准或临界值	检验结果数据	模型适配度判断
CN（0.5）	>200 以上	265	良好
比较适配度指数			
NFI	>0.900（普通） >0.950（良好）	0.810	未达标
RFI	>0.900（普通） >0.950（良好）	0.763	未达标
IFI	>0.900（普通） >0.950（良好）	0.918	达标
TLI	>0.900（普通） >0.950（良好）	0.894	接近达标
CFI	>0.900（普通） >0.950（良好）	0.915	接近良好
简约适配度指数			
PGFI	>0.50 以上	0.662	达标（一般）
PNFI	>0.50 以上	0.649	达标（一般）
PCFI	>0.50 以上	0.734	达标（中等）

依据表 6－3 中指标与对标判断结果，集群价值共创力提升集群共享创新力单路径模型的绝对适配度达到良好水准，简约适配度达到标准，比较适配度主要指指数 CFI、IFI、TLI 指标已达到普通水准。从检验指标的总体状况考察，图 7－4 中的因果模型检验适配度达到标准。

（二）路径分析

将达标模型检验输出的路径和因子系数汇入如表 6－4 中。表中标签 SED 代表集群价值共创力，STTC 代表集群共享创新力，其他标签代表测度这两个变量的子潜变量和测度题项，表中参数为这些变量的因子系数和相关系数。通过表中因子系数和路径系数可以分析集群价值共创力提升集群共享创新力的路径特征。

表 6－4　集群价值共创力提升集群共享创新力单路径回归系数

路径				非标准化参数				标准化参数	
Name			Label	Estimate	S. E.	C. R.	P	Estimate	R^2
CAA	<---	SED		1.000				0.551	0.304
STIC	<---	SED	W12	0.152	0.109	1.402	0.161	0.144	0.021

续表

路径				非标准化参数				标准化参数	
Name			Label	Estimate	S. E.	C. R.	P	Estimate	R^2
SAA	<---	SED	W13	0.846	0.325	2.602	0.009	0.890	0.793
EPA	<---	SED	W14	0.830	0.248	3.351	***	0.563	0.317
ENAA	<---	EPA		1.000				0.573	0.328
WAAA	<---	EPA	W1	0.948	0.170	5.580	***	0.560	0.314
POAA	<---	EPA	W2	0.921	0.190	4.837	***	0.515	0.266
SQAA	<---	SAA		1.000				0.358	0.128
CIAA	<---	SAA	W3	1.171	0.301	3.889	***	0.447	0.200
HAAA	<---	SAA	W4	1.727	0.477	3.619	***	0.597	0.357
CPUA	<---	CAA		1.000				0.612	0.375
CMAA	<---	CAA	W5	1.093	0.144	7.602	***	0.659	0.434
CRSA	<---	CAA	W6	0.901	0.128	7.023	***	0.565	0.319
CTRA	<---	CAA	W7	0.864	0.124	6.968	***	0.549	0.302
NPSR	<---	STIC		1.000				0.395	0.156
NPDL	<---	STIC	W8	1.336	0.304	4.389	***	0.508	0.258
NPCA	<---	STIC	W9	1.545	0.312	4.957	***	0.658	0.433
NPRI	<---	STIC	W10	1.234	0.284	4.342	***	0.496	0.246

注：*** P<0.001 非标准化参数估计值为1.000者为参照指标变量

参见表6-4中非标准化参数，图7-4中所有因子系数和路径参数除W12（0.161）和W14（0.009）外，其余的均达到0.001以上的显著性水准，标准误和临界值均在可以接受的范围之内。因此，可以依据表中非标准和标准化因子与路径参数以及相关系数R^2评价测度变量的影响因子以及潜变量之间的因果路径。W12=0.14，P值为0.160，表明集群价值共创力促进集群共享创新力，但是显著度未达到0.05显著度，因此，理论假设P2得以检验。依据因果模型结构和表6-4中回归系数，可以绘制如图6-2所示的潜变量结构关系图。

依据图6-2，集群价值共创力可以显著促进集群企业的集群共享创新力，表明集群企业可以通过提高可持续支持度、协同的主动性以及竞争积极性等途径提高集群共享创新力。在集群价值共创力的时空路径中，竞争积极性对提升集群共享创新力的作用最大，其次是可持续支持度，最后是协同主动性。这说明集群共享经济体系的时空中，以企业家精神为特征的竞争意识是提高企业创新力的主导力量，市场机制是提高时空创新力的体制基础。

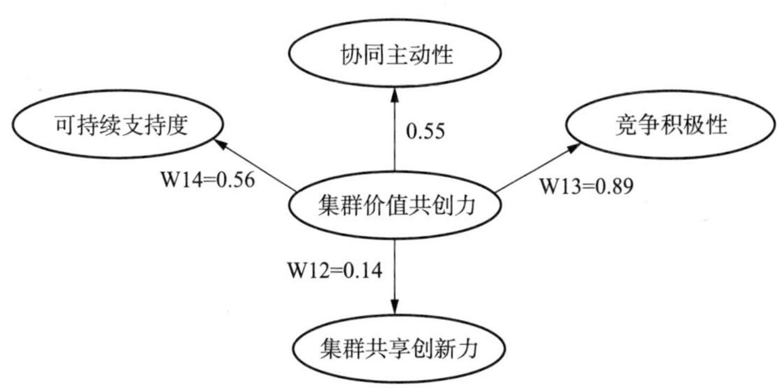

图 6－2 集群价值共创力提升集群共享创新力单路径模型潜变量示意图

（三）结论分析和管理启示

1. 结论分析

传统企业理论中，提高企业创新能力的路径一般有人力资本投资、集群学习、加大研发理论、引进技术等途径。这一部分的实证检验结果说明，集群企业可以通过为利益相关者创造共享价值，通过集群价值共创力获取利益相关者的价值认同、通过提高协同生产或创新能力以及发挥企业家精神等途径提升创新能力。因此，这一结论突破组织边界，为如何通过提高集群企业利益相关者的认可程度、整合外部资源提高创新能力提供了新的解释范式，拓展了关于企业如何提高创新能力的理论范畴。

2. 管理启示

鉴于提高集群价值共创力可以提高集群企业创新能力，企业管理者除了可以采取传统的提高企业创新能力的途径之外，还可以依循提高集群价值共创能力的路径提升创新能力。集群企业可以通过提高集群价值共创力提高集群企业利益相关者的认可程度，增强集群企业社会资本，提高集群企业收集信息、吸收集群溢出知识和整合集群共享经济园的能力。

综合前面的实证检验结果，由于集群价值共创力既可以提升集群共享生产力，又可以集群共享创新力，而企业的生产力和创新力是竞争力的主要表现形式，因此，提高集群价值共创力是提高集群企业共享竞争力的有效战略路径。

三、集群网络嵌入力提高集群共享生产力

（一）适配度检验

依据图 4－15 和图 4－18 中测度结构以及路径假设 P3：集群网络嵌入力提升集群共享创新力，依照运用 AMOS 软禁绘制因果模型，检验调整，将达标模型的标准化输出信息中的各适配度指标汇入表 6－5 中。

表 6－5 集群网络嵌入力提高集群共享生产力单路径适配度指标

统计检验量	适配标准或临界值	检验结果数据	适配度判断
绝对适配度指数			
X^2	$p>0.05$	112.947	不能判断
X^2/DF	<2.00（良好） <3.00（普通）	1.547	良好
RMR	<0.05（良好） <0.08（普通）	0.035	良好
RMSEA	<0.05（良好） <0.08（普通）	0.042	良好
GFI	>0.900 以上	0.951	良好
AGFI	>0.900 以上	0.930	良好
CN（0.5）	>200 以上	262	良好
比较适配度指数			
NFI	>0.900（普通） >0.950（良好）	0.863	未达标
RFI	>0.900（普通） >0.950（良好）	0.830	未达标
IFI	>0.900（普通） >0.950（良好）	0.947	接近良好
TLI	>0.900（普通） >0.950（良好）	0.932	接近良好
CFI	>0.900（普通） >0.950（良好）	0.946	接近良好
简约适配度指数			
PGFI	>0.50 以上	0.661	达标（一般）
PNFI	>0.50 以上	0.692	达标（中等）
PCFI	>0.50 以上	0.759	达标（中等）

依据表6-5，单因素模型的绝对适配度达到良好水准，简约适配度达到标准，比较适配度主要指指数 CFI、IFI、TLI 指标已达到普通水准，接近良好标准。从检验指标的总体状况考察，图6-4中的因果模型检验适配度达到标准。检验模型输出的回归系数可以用来分析潜变量之间的路径关系。

（二）路径分析

运用 AMOS 软件检验相关性模型后，将检验达标的标准化和非标准化输出结果汇入如表6-6中。

表6-6　集群网络嵌入力提高集群共享生产力单路径回归系数摘要

路径				非标准化参数				标准化参数	
Name			Label	Estimate	S. E.	C. R.	P	Estimate	R^2
IC	<---	OST		1.000				0.935	0.886
STPC	<---	OST	W11	0.388	0.158	2.455	0.014	0.208	0.935
DP	<---	OST	W12	0.666	0.180	3.704	***	0.765	0.765
BP	<---	OST	W13	0.943	0.238	3.963	***	0.886	0.208
DPMC	<---	IC		1.000				0.480	0.546
IFSF	<---	IC	W1	0.840	0.175	4.804	***	0.409	0.651
RAFO	<---	IC	W2	1.234	0.226	5.458	***	0.607	0.698
JPAP	<---	DP		1.000				0.395	0.663
SPAP	<---	DP	W3	1.398	0.316	4.420	***	0.499	0.748
TDOP	<---	DP	W4	1.362	0.336	4.057	***	0.518	0.530
CIRD	<---	BP		1.000				0.497	0.560
CPRD	<---	BP	W5	1.297	0.253	5.126	***	0.560	0.497
CGRD	<---	BP	W6	1.145	0.224	5.107	***	0.530	0.518
ITPS	<---	STPC		1.000				0.748	0.499
CMFS	<---	STPC	W7	0.936	0.091	10.275	***	0.663	0.395
SPVS	<---	STPC	W8	1.039	0.096	10.846	***	0.698	0.607
NPIV	<---	STPC	W9	0.919	0.093	9.830	***	0.651	0.409
SQIV	<---	STPC	W10	0.718	0.086	8.339	***	0.546	0.480

注：*** P<0.001 非标准化参数估计值为1.000者为参照指标变量

表中英文标签 OST 代表集群网络嵌入力，DP、IC、BP 分别代表测度集群网络嵌入力的三个子潜变量企业分权程度、整体协调性和边界渗透性，STPC 代表集群共享生产力，其他标签代表测度各潜变量或子潜变量的测度题项。

通过表中因子系数和路径系数，可以了解集群网络嵌入力影响集群共享生产力的路径特征。

参见表6-6中非标准化参数，检验模型中所有因子系数和路径参数除W11（0.014）外，其余的均达到0.001以上的显著性水准，标准误和临界值均在可以接受的范围之内。因此，可以依据表中非标准和标准化因子与路径参数以及信度系数 R^2 评价测度变量的影响因子以及潜变量之间的因果路径。路径系数W11=0.21，P=0.014，说明集群网络嵌入力可以较为显著地提高集群共享生产力，理论假设P3（集群网络嵌入力提高集群共享生产力）得以检验。

以AMOS软件分析中输出的结构方程模型和标准化信息为依据，绘制如图6-3所示的组织适应性提升时空生产力的潜变量结构图。

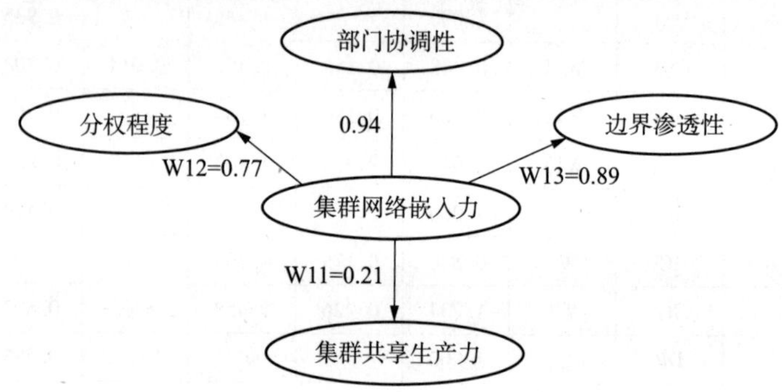

图6-3　集群网络嵌入力提高集群共享生产力单路径潜变量示意图

图中潜变量结构和集群网络嵌入力的因子系数表明，集群企业的部门协调性对集群共享生产力提升作用最大，其次是边界渗透力，最后是分权程度。说明集群企业组织内部协调性是提高生产力的关键，影响协同能力的边界渗透力对生产力也具有较大的影响。

（三）结论分析和管理启示

1. 结论分析

在主流的组织理论中，关于集群企业的开放式组织结构的组织性质已经形成较多的研究成果，关于集群企业组织结构特点与绩效之间的关系也有一些研究成果。这一部分将集群企业的组织结构特征演绎为一种嵌入集群网络的组织能力，并验证这种能力可以提高集群企业生产力。该结论丰富了组织理论中关于集群企业组织属性的结构特点的理论范畴。

2. 管理启示

由于集群企业的集群网络嵌入力可以提高集群共享生产力，因此，集群企业管理可以依据这一实证检验结果，依据集群企业组织结构中影响集群企业共享生产力的具体路径特征，提高和平衡集群企业分权程度、部门协调性和边界渗透性，从而提升集群企业嵌入集群网络的组织能力，提高集群企业获取社会资本，整合社会资源的能力，进而提高集群生产力。

四、集群网络嵌入力提升集群共享创新力

（一）适配度检验

依据假设 P4：集群网络嵌入力越强，集群共享创新力越强，以及图 4－14 和图 4－17 中相关潜变量的测度结构，运用 AMOS 软件检验模型的适配度。绘制结构方程模型，输入样本数据，运行检验，得到图 6－7 所示的标准化输出信息，将信息输入表 6－7 中。

表 6－7　集群网络嵌入力提升集群共享创新力单因素模型适配度

统计检验量	适配标准或临界值	检验结果数据	适配度判断
绝对适配度指数			
X^2	p＞0.05	106.985	不能判断
X^2/DF	＜2.00（良好） ＜3.00（普通）	1.754	良好
RMR	＜0.05（良好） ＜0.08（普通）	0.032	良好
RMSEA	＜0.05（良好） ＜0.08（普通）	0.049	良好
GFI	＞0.900 以上	0.950	良好
AGFI	＞0.900 以上	0.926	良好
CN（0.5）	＞200 以上	236	良好
比较适配度指数			
NFI	＞0.900（普通） ＞0.950（良好）	0.812	未达标
RFI	＞0.900（普通） ＞0.950（良好）	0.830	未达标
IFI	＞0.900（普通） ＞0.950（良好）	0.910	达标

续表

统计检验量	适配标准或临界值	检验结果数据	适配度判断
TLI	>0.900（普通） >0.950（良好）	0.881	接近良好
CFI	>0.900（普通） >0.950（良好）	0.907	达标
简约适配度指数			
PGFI	>0.50 以上	0.637	达标（一般）
PNFI	>0.50 以上	0.635	达标（中等）
PCFI	>0.50 以上	0.709	达标（中等）

依据表 6-7 中指标与对标判断结果，集群网络嵌入力提升集群共享创新力单路径模型的绝对适配度达到良好水准，简约适配度达到标准，比较适配度主要指指数 CFI、IFI 指标已达到水准，TLI 接近标准。从检验指标的总体状况考察，图 6-7 中的因果模型检验适配度达到标准。

（二）路径分析

将模型检验达标的标准化和非标准化输出结果汇入如表 6-8 中，可以据此分析集群网络嵌入力提高集群共享创新力的路径显著性。

表 6-8 集群网络嵌入力提升集群共享创新力单因素模型回归系数摘要

路径				非标准化参数				标准化参数	
Name			Label	Estimate	S. E.	C. R.	P	Estimate	R^2
IC	<---	OTS		1.000				0.948	0.899
STIC	<---	OTS	W11	0.722	0.177	4.085	***	0.690	0.476
BP	<---	OTS	W12	0.952	0.213	4.476	***	0.893	0.797
DP	<---	OTS	W13	0.840	0.204	4.120	***	0.722	0.521
DPMC	<---	IC		1.000				0.467	0.218
IFSF	<---	IC	W1	0.867	0.176	4.923	***	0.411	0.169
RAFO	<---	IC	W2	1.289	0.223	5.776	***	0.618	0.381
CIRD	<---	BP		1.000				0.491	0.242
CPRD	<---	BP	W3	1.309	0.242	5.413	***	0.559	0.312
CGRD	<---	BP	W4	1.178	0.219	5.375	***	0.539	0.290
TDOP	<---	DP		1.000				0.502	0.252
SPAP	<---	DP	W5	1.079	0.241	4.470	***	0.509	0.259
JPAP	<---	DP	W6	0.784	0.191	4.112	***	0.409	0.167
NPSR	<---	STIC		1.000				0.450	0.202
NPDL	<---	STIC	W7	1.141	0.232	4.909	***	0.495	0.245

续表

路径				非标准化参数				标准化参数	
Name			Label	Estimate	S. E.	C. R.	P	Estimate	R^2
NPCA	<---	STIC	W8	1. 269	0. 230	5. 520	***	0. 617	0. 380
NPRI	<---	STIC	W9	1. 102	0. 227	4. 861	***	0. 505	0. 255

注：***P<0.001 非标准化参数估计值为 1.000 者为参照指标变量

参见表 6-8 中非标准化参数，图 6-8 中的所有因子系数和路径参数均达到 0.001 以上的显著性水准，标准误和临界值均在可以接受的范围之内，因此，可以依据表中非标准和标准化因子与路径参数以及信度系数 R^2 评价测度变量的影响因子以及潜变量之间的因果路径。表中 W11 =0.64，P 值达到 0.001 水准，说明集群网络嵌入力可以显著提高集群共享创新力，假设 P4 成立，集群企业的集群网络嵌入力越高，其集群共享创新能力越高。

依据因果关系模型以及表 6-8 中回归系数，绘制如图 6-4 中所示的潜变量路径示意图，从图示中路径系数可以了解集群网络嵌入力影响集群共享创新力的路径结构特征。

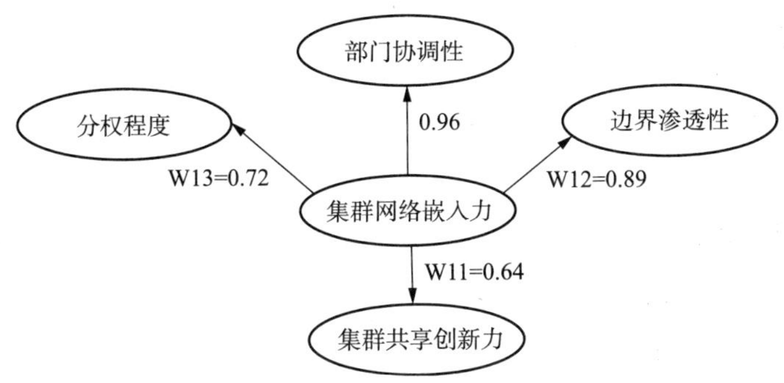

图 6-4 集群网络嵌入力提升集群共享创新力单路径示意图

依据图 6-4 中所示路径系数和因子结构，集群企业网络嵌入能力中部门协调性对提升集群共享竞争力的作用最大，其实是边界渗透力，最后是分权程度，表明集群企业的模块化程度对于集群共享竞争力影响较大，有效协调与整合组织内外职能和资源的结构化特征尤为重要。

（三）结论分析和管理启示

1. 结论分析

在主流的组织理论中，并没有描述集群企业组织结构特征与创新绩效之间关系的命题。这一部分运用可以揭示集群企业组织结构属性和集群环境最为有效的两个新概念集群网络嵌入型和集群共享创新能力，揭示了集群企业适应集群网络环境的组织结构能力可以提高集群企业协同创新能力的路径特征。这一结论丰富了关于研究集群企业组织属性性和创新能力的组织理论，为通过组织设计提高集群企业创新能力提供了新的理论依据。

2. 管理启示

鉴于集群网络嵌入力可以提高集群共享创新力，集群企业管理者可以致力于提高集群企业部门协调性、边界渗透性以及分权程度，通过集群企业的集群网络嵌入力提升集群企业的社会资本和整合社会资源的能力，进而提高集群企业的创新能力。在产业集群中，集群企业从集群网络环境中收集信息、吸收知识溢出效应尤为重要，集群企业管理者需要重视提高集群企业嵌入集群网络、突破部门边界的边界渗透性和部门协调性。

由于集群网络嵌入型暨可以提高集群企业共享生产力，又可以提高集群共享创新力，因此得出如下命题：集群网络嵌入力可以提高集群共享竞争力。集群企业管理者可以通过提高集群网络嵌入力，提高集群企业增加社会资本、整合共享经济信息、协同生产和创新的能力。这些致力于改善集群企业组织结构特征的努力可以促进集群企业共享经济模式的可持续发展能力。

由于集群价值共创力可以提高集群企业的集群共享竞争力，集群网络嵌入力可以提高集群共享竞争，而战略和组织是影响企业竞争优势的核心因素，因此，集群企业的集群价值共创力和集群网络嵌入力是构建集群企业集群共享竞争力的基础，集群企业管理者可以通过提高集群企业的集群价值共创力以及集群网络嵌入力提升集群企业的集群共享优势，提高共享经济模式的可持续能力。

第二节　组织要素的交互作用检验

一、组织要素影响集群共享生产力的交互作用检验

（一）适配度检验

依据假设 P5：集群价值共创和集群网络嵌入力互为中介，相互影响对方提高集群共享生产力的路径，参照图 4－11、图 4－14 以及图 4－17 的相应潜变量的测度结构，运用 AOMS 软件，绘制结构方程模型，输入样本数据，运

行、调整，将达标模型的标准化输出信息中的适配度指标汇入表6-9中。

表6-9　组织要素影响集群共享生产力交互作用适配度指标

统计检验量	适配标准或临界值	检验结果数据	适配度判断
绝对适配度指数			
X^2	$p>0.05$	433.905	不能判断
X^2/DF	<2.00（良好） <3.00（普通）	1.786	良好
RMR	<0.05（良好） <0.08（普通）	0.041	良好
RMSEA	<0.05（良好） <0.08（普通）	0.049	良好
GFI	>0.900以上	0.904	良好
AGFI	>0.900以上	0.881	接近良好
CN（0.5）	>200以上	215	良好
比较适配度指数			
NFI	>0.900（普通） >0.950（良好）	0.727	未达标
RFI	>0.900（普通） >0.950（良好）	0.690	未达标
IFI	>0.900（普通） >0.950（良好）	0.858	接近达标
TLI	>0.900（普通） >0.950（良好）	0.835	接近达标
CFI	>0.900（普通） >0.950（良好）	0.855	接近达标
简约适配度指数			
PGFI	>0.50以上	0.732	达标（中等）
PNFI	>0.50以上	0.640	达标（一般）
PCFI	>0.50以上	0.753	达标（中等）

依据表6-9中指标与对标判断结果，组织要素影响集群共享生产力交互作用模型的绝对适配度达到良好水准，简约适配度达到标准，比较适配度主要指指数CFI、IFI、TLI已接近标准。因果模型中的路径和因子系数可以用来分析组织要素影响集群共享生产力的交互作用路径特征。

（二）路径分析

将达标因果模型中回归系数的标准化和非标准化输出汇入如表 6－10 中。图中英文标签 SED 代表集群价值共创力，OTS 代表集群网络嵌入力，STPC 代表集群共享生产力，其他标签代表测度这些变量的相应子潜变量和测度变量。通过表中数据，可以分析组织要素影响集群共享生产力的交互作用路径特征。

表 6－10　组织要素影响集群共享生产力交互作用回归系数摘要

路径				非标准化参数				标准化参数	
Name			Label	Estimate	S. E.	C. R.	P	Estimate	R^2
CAA	<---	SED		1.000				0.955	0.912
IC	<---	OTS		1.000				0.929	0.863
BP	<---	OTS	W20	0.782	0.200	3.910	***	0.895	0.801
DP	<---	OTS	W21	0.740	0.159	4.660	***	0.763	0.582
SAA	<---	SED	W22	0.349	0.169	2.063	0.039	0.506	0.256
EPA	<---	SED	W23	0.304	0.184	1.653	0.098	0.360	0.130
STPC	<---	SED	W24	0.585	0.219	2.674	0.007	0.407	0.207
STPC	<---	OTS	W25	0.247	0.117	2.107	0.035	0.164	
SQAA	<---	SAA		1.000				0.389	0.151
CIAA	<---	SAA	W1	1.094	0.293	3.734	***	0.454	0.206
HAAA	<---	SAA	W2	1.499	0.456	3.286	0.001	0.563	0.317
POAA	<---	EPA		1.000				0.480	0.230
WAAA	<---	EPA	W3	1.136	0.238	4.770	***	0.576	0.331
ENAA	<---	EPA	W4	1.210	0.256	4.718	***	0.594	0.353
CTRA	<---	CAA		1.000				0.549	0.301
CRSA	<---	CAA	W5	1.019	0.153	6.656	***	0.550	0.303
CMAA	<---	CAA	W6	1.277	0.175	7.302	***	0.664	0.441
CPUA	<---	CAA	W7	1.174	0.164	7.158	***	0.620	0.385
CIRD	<---	BP		1.000				0.499	0.249
CPRD	<---	BP	W8	1.288	0.244	5.273	***	0.558	0.312
CGRD	<---	BP	W9	1.136	0.217	5.241	***	0.528	0.278
RAFO	<---	IC		1.000				0.607	0.368
IFSF	<---	IC	W10	0.684	0.132	5.189	***	0.411	0.169
DPMC	<---	IC	W11	0.810	0.145	5.595	***	0.479	0.230
TDOP	<---	DP		1.000				0.519	0.269

续表

路径				非标准化参数				标准化参数	
Name			Label	Estimate	S. E.	C. R.	P	Estimate	R^2
SPAP	<---	DP	W12	1.017	0.222	4.587	***	0.496	0.246
JPAP	<---	DP	W13	0.736	0.177	4.169	***	0.397	0.158
ITPS	<---	STPC		1.000				0.742	0.550
CMFS	<---	STPC	W14	0.958	0.090	10.683	***	0.673	0.453
SPVS	<---	STPC	W15	1.022	0.093	11.049	***	0.681	0.464
NPIV	<---	STPC	W16	0.941	0.092	10.191	***	0.661	0.437
SQIV	<---	STPC	W17	0.732	0.084	8.665	***	0.552	0.305

注：*** P<0.001 非标准化参数估计值为 1.000 者为参照指标变量

参见表 6-10 中参数，图 6-9 中的所有因子系数和路径参数除 W23（0.098）外，其余的均达到 0.05 以上的显著性水准（大多数达到 0.001 显著水准），标准误和临界值均在可以接受的范围之内，因此，可以依据表中非标准和标准化因子与路径参数以及信度系数 R^2 评价测度变量的影响因子以及潜变量之间的因果路径。表中，W24 = 0.41（P = 0.007），W25 = 0.15（P = 0.035），C1 = 0.11，表明集群价值共创力和集群网络嵌入力相互关联，均可影响对方影响集群共享生产力的路径。依据输出信息，可以绘制图 6-5 中潜变量结构示意图。

对比图 6-3 和图 6-4 中集群价值共创力和集群网络嵌入力影响时空生产力的单因素模型检验结果，将单因素模型和交互作用模型中组织要素影响集群共享生产力的路径系数（交互模型中含直接路径系数和间接路径系数）汇入表 6-11 中，可以分析组织要素的交互作用效应。

表 6-11 集群价值共创力与集群网络嵌入力交互作用路径系数分析表

		路径系数	P 值
集群价值共创力影响集群共享生产力路径	单因素模型	0.43	小于 0.001
	交互作用模型	0.41 + 0.02	0.007
集群网络嵌入力影响集群共享生产力路径	单因素模型	0.69	小于 0.001
	交互作用模型	0.15 + 0.05	0.035

依据表 6-11 中单因素和交互作用模型的路径系数对比情况，单因素模型中，集群价值共享力对集群共享生产力的促进作用要比集群网络嵌入力的小，在集群网络嵌入力的中介效应影响下，集群价值共创力提高集群共享生

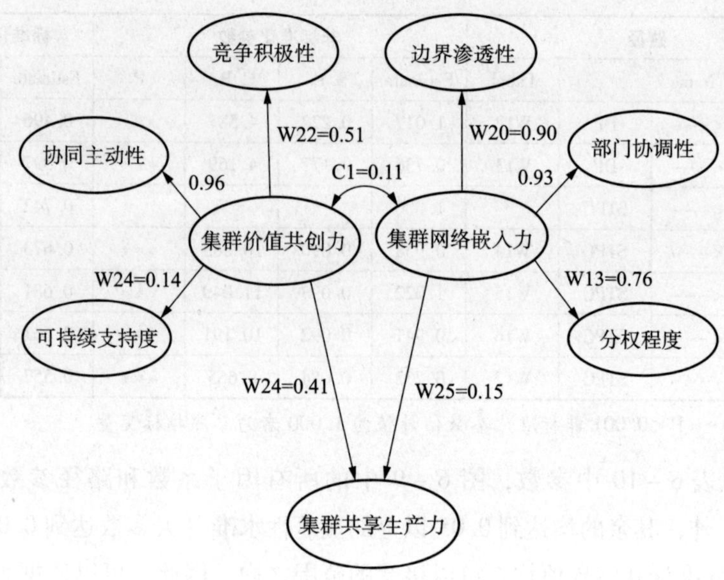

图 6-5　组织要素影响集群共享生产力交互作用示意图

产力的路径系数略低于单因素影响系数；在集群价值共创力的中介效应影响下，集群网络嵌入力的影响系数大幅下降，假设 P5 成立，而且集群价值共创对力对集群网络嵌入力具有较高的中介效应。

将图 6-4、图 6-5 单因素模型以及 6-8 中交互作用模型中的集群价值共创力、集群网络嵌入力的测度因子系数，汇入表 6-12 中。

表 6-12　组织要素交互作用因子系数分析表

	集群价值共创力			集群网络嵌入力		
	可持续支持度	协同主动性	竞争积极性	分权程度	部门协调性	边界渗透性
单因素模型	0.39	0.91	0.53	0.77	0.94	0.89
交互模型	0.14	0.96	0.51	0.76	0.93	0.90

依据表 6-12 中数据，在集群网络嵌入力的中介作用下，集群价值共创力子潜变量中，协同主动性对集群共享生产力的促进作用居于主导地位，其次是竞争积极性，最后是可持续支持度；在集群价值共创力的中介作用下，集群网络嵌入力中促进集群共享生产力的主要因素为部门协调性和边界渗透性。这就一进步证明了组织要素促进集群共享生产力的交互作用，并可以得出集群价值共创力是影响集群共享生产力的主导因素。

（三）结论分析和管理启示

1. 结论分析

战略和组织是构建企业竞争优势的两大核心要素，这一部分在这一主流理论的基础上，从影响集群共享生产力的角度进一步揭示了集群企业的有效战略路径和组织形式之间的相互作用。传统的战略管理或组织理论一般只可用来研究企业战略管理理论或方法对企业绩效的影响，或者分析战略与组织的先后顺序问题。因此，集群价值共创力和集群网络嵌入力对各自影响集群共享生产力路径的交互作用的命题拓展了主流战略管理和组织理论。

2. 管理启示

由于集群企业的有效战略路径与组织形式之间存在交互作用，因此，集群企业管理在制定促进集群共享生产力的战略和设计有效组织结构时，需要考虑战略因素和组织因素之间的交互作用路径特征。只有综合权衡集群价值共创力和集群网络嵌入力对集群共享生产力的影响，才有可能有效地促进集群共享生产力。提高集群共享生产力的目标不在仅仅是企业自身的盈利能力，而且要在合理价值链治理的基础上提高协同组织乃至整个产业集群的长期发展能力，也就是实现集群企业共享经济模式。

二、组织要素影响集群共享创新力交互作用检验

（一）适配度检验

依据假设 P6：集群价值共创力与集群网络嵌入力互为中介，相互影响对方提升集群共享创新力的路径，参照图 4－11、图 4－14 和图 4－17 中各潜变量的测度结构，使用 AMOS 软件，构建结构方程模型，进行适配度检验，将达标模型的输出信息指标汇入表 6－13 中。

表 6－13　组织要素影响集群共享创新力交互作用模型适配度指标

统计检验量	适配标准或临界值	检验结果数据	适配度判断
绝对适配度指数			
X^2	$p>0.05$	404.428	无法判断
X^2/DF	<2.00（良好） <3.00（普通）	1.872	良好
RMSEA	<0.05（良好） <0.08（普通）	0.051	接近良好

续表

统计检验量	适配标准或临界值	检验结果数据	适配度判断
RMR	<0.05（良好） <0.08（普通）	0.040	良好
GFI	>0.900 以上	0.908	良好
AGFI	>0.900 以上	0.825	接近良好
CN（0.5）	>200 以上	207	良好
比较适配度指数			
NFI	>0.900（普通） >0.950（良好）	0.688	未达标
RFI	>0.900（普通） >0.950（良好）	0.634	未达标
IFI	>0.900（普通） >0.950（良好）	0.825	接近达标
TLI	>0.900（普通） >0.950（良好）	0.788	接近达标
CFI	>0.900（普通） >0.950（良好）	0.819	接近达标
简约适配度指数			
PGFI	>0.50 以上	0.710	达标（中等）
PNFI	>0.50 以上	0.587	达标（一般）
PCFI	>0.50 以上	0.699	达标（中等）

依据表 6-13，交互作用模型的绝对适配度达到良好水准，简约适配度达到标准，比较适配度主要指指数 CFI、IFI、TLI 已接近标准，可以用作路径分析。

（二）路径分析

将交互作用模型检验达标的路径和因子系数汇入如表 6-14 中。表中标签 OTS 代表集群网络嵌入力，SED 代表集群价值共创力，STIC 代表集群共享创新力，其他标签代表测度这些潜变量的子潜变量和测度题项。通过表中潜变量的因子系数和潜变量之间的路径系数，可以分析集群价值共创力和集群网络嵌入力影响集群共享创新力的交互作用特点。

表 6-14　组织要素影响集群共享创新力交互作用回归系数摘要

路径				非标准化参数				标准化参数	
Name			Label	Estimate	S. E.	C. R.	P	Estimate	R^2
DP	<---	OTS	W17	0.655	0.138	4.746	***	0.757	0.572
IC	<---	OTS		1.000				0.986	0.973
BP	<---	OTS	W19	0.778	0.158	4.917	***	0.825	0.681
EPA	<---	SED	W20	0.856	0.268	3.201	0.001	0.658	0.432
CAA	<---	SED		1.000				0.494	0.244
SAA	<---	SED	W22	1.015	0.391	2.596	0.009	0.987	0.974
STIC	<---	OTS	W23	0.509	0.126	4.033	***	0.674	0.476
STIC	<---	SED	W24	0.353	0.155	2.275	0.023	0.271	
RAFO	<---	IC		1.000				0.620	0.384
IFSF	<---	IC	W1	0.645	0.121	5.340	***	0.395	0.156
DPMC	<---	IC	W2	0.790	0.132	5.969	***	0.477	0.228
ENAA	<---	EPA		1.000				0.454	0.206
WAAA	<---	EPA	W3	0.887	0.271	3.277	0.001	0.416	0.173
POAA	<---	EPA	W4	1.357	0.384	3.534	***	0.602	0.362
TDOP	<---	DP		1.000				0.502	0.252
SPAP	<---	DP	W5	1.104	0.234	4.717	***	0.521	0.271
JPAP	<---	DP	W6	0.753	0.179	4.212	***	0.393	0.154
CGRD	<---	BP		1.000				0.543	0.295
CPRD	<---	BP	W7	1.119	0.168	6.646	***	0.568	0.322
CIRD	<---	BP	W8	0.824	0.151	5.452	***	0.481	0.231
CPUA	<---	CAA		1.000				0.612	0.375
CMAA	<---	CAA	W9	1.089	0.144	7.569	***	0.656	0.430
CRSA	<---	CAA	W10	0.904	0.129	7.016	***	0.566	0.320
CTRA	<---	CAA	W11	0.867	0.125	6.956	***	0.551	0.304
SQAA	<---	SAA		1.000				0.347	0.121
CIAA	<---	SAA	W12	1.146	0.376	3.050	0.002	0.424	0.180
HAAA	<---	SAA	W13	1.729	0.512	3.377	***	0.580	0.337
NPSR	<---	STIC		1.000				0.437	0.191
NPDL	<---	STIC	W14	1.161	0.231	5.018	***	0.489	0.240
NPCA	<---	STIC	W15	1.286	0.227	5.663	***	0.607	0.369
NPRI	<---	STIC	W16	1.177	0.235	5.011	***	0.524	0.275

注：*** P<0.001 非标准化参数估计值为 1.000 者为参照指标变量

参见表6-14、图6-11，所有因子系数和路径参数均达到0.05以上的显著性水准（大多数达到0.001显著水准），标准误和临界值均在可以接受的范围之内，因此，可以依据表中参数以及信度系数 R^2 因果路径。表中，W23 = 0.67（P小于0.001），W24 = 0.27（0.023），相关系数C1 = -0.14。表明P6成立。依据结构方程模型以及路径系数，可以绘制图6-9所示的潜变量结构示意图。

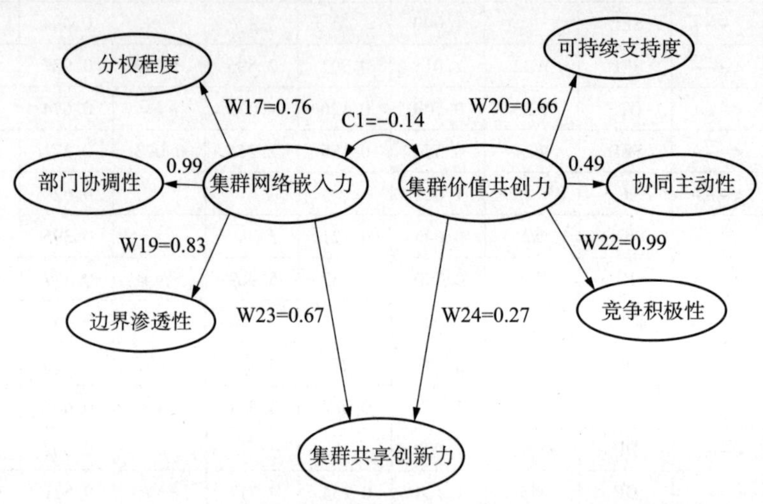

图6-6　组织要素影响集群共享创新力交互作用模型潜变量示意图

对比图6-3和图6-5中集群价值共创力和集群网络嵌入力影响集群共享创新力的单因素模型检验结果，以及图6-6中交互作用模型中集群价值共创力和集群网络嵌入力影响集群共享创新力的路径系数，将单因素模型和交互作用模型中组织要素影响集群共享创新力的路径系数（交互作用模型中含直接路径和间接路径两种系数）汇入表6-15中，可以分析组织要素的交互作用效应，即集群价值共创力影响集群网络嵌入力提高集群共享创新力的促进作用，而集群网络嵌入力也对集群价值共创力具有中介效应。

表6-15　集群价值共创力与集群网络嵌入力交互作用路径系数分析表

		路径系数	P值
集群价值共创力影响集群共享创新力路径	单因素模型	0.14	0.161
	交互作用模型	0.27 -0.10	0.024
集群网络嵌入力影响集群共享创新力路径	单因素模型	0.21	0.014
	交互作用模型	0.67 -0.04	小于0.001

依据表6-15中单因素和交互作用模型的路径系数对比情况，集群企业集群网络嵌入力对集群共享创新力的促进作用要比集群价值共创的高；在集群网络嵌入力的中介效应影响下，集群价值共创力提高集群共享创新力的路径系数略高于单因素影响系数；在集群价值共创力的中介效应影响下，集群网络嵌入力的也远高于单因素系数。假设P6成立。

集群价值共创力和集群网络嵌入力之间的相关系数为负，这表明，两种组织要素具有抑制对方提升集群共享创新力的间接路径，在中介效应模型中，组织要素提升集群共享创新力是两种路径的叠加结果。将图6-2、图6-7单因素模型以及图6-9中交互作用模型中的集群价值共创力、集群网络嵌入力的测度因子系数，汇入表6-16中。

表6-16 组织要素交互作用因子系数分析表

	集群价值共创力			集群网络嵌入力		
	可持续支持度	协同主动性	竞争积极性	分权程度	部门协调性	边界渗透性
单因素模型	0.56	0.55	0.89	0.72	0.96	0.89
交互模型	0.66	0.49	0.99	0.76	0.99	0.83

表6-12的数据显示，在集群网络嵌入力的中介作用下，集群价值共创力导向中，竞争积极性对集群共享创新力的促进作用居于主导地位；在集群价值共创力的中介作用下，集群网络嵌入促进集群共享生产力的主要因素为部门协调性和边界渗透性，这就一进步证明了集群价值共创力和集群网络嵌入力促进集群共享创新力的交互作用。

（三）结论分析和管理启示

1. 结论分析

企业创新能力是适应环境提高企业竞争优势的重要途径。关于企业战略或组织因素影响创新能力的理论和实证研究，侧重单一视角的研究方法。运用这些理论，要么只能从战略要么只能从组织的角度分析和决定集群共享创新力。这一部分的交互作用检验，揭示了集群价值共创力和集群网络嵌入力影响集群共享创新力路径中的交互作用现象，丰富了战略管理和组织理论。

2. 管理启示

交互作用检验结果表明，集群价值共创力和集群网络嵌入力互为中介影响对方提升集群共享创新力的路径系数，而且两个变量之间的相关系数为负。

因此，管理者需要认识到，集群企业在集群网络中的路径依赖性和创新努力是一对需要协调的矛盾。集群网络嵌入力，企业整合网络资源的能力强，但是其技术发展的路径依赖性强；集群价值共创力高，其竞争意识和创新能力强，这种能力的提高需要摆脱集群网络的路径束缚，因此，集群网络嵌入力会降低。综合权衡集群价值共创力和集群网络嵌入力影响集群共享生产力的交互作用，才能有效提高集群企业的集群共享创新力。

第三节　组织要素提高集群共享竞争力综合路径检验

由于在第一节和第二节中，运用 AMO 软件对集群企业组织要素影响集群共享生产力和集群共享创新力的单因素路径假设、交互作用和中介效应假设进行实证检验之后，在此基础上可以对图 3－1 中的理论模型进行综合检验。

一、适配度检验

依据图 3－1 中理论模型，参照 4－11、图 4－14 和图 4－17 中各潜变量的测度结构，运用 AMOS 软件绘制结构方程模型，输入样本数据，运行、检验和调整，将达标模型的适配度指标汇入表 6－17。

表 6－17　组织要素影响集群共享竞争力综合模型适配度指标

统计检验量	适配标准或临界值	检验结果数据	适配度判断
绝对适配度指数			
X^2	p＞0.05	613.963	不能判断
X^2/DF	＜2.00（良好） ＜3.00（普通）	1.811	良好
RMR	＜0.05（良好） ＜0.08（普通）	0.041	良好
RMSEA	＜0.05（良好） ＜0.08（普通）	0.049	良好
GFI	＞0.900 以上	0.887	接近良好
AGFI	＞0.900 以上	0.865	接近良好
CN（0.5）	＞200 以上	208	良好

续表

统计检验量	适配标准或临界值	检验结果数据	适配度判断
比较适配度指数			
NFI	>0.900（普通） >0.950（良好）	0.689	未达标
RFI	>0.900（普通） >0.950（良好）	0.654	未达标
IFI	>0.900（普通） >0.950（良好）	0.832	接近标准
TLI	>0.900（普通） >0.950（良好）	0.808	接近标准
CFI	>0.900（普通） >0.950（良好）	0.828	接近标准
简约适配度指数			
PGFI	>0.50 以上	0.741	达标（中等）
PNFI	>0.50 以上	0.618	达标（一般）
PCFI	>0.50 以上	0.743	达标（中等）

依据表6－17中指标与对标判断结果，组织要素影响集群共享竞争力综合模型的绝对适配度达到良好水准，简约适配度达到标准，比较适配度主要指数接近标准达标，这一结果可以用来进行因子与路径分析。

二、路径分析

将图6－18中标准化输出参数中，组织要素影响集群共享竞争力的因子和路径系数输入表6－18中。

表6－18　组织要素影响集群共享竞争力回归系数摘要

路径				非标准化参数				标准化参数	
Name			Label	Estimate	S. E.	C. R.	P	Estimate	Label
STIC	<---	OTS	W29	0.865	0.175	4.935	***	0.668	0.512
STIC	<---	SED	W30	0.190	0.104	1.822	0.068	0.193	
EPA	<---	SED	W14	0.298	0.163	1.828	0.068	0.359	0.129
CAA	<---	SED		1.000				0.941	0.885
SAA	<---	SED	W16	0.531	0.239	2.225	0.026	0.519	0.270
DP	<---	OTS	W17	0.647	0.160	4.055	***	0.717	0.514

续表

路径				非标准化参数				标准化参数	
Name			Label	Estimate	S. E.	C. R.	P	Estimate	Label
IC	<---	OTS		1.000				0.955	0.911
BP	<---	OTS	W19	0.942	0.207	4.544	***	0.890	0.792
STPC	<---	SED	W27	0.474	0.175	2.716	0.007	0.351	0.265
STPC	<---	STIC	W28	0.406	0.114	3.576	***	0.295	
POAA	<---	EPA		1.000				0.481	0.232
WAAA	<---	EPA	W1	1.132	0.236	4.788	***	0.575	0.331
ENAA	<---	EPA	W2	1.204	0.255	4.718	***	0.593	0.352
JPAP	<---	DP		1.000				0.407	0.166
SPAP	<---	DP	W3	1.380	0.299	4.616	***	0.508	0.258
TDOP	<---	DP	W4	1.285	0.305	4.209	***	0.503	0.253
CRSA	<---	CAA		1.000				0.560	0.314
CMAA	<---	CAA	W5	1.227	0.162	7.575	***	0.661	0.437
CPUA	<---	CAA	W6	1.128	0.157	7.163	***	0.617	0.381
CTRA	<---	CAA	W7	0.959	0.144	6.650	***	0.546	0.298
HAAA	<---	SAA		1.000				0.568	0.323
CIAA	<---	SAA	W8	0.723	0.182	3.978	***	0.453	0.205
SQAA	<---	SAA	W9	0.655	0.199	3.293	***	0.385	0.148
DPMC	<---	IC		1.000				0.467	0.218
IFSF	<---	IC	W10	0.874	0.172	5.081	***	0.415	0.172
RAFO	<---	IC	W11	1.283	0.215	5.968	***	0.615	0.378
CIRD	<---	BP		1.000				0.491	0.241
CPRD	<---	BP	W12	1.307	0.236	5.550	***	0.558	0.311
CGRD	<---	BP	W13	1.182	0.214	5.516	***	0.540	0.292
NPCA	<---	STIC		1.000				0.605	0.366
NPDL	<---	STIC	W20	0.919	0.147	6.233	***	0.497	0.247
NPSR	<---	STIC	W21	0.840	0.142	5.932	***	0.471	0.221
NPRI	<---	STIC	W22	0.873	0.138	6.306	***	0.498	0.248
CMFS	<---	STPC		1.000				0.675	0.456
SPVS	<---	STPC	W23	1.052	0.107	9.792	***	0.673	0.453
NPIV	<---	STPC	W24	0.982	0.099	9.880	***	0.663	0.440
ITPS	<---	STPC	W25	1.050	0.097	10.775	***	0.748	0.560
SQIV	<---	STPC	W26	0.755	0.090	8.425	***	0.547	0.299

注：*** $P<0.001$ 非标准化参数估计值为 1.000 者为参照指标变量

参照表6－18，除了W30以及W14的显著性水准较低（P＝0.068）外，其他所有路径参数和因子系数的显著性均超过0.05的显著度水准（大多数达到0.001的显著度）。假设P1－6成立。

依据AMOS输出的标准化输出信息和表6－18中的显著的路径系数，绘制图6－10所示的组织要素影响集群共享竞争力的潜变量结构示意图，其中由于集群网络嵌入型影响集群共享生产力的路径系数W30＝－0.07（P＝0.068），该路径系数显示的影响强度和显著度都不高，故将此路径从结构示意图中删去。

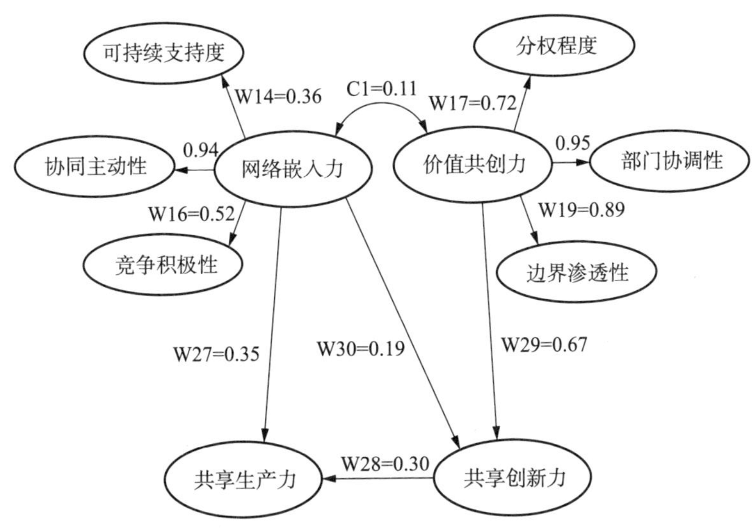

图6－7　组织要素影响集群共享竞争力综合模型潜变量结构示意图

对比图6－1、图6－2、图6－3和图6－4中的单路径模型检验结果，图6－5和图6－6中的交互作用模型检验结果。这些模型中所有具有关联性和显著性的路径都在图5－7中得到了表述和检验，这说明综合模型的路径假设成立。集群价值共创力与集群网络嵌入力相关系数C1＝0.11（P＝0.317），集群网络嵌入力和集群价值共创力影响集群共享创新力的信度系数 $R^2_{SED \to STIC, OT\ S \to STIC}$ ＝0.512，集群价值共创力和集群网络嵌入力影响集群共享生产力的信度系数 $R^2_{SED \to STPC, STIC \to STPC}$ ＝0.265。图3－1的结构合理性得到检验。集群价值共创力和集群网络嵌入力之间的关联系数C1的P＝0.317，显著性水准较低，路径分析时，暂不考虑由于社会创业导向与组织适应性之间的关联而形成的路径。

集群企业组织要素影响集群共享生产力的路径有三条，集群价值共创力提升集群共享生产力的直接路径系数 $W_{SED \to STPC}$ = W27 = 0.35，通过集群共享创新力提高集群共享生产力的间接路径系数 $W_{SED \to STIC \to STPC}$ = W30 ∗ W28 = 0.057；通过集群共享生产力提高集群共享创新力的间接路径系数 $W_{OTS \to STIC \to STPC}$ = W29 ∗ W28 = 0.67 ∗ 0.30 = 0.201。总路径系数 $W_{SED\&OTS \to STPC}$ = $W_{SED \to STPC}$ + $W_{SED \to STIC \to STPC}$ + $W_{OTS \to STIC \to STPC}$ = 0.608。说明组织要素对集群共享生产力具有显著促进作用，其中集群价值共创力的促进效果要高于集群网络嵌入力。说明提高集群共享生产力需要集群价值共创力和集群网络嵌入力的双重作用，尤其是需要提高集群价值共创力。

组织要素影响集群共享创新力的路径有两条，集群价值共创力的直接影响路径系数 $W_{SED \to STIC}$ = W30 = 0.19；集群网络嵌入力的直接影响路径系数 $W_{OTS \to STIC}$ = 0.67；组织要素总路径系数 $W_{SED\&OTS \to STIC}$ = $W_{SED \to STIC}$ + $W_{OTS \to STIC}$ = 0.86。说明集群网络嵌入力显著影响集群共享创新力，其中集群网络嵌入力的影响要高于集群价值共创力，要想提高集群企业的集群共享创新力，不仅需要提高集群价值共创力，更需要致力于提高集群网络嵌入力。

表 6-19　组织要素影响集群共享竞争力路径系数

自变量			路径		因变量	影响系数 F∗W
名称		因子（F）	标识	系数（W）		
集群价值共创力	可持续支持度	0.36	SED→STPC	0.35	集群共享生产力	0.126
			SED→STIC→STPC	0.057		0.021
	协同主动性	0.94	SED→STPC	0.35		0.329
			SED→STIC→STPC	0.057		0.054
	竞争积极性	0.52	SED→STPC	0.35		0.182
			SED→STIC→STPC	0.057		0.030
集群价值共创力	可持续支持度	0.36	SED→STIC	0.19	集群共享创新力	0.068
	协同主动性	0.94				0.179
	竞争积极性	0.52				0.099
集群网络嵌入力	分权程度	0.72	OTS→STIC→STPC	0.201	集群共享生产力	0.145
	部门协调性	0.95				0.191
	边界渗透性	0.89				0.179
集群网络嵌入力	分权程度	0.72	OTS→STIC	0.67	集群共享创新力	0.482
	部门协调性	0.95				0.637
	边界渗透性	0.89				0.596

将影响集群共享生产力和集群共享创新力的路径系数以及集群价值共创和集群网络嵌入力的一阶因子系数汇入表6-19中，可以进行更为细致的解读，在组织要素的综合影响作用下，组织要素的因子结构特征以及不同因子对于集群共享生产力和集群共享创新力影响程度。

参照表6-19，集群价值共创力的一阶潜变量中可持续支持度、协同主动性以及竞争积极性对集群共享生产力的促进系数分别高于对集群共享创新力的影响系数，其中协同主动性和竞争积极性的影响系数较大，说明集群企业可以通过协作和竞争的方式较大地促进企业的生产力。而集群网络嵌入力中分权程度、部门协调性以及边界渗透性对集群共创创新力的影响系数则分别高于对集群共享生产力的影响系数，其中部门协调性和边界渗透性的影响系数加大，说明集群企业可以通过加强部门协同能力、提高边界渗透力来提高集群共享创新能力。

第四节　结论分析与政策启示

一、结论与创新

本章采用跨学科理论分析和整合的方法，结合集群共享经济价值体系的结构特征理论，通过理论分析集群企业角色作用界定了集群企业共享经济模式，指出了集群企业共享经济模式可持续发展的有效战略与组织形式，构建了两个新概念：集群价值共创力和集群网络嵌入力。通过对集群企业共享经济模式可持续发展的战略绩效指标理论分析，提出了新概念集群共享竞争力，并将之分解为集群共享生产力和集群共享创新力两个子概念。

在战略和组织理论范畴，集群价值共创力、集群网络嵌入力两个新概念及其测评方法可以用来更为有效地描述集群企业构建持续竞争优势的有效的战略路径和组织结构，弥补传统战略和组织理论中没有合适概念描述集群企业战略和组织特征的不足。在共享经济理论范畴，这两个新概念还修正了交易成本理论在解释企业选择共享经济模式时的动机方面的片面性以及协同消费理论在阐释企业共享经济行为方式的不完整性。集群企业共享经济模式的提出丰富了主流企业共享经济理论和主流企业管理理论，为研究集群企业共享经济模式提供了一个具有前瞻性和一般性的理论工具。

“集群共享竞争力”这一新概念可以更为准确地描述集群企业共享经济模式可持续能力。集群共享生产力、集群共享创新力两个新概念及其测评方法则可以更为直接和有效地评价集群企业可持续发展能力。在战略与组织理论范畴，这三个概念为理论分析和实证研究集群企业共享经济模式的可持续能力提供了理论工具；在共享经济理论领域，弥补了多边治理理论中只有多边市场机制概念而无治理实效指标的不足。

这一章运用构建的五个基本概念，依据概念内涵之间的相互联系提出了路径假设，在对所有直接路径、交互作用和中介效应进行检验后，通过综合路径模型，实证检验了企业组织要素提高集群共享竞争力的路径特征。

结论表明，提高集群价值共创力和集群网络嵌入力可以作为提高集群企业共享经济模式可持续性的有效战略路径，其中集群价值共创力侧重提高可持续生产力即集群共享生产力，集群网络嵌入力侧重提高可持续创新力即集群共享创新力。总之，集群价值共创力与集群网络嵌入力两者通过一定显著度水平的交互作用影响集群共享竞争力。

路径检验结果表明，提高集群价值共创力和集群网络嵌入力可以作为集群企业选择共享经济模式的战略和组织动力，这一结论可以弥补传统共享经济理论中的交易成本理论、协同消费理论在解释共享经济模式可持续路径和共享形式的不足，也拓展了主流战略管理理论和组织理论的应用范畴。综合理论模式中所检验和展示的路径特征可以有效地阐释集群共享经济体系中双边或多边治理机制下集群企业共享经济模式可持续发展的路径特征。

二、政策启示

上述结论分析对集群企业管理者制定促进共享经济模式可持续发展的公司政策具有重要启示：

第一，将集群价值共创力和集群网络嵌入力作为提高集群企业共享经济模式可持续能力的有效战略路径和组织策略，通过提高协同主动性、竞争积极性、可持续支持度有效提高集群价值创造力，通过提高、部门协调力和边界渗透力提高集群网络嵌入力，通过协调集群价值共创力和集群网络嵌入力的交互作用，提高集群企业共享经济可持续发展能力。

第二，将集群共享生产力和集群共享创新力作为测度集群企业共享经济模式可持续发展能力的战略绩效的主要维度，其中不仅需要测度传统的组织主体的生产力和创新力，还需要测度由于共享经济模式所增值的生产力和创新力。集群企业应该将提高集群共享生产力和集群共享创新力纳入集群企业所需要承担的社会责任、公司使命和愿景范畴。

第三，在产业集群中，影响集群价值共创力和集群网络嵌入力的利益相关者结构及其治理机制是集群企业管理者分析与实施集群企业共享经济多边治理机制的基础。制定与实施促进集群价值共创力和集群网络嵌入力的多边治理政策是集群企业共享经济模式多边治理目标所在，是集群企业共享经济模式可持续发展的重要保障。

集群企业如果将提高集群价值共创力和集群网络嵌入力作为共享经济模式的主要战略路径，需要将集群共享生产力和集群共享创新力作为集群企业的战略绩效考评重点，将影响集群价值共创力和集群网络嵌入力的利益相关者结构与治理机制作为多边治理的中心。这些战略措施可以为集群企业共享经济模式的可持续发展注入内源动力。

第五节　本章小结

本章首先对组织要素影响集群共享竞争力的单路径效应进行了检验，检验结果表明：集群价值共创力显著促进集群企业的集群共享生产力和集群共享创新力，其中对集群共享生产力的促进作用要高于集群共享创新力的促进作用；集群网络嵌入力显著促进集群共享创新力，但是对集群共享生产力不具有显著的促进作用。通过对集群价值共创力和集群网络嵌入力影响集群共享生产力和集群共享创新力的交互作用检验，发现集群价值共创力与集群网络互为中介变量，对集群企业的集群共享竞争力具有显著影响。组织要素的双因变量效应检验则证实，集群价值共创力对集群共享生产力和集群共享创新力均具有显著的影响，集群网络嵌入力对集群共享创新力存在显著影响，对集群共享生产力仅存在显著度不高的影响。在单路径模型、交互作用和双因变量模型检验的基础上，本章构建了组织要素影响集群共享竞争力的综合路径模型，从而系统检验了集群价值共创力提高集群共享竞争力的组织路径特征。这些研究论证了提高集群价值共创力是实现集群共享经济模式可持续发展的充分条件。

第七章

>>> 结论与展望

第一节 结论与创新

一、成果总结

本书在“结构—行为—绩效”的架构下，通过系统的理论研究和实证检验，论证了本书主题：集群企业价值共创力提高共享经济可持续发展能力。得出如下结论，并在多学科领域形成了创新性成果。

（一）集群共享经济体系规制集群价值共创导向

集群共享经济时空环境结构有利于集群价值共创，集群共享经济制度体系规制集群企业战略行为，利益相关者主导的集群共享经济体系规制着集群企业的集群价值共创导向。

集群企业所处的产业集群时空中存在不同形式的共享经济资源，集群企业共享经济模式的利益相关者在多边或双边治理价值下促进集群企业的集群价值共创导向，具体表现为集群共享经济体系的环境要素具有促进集群企业集群价值共创导的单因素因果效应、中介和交互作用效应以及综合影响路径效应。集群共享经济体系中的共享经济要素与集群网络要素具有不同的影响机制，都对集群企业的集群价值共创具有促进作用。

在集群企业管理者的环境认知结构中，集群共享经济体系的基本经济属性集群共享经济是集群企业选择和实施集群企业共享经济模式的经济诱因，集群社会资本则是集群企业实施集群共享经济模式的基本社会网络条件。

产业集群中的集群共享经济是集群企业共享经济模式的机会来源。集群共享经济体系可以为集群企业提供共享经济资源，减少集群企业基础设施投资，提供共享经济公共服务，减少机会主义行为，降低共享经济模式的成本。集群社会资本可以为集群企业识别共享经济机会、集成共享经济信息、整合共享经济资源提供必要的集群网络条件。集群共享经济体系中存在有利于集群企业共享经济模式的时空环境。

集群竞争力和集群选择力是集群共享经济体系规制集群企业集群价值共创导向的经济和社会力量。市场机制下的集群竞争力可以优化共享经济资源配置、促使集群企业持续投资和创新，同时，激烈的市场竞争会迫使集群企业追逐短期利润目标，弱化集群价值共创导向。利益相关者主导的集群选择力受集群意识影响通过双边或多边治理机制促使集群企业选择共享经济模式。

集群共享经济体系中的基本经济和社会环境结构、治理机制以及影响集群企业战略行为的直接经济和社会力量形成了规制集群企业共享经济模式的集群共享经济体系。集群企业只有获取集群共享产权才能取得集群共享经济体系中的集群共享合法性、积累集群共享声誉并取得相应的集群共享经济地位。集群企业利益相关者主导集群共享经济体系，因此，为利益相关者创造共享价值即集群价值共创必然是集群共享经济体系的价值导向。

通过整合主流共享经济理论、钻石体系理论、产业集群理论以及社会创业理论，本书构建的集群共享经济、集群社会资本、集群竞争力、集群选择力和集群价值共创概念其测度结构都得以检验，表明这些概念可以用来描述和评估集群共享经济体系的时空环境属性。而体现集群共享经济体系环境要素规制集群价值共创导向的所有直接路径、中介效应、双因素路径以及综合路径模型都得以实证检验，表明集群共享经济环境规制集群价值共创导向的命题成立。

依据本书中的理论分析和实证研究成果总结，集群共享经济体系在不同时空结构中存在不同的共享经济形式和治理机制，这是集群企业选择共享经济模式的环境诱因和社会资本（集群共享经济和集群社会资本）。在特定集群共享经济体系中，集群企业的利益相关者依照与集群企业之间的共享价值诉求，依据集群共享经济体系中的制度逻辑，通过集群竞争力和集群选择力影响集群企业的集群价值共创导向，从而促使集群企业选择和实施共享经济模式。集群共享经济体系规制集群价值共创导向的研究结论可图示如下：

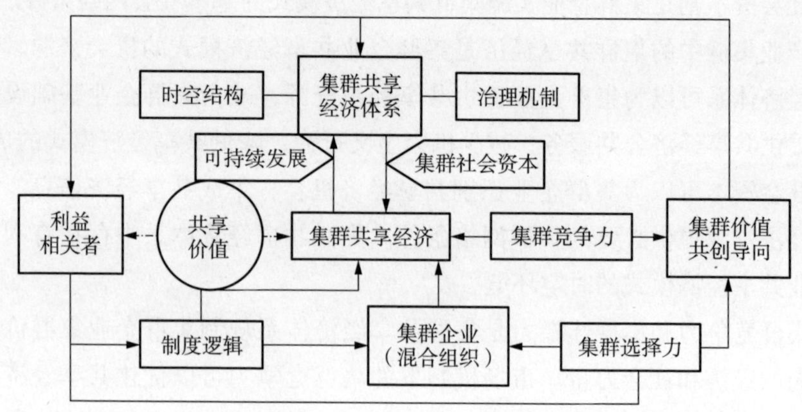

图7－1 集群共享经济体系规制集群价值共创导向结构示意图

图7－1所示的环境规制逻辑表明，集群共享经济体系的不同时空中，存在不同形式的集群共享经济诱因，集群企业可以可通过集群社会资本整合集群共享经济资源，提高集群竞争力。同时，集群企业可以通过实施共享经济模式，为集群共享经济体系中的所有利益相关者创造共享价值，促进集群共享经济体系的可持续发展。集群企业的利益相关者依据共享价值结构，依据集群共享经济体系下的治理机制，以及由此产生的制度逻辑，规制具有混合组织性质的集群企业的共享经济模式。实施集群共享经济模式的产业中的集群竞争力和利益相关者主导下的集群选择力，会直接影响集群企业共享经济诱因和集群价值共创导向。在集群共享经济体系制度规制下，集群企业通过集群价值共创获取利益相关者的价值认同，促进集群共享经济体系的可持续发展。

区域经济或产业集群的管理部门制定促进集群共享经济体系可持续发展的公共政策时，需要充分了解集群共享经济体系中集群企业及其利益相关者的共享价值结构，分析与判断集群共享经济体系中存在的共享经济诱因的结构特征与有效治理机制。通过构建、引导或调节集群竞争和集群选择力影响集群企业的集群价值共创导向和具有混合组织特征的组织结构，为集群企业共享经济模式提供必要的集群社会资本，促使集群企业选择和实施共享经济模式促进集群共享经济体系的良性循环，实现集群共享经济的可持续发展。

集群企业的管理者需要系统了解集群共享经济体系的时空结构与治理机制特征，准确判断利益相关者主导的共享价值结构。依据共享价值结构与共享经济体系中促进集群价值共创的制度逻辑要求，选择和有效实施共享经济模式并设计适合提高集群价值共创力的组织结构。通过持续提高集群价值共创力，整合集群共享经济体系中的各种形式的共享经济，提高可持续发展能力。

（二）集群价值共创力提高其集群共享竞争力

由于集群共享经济体系规制集群价值共创导向，因此，集群价值共创顺理成章地成为集群企业共享经济模式可持续发展的理性战略模式。按照主流战略管理和组织理论的逻辑，集群价值共创力提高集群共享竞争力的命题涉及集群价值共创力和集群网络嵌入力具有提高集群企业的集群共享生产力和集群共享创新力的单因素因果效应、中介和交互作用效应以及综合路径效应。

在集群共享价值体系的规制下，集群企业的集群价值共创力是获取集群共享合法性基础，是积累集群共享声誉的必要途径，是谋求集群共享地位有利变迁的前提条件。集群价值共创力是影响集群企业共享经济模式的核心战略要素。组织跟随战略走，集群网络嵌入力影响集群企业整合共享资源、共享信息与知识和协调价值链活动的能力。集群网络嵌入力是影响集群企业共享经济模式可持续发展能力的第二个核心因素。

集群价值共创力和集群网络嵌入力是构建集群共享竞争力的基础，而集群共享竞争力则表现为集群共享生产力和集群共享创新力。本书依据主流战略管理和组织理论构建的这些新概念的 CFA 检验获得通过，表明集群企业管理者认可集群价值共创力和集群网络嵌入力的战略时空路径和组织结构特点，而集群共享竞争力、集群共享生产力以及集群共享创新力的测度结构可以作为集群企业共享经济模式战略绩效的评估方式。

集群企业组织要素影响其集群共享竞争力的所有单路径、中介效应、交互作用以及综合路径模型得以检验，说明集群价值共创力具有提高集群企业共享经济模式可持续发展能力的组织机理。集群企业管理者选择集群价值共创可以通过多维时空路径有效整合产业聚合体系中的共享经济，跨越组织边界提高集群企业自身、协同组织、产业或产业集群的生产力和创新能力，促进集群共享经济的持续发展。集群网络嵌入力体现了集群企业嵌入产业共享经济体系的结构性特征，可以为集群企业实施共享经济模式提供有利的时空通道。

集群价值共创力和集群网络嵌入性可以分别显著促进集群企业共享生产力和集群共享创新力，从而提高集群企业的集群共享竞争力。集群价值共创力和集群网络嵌入力对各自提升集群共享生产力的存在交互作用效应，说明集群价值共创力和集群网络嵌入力相互关联、相互作用是提升集群企业共享经济模式的基础。集群价值共创与集群网络嵌入力具有互相抑制对方提高集群共享创新能力的交互作用效应，表明集群企业实施共享经济模式需要权衡创新影响环境和在集群网络中的路径依赖性之间的矛盾。

由于集群价值共创力和集群网络嵌入力对提高集群共享竞争力具有显著的直接和间接促进效应，因此，集群价值共创力和集群网络嵌入力可以提高集群企业共享竞争力。

整合本书前面章节中关于集群共享经济时空环境结构中同质性产业结构特征与市场治理机制以及集群价值共创力整合产业共享经济资源提高集群共享竞争力的路径特征的相关研究，可以在“结构—行为—绩效”架构下归纳与总结集群企业的集群价值共创力，提高其集群共享竞争力的组织机理。

1. 集群价值共创力影响集群竞争共享产权

同质性产业聚合体系存在诸如知识溢出效应、熟练工人市场、剩余资产或生产力等共享经济产品或服务。在市场机制下，具有原子结构特征的同质性共享经济体系可以为集群企业提供良好的产业聚合条件，集群企业可以通过提高集群价值创造力维系共享经济存量，提高共享经济增量，为利益相关者提供更多更好的共享经济产品或服务，从而取得集群竞争共享产权或者谋求集群共享地位变迁。行业协会与工会组织代表同质性产业共享经济组织与个体，依照集群企业共享经济模式所能创造的共享价值，比较和分析集群企业价值共创能力所形成的集群企业共享经济模式的特点、集群共享合法性或集群共享地位变迁的利益诉求，依据公共部门逻辑决定赋予或调整集群企业的集群竞争共享产权。集群价值共创力获取集群竞争共享产权的组织机理如图7-2所示。

图7-2中所示组织机理表明，提高集群价值共创力是集群企业服从公共部门逻辑的集群意识体现。集群价值共创力越高，越容易获取集群竞争共享产权，从而获取同质性产业聚合所形成的共享经济如知识溢出效应、组织边界外的规模经济、协同生产与创新、集群采购、集群营销、共享剩余资产或能力等。集群企业提高集群价值共创力除了可以共享产业聚合形成的共享经济条件之外，由于集群价值共创力可以创造产业聚合经济体系中的共享价值，维系和提高共享经济数量和质量，因此，通过集群价值共创力所获取的集群竞争共享产权属于致力于提高整个产业产期发展和国际竞争力的具有区域经

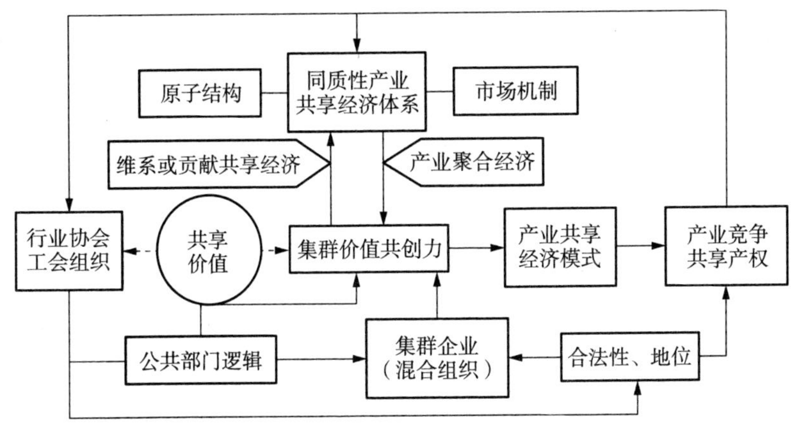

图 7－2 集群价值共创力获取集群竞争共享产权组织机理示意图

济特征的社会产权。

维护产业集群市场竞争机制的管理部门，需要履行制定和实施维护市场公平、公开的竞争秩序，抑制垄断势力，防范机会主义的公共管理职能。此外，还需要在产业集群的战略视野内审视集群企业共享价值结构以及集群价值共创力的结构特征，制定与实施促进集群企业创造共享价值的有效公共政策。维护一般意义市场竞争机制的正常运行，是促进集群企业持续投资和创新、促进集群共享经济体系健康发展的基石；搭建集群价值共创平台，引导集群企业创造共享价值，则可以避免同质性产业内生产力的重复建设、产业共享资源的闲置和浪费，导致整个产业生产力下降的过于激烈的价格战等不利于集群共享经济体系产期发展的狭隘的短视竞争行为。

集群企业管理者在制定产业战略时，除了需要考虑传统五力模型界定的影响竞争战略选择的竞争因素，还需要拓展战略视野，在产业集群时空范围权衡集群企业短期盈利和长期发展能力之间的关系。同时，在五力模型基本架构下，重新审视集群企业与五种力量之间的竞合关系，依据集群企业自身战略发展需要，同时考虑产业集群长期健康发展的战略需要。构建与利益相关者之间的符合产业共享经济体系治理机制的竞合关系，通过提高集群价值共创力，促进产业共享经济体系长期健康发展。

2. 集群价值共创力提高集群共享竞争力

在自由市场竞争的双边治理机制下，集群企业管理者可以拓展战略视野，将同行竞争者和潜在进入者之间传统的零合博弈模式调整为共享的合作关系。

通过集群采购和集群营销，集群企业可以提高相对于供应商和消费者的讨价还价能力，从而与竞争者和潜在进入者一起提高产业可能的利润空间。也就是说，同质性产业聚合体系可以为集群企业获取放大的利润池提供共享产业经济，而集群企业通过竞合关系选择影响产业共享经济体系的结构、竞争态势以及演进趋势，促进产业聚合体系健康发展。

集群企业的竞争者和潜在进入者通过产业集群中的共享价值结构与集群企业的集群价值共创力分析和判断集群企业的集群共享声誉、相对地位和可能的合作途径，依照竞争和合作的混合逻辑治理与集群企业之间的关系。同行竞争者与潜在进入者的集群价值共享导向，影响集群企业提供共享产品和服务的生产能力、相对于供应商和顾客的讨价还价能力以及由此决定的集群共享竞争力。集群企业、竞争者和潜在进入者之间通过集群采购、集群营销、集群研发、协同生产或创新、共享剩余资产或能力等共享经济形式可以提高集群企业、竞争者和潜在进入者乃至整个产业的集群共享竞争力。

如果说在多边治理机制下具有一定的集群价值共创力是集群企业获取集群共享产权的必要条件，那么，在双边治理机制下，提高集群价值共创力是提高集群企业集群共享竞争力的有效战略路径。这一组织机理如图 7－3 所示。

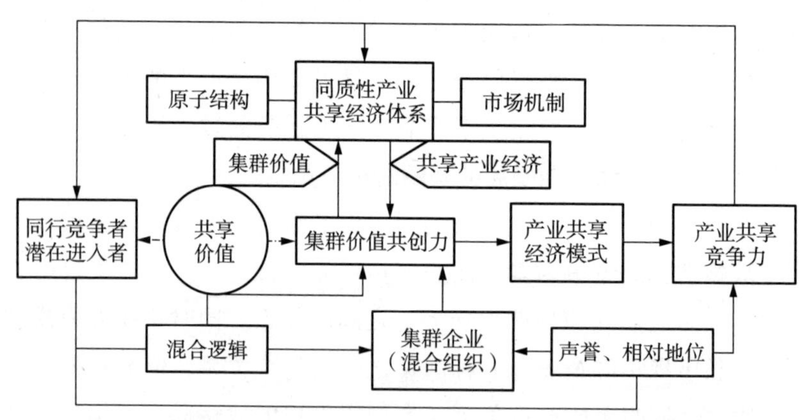

图 7－3　集群价值共创力提高集群共享竞争力组织机理示意图

图 7－3 所显示的集群价值共创力提高集群共享竞争力的组织机理表明，提高集群价值共创力是集群企业与同行竞争者和潜在进入者形成竞合关系，共同创造放大的利润池的战略基础。提高集群价值共创力可以有效整合同质性产业聚合所形成的共享经济，为产业共享经济体系提供更多的共享经济产

品或服务，提高集群共享经济模模式的可持续发展能力，从而获取同行竞争者和潜在进入者的认可，提高集群共享声誉和地位。

此外，集群企业致力于提高集群价值共创力可以形成、改善甚至优化产业共享经济体系中的竞合关系，优化产业集群结构，塑造产业竞争态势，创造有利于产业共享经济体系的集群共享价值，提高包括竞争者和潜在进入者在内的整个产业的竞争力。集群价值共创力的影响跨越了组织边界，其所促进的集群共享竞争力跨越了组织的边界有利于集群企业所在产业的健康发展。

（三）集群网络嵌入力提高其集群共享竞争力

依照本书有关提高集群共享竞争力组织机理的系统理论和实证研究成果，集群网络嵌入力是影响集群共享竞争力的第二个组织要素，是有效实施集群价值共创力的有效组织基础。整合关于集群网络环境规制集群价值共创导向以及提高集群网络嵌入力，可以提高集群共享竞争力的理论分析和实证研究成果，可以更为系统地归纳与总结集群网络嵌入力，提高其集群共享竞争力的组织机理。

1. 集群网络嵌入力影响集群网络共享合法性

集群网络是比同质性产业时空范围更广的战略时空。依据本书关于集群网络环境规制集群价值共创导向、集群网络嵌入力影响集群共享竞争力的理论和实证研究成果，可以更为系统地归纳与总结集群网络嵌入力影响集群网络共享产权的组织机理。

在集群网络中的多边治理机制下，生产要素的管理机构和消费市场的管理结构等公共管理部门，依据影响集群网络结构特征和演进趋势的国家创新时空的市场机制和公共管理的具有混合特征的网络治理机制，对具有混合性质的集群企业的网络嵌入力进行评估，分析和判断集群企业是否具有能有效嵌入集群网络之中、识别共享经济机会、整合集群共享经济资源、实施集群共享经济模式的有效的组织结构特点和组织能力。在此基础上，这些管理机构分析和判断集群企业共享经济模式是否具有在集群网络中实施的合法性，决定是否给予集群企业集群网络共享产权。

一方面，集群企业可以通过集群网络嵌入力有效嵌入集群网络之中，利用集群企业的产业集群环境赖以形成的国家创新时空中有利于创新和创业的制度环境、市场机制和集群网络，提高整合集群共享经济的能力。另一方面，集群企业可以通过开放式组织结构，将企业可以共享的组织资源融入集群共享经济体系之中。集群网络嵌入力，可以有效提高集群企业作为混合组织服从公共部门逻辑的能力，是提高集群企业的集群价值共创力的组织基础，是集群共享经济模式可持续发展的组织保障。

因此，产业集群公共管理部门可以把集群网络嵌入力作为评判集群企业实施共享经济模式合法性组织能力的依据，集群网络嵌入力是集群企业获取集群网络共享产权的有效组织形式。公共管理部门依据集群网络嵌入力，分析和判断集群企业是否具有集群网络共享合法性；集群企业通过提高集群网络嵌入力提高其集群价值共创力，从而提高集群企业共享经济模式的可持续发展能力。在多边治理机制下，集群企业获取集群网络共享产权的组织机理如图 7-4 所示。

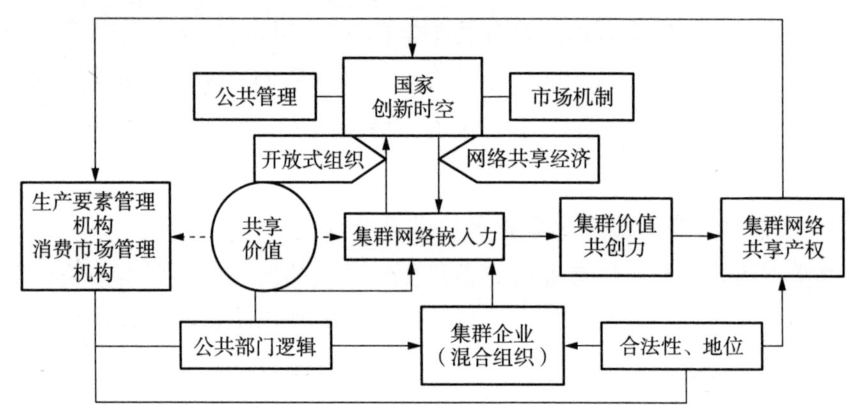

图 7-4　集群网络嵌入力获取集群网络共享合法性组织机理示意图

依照图 7-4 中所示的集群网络嵌入力获取集群网络共享产权，提高集群企业共享经济模式合法性的组织机理，集群企业管理者可以通过提高集群网络嵌入力提高集群企业共享经济模式适应国家创新时空特点、整合集群网络资源的组织能力，从而促进集群企业的集群价值共创力。提高集群网络嵌入力是集群企业服从产业集群环境中多维制度逻辑，获取集群网络共享产权的组织基础，也是产业集群公共管理部门评判集群企业共享经济模式的组织合法性的基础。这对于公共管理部门实行产业集群网络治理的公共管理职能，以及集群企业管理者设计提高共享经济模式可持续发展能力的组织结构，均具有重要意义。

产业集群公共管理部门可以依据集群网络嵌入力的评估维度，提高网络治理的针对性。依照产业集群赖以形成和健康运行的国家创新时空的市场机制和公共管理治理，管理机构可以依据优化集群网络结构、提高协同创新和生产能力的制度逻辑制定集群企业获取集群网络共享产权的集群网络嵌入力的准入标准，为利益相关者评判集群企业共享经济模式的组织合法性提供依据。

集群企业管理者可以依照集群网络嵌入力的组织维度，提高便于集群企业提高集群价值共创力和共享经济模式可持续发展能力的组织有效性。集群企业管理者需要认识到，提高集群网络嵌入力，可以提高集群企业整合集群共享经济信息、整合共享经济资源的能力。集群网络嵌入力越强，集群企业服从多维制度逻辑的组织能力越强，越有利于提高集群企业集群价值共创力，越容易获取集群网络共享产权。提高集群网络嵌入力，还可以改善集群网络结构，提高国家创新时空的信息整合能力，有利于集群企业协同生产和创新。

2. 集群网络嵌入力提高集群共享竞争力

整合本书关于由钻石体系界定的国家创新时空中集群网络双边治理机制以及集群企业网络嵌入力提高集群共享竞争力路径研究的相关研究成果，可以系统分析在双边治理机制下，集群企业通过提高集群网络嵌入力提高集群共享竞争力的组织机理。

在集群网络中，存在与集群企业共享信息、共享闲置资产与生产能力以及协同生产和创新的组织如研发机构、替代品生产者、供应商、消费者、服务机构等。这些组织可以依据国家创新时空的网络治理与信任机制，通过创造共享价值的混合逻辑，要求集群企业具有便于协同创造共享价值的开放式组织组织结构。集群网络嵌入力可以作为评价集群企业提高集群共享竞争力的组织结构声誉，集群企业通过提高集群网络嵌入力，提高集群企业的集群价值共创力，进而提升其集群共享生产力。由提高集群网络嵌入力而产生的开放式组织结构和集群共享竞争力均有助于改善集群网络结构，促进国家创新体系健康发展。集群网络嵌入力提高集群共享生产力的组织机理如图 7－5 所示。

依照图 7－5 所示的组织机理，集群企业的管理部门可以通过区域信息网络建设，为集群企业、研发机构、替代品生产者、供应商、消费者、服务结构等组织搭建双边治理机制下的协作平台。由集群企业的协同组织依据集群网络嵌入力来评价集群企业提高集群价值共创力和集群共享竞争力的组织声誉和地位。通过有效的信任机制和网络治理促进集群企业提高集群网络嵌入力，从而有效地提高集群价值共创力和集群共享竞争力，并通过其开放性组

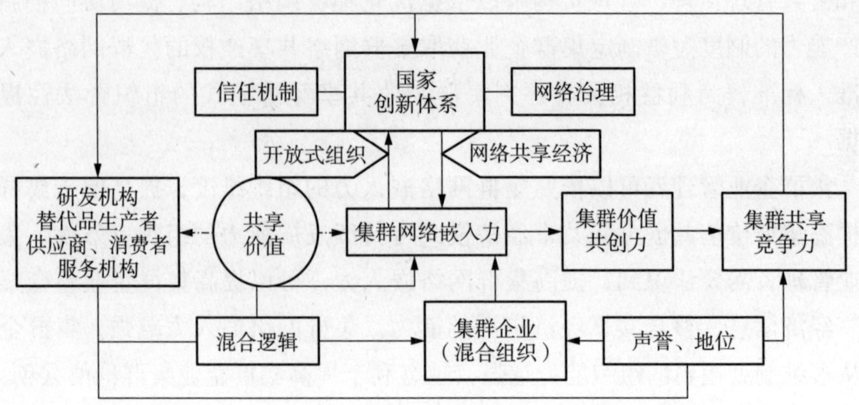

图7－5　集群网络嵌入力提高集群共享竞争力组织机理示意图

织结构和集群共享竞争力优化集群网络结构和国家创新体系的创新机制。

集群企业管理需要了解国家创新体系中的信任机制和网络治理的特点，明确双边治理机制下利益相关者主导的制度逻辑要求与声誉和地位评价机制，洞察集群网络中的利益相关者结构，努力提高集群网络嵌入力藉此提高集群价值共创力和集群共享竞争力，为集群企业共享经济模式提供组织保障。集群企业管理者还需要了解提高集群网络嵌入力所产生的联动组织效应，因为提高集群网络嵌入力除了可以提高集群企业的集群价值共创力之外，还可以通过由此提高的集群共享竞争和开放式组织结构优化集群网络结构来提升国家创新体系的整体竞争力。

（四）集群共享竞争力提高国际竞争力

由于通过区域治理和全球价值链治理之间的相互作用，集群企业可以识别全球共享经济机会，整合全球共享经济资源，实施全球共享经济模式。因此，通过集群价值共创力和集群网络嵌入力所形成的本土化集群共享竞争力是集群企业获取全球共享经济社会产权和提高全球共享经济竞争力的基础。

依照本书关于区域治理和全球价值链相互作用形成的约束集群共享经济体系的共享价值结构和集群企业共享经济模式的制度机制，以及集群企业通过提高集群共享力实施全球共享经济模式、提高全球共享经济竞争力的理论分析（由于时间、资料收集等条件的局限，这一部分未进行实证检验），可以整合相关研究成果，系统分析集群共享竞争力影响集群企业获取全球共享经济社会产权以及提高全球共享经济竞争力的环境规制机制和组织机理。

1. 集群共享竞争力影响集群企业全球共享经济社会产权

在全球价值链体系中，存在着区域性产业集群治理和全球价值链治理之间的相互作用。在全球共享经济体系中，生产要素和消费市场管理机构依照全球价值链治理体系中的区域治理和全球治理体制及其相互作用，分析与判定集群企业及其全球共享经济利益相关者的共享价值结构，依据集群企业的建立在致力于提高集群价值共创力和集群网络嵌入力基础上的集群共享力，分析与判断集群企业共享经济模式在全球价值链体系中所能创造的全球共享经济价值，决定是否授予集群企业以全球共享经济的社会产权。

集群企业可以通过持续提高集群价值共创力和集群网络嵌入力，不断提高集群共享竞争力。在全球价值链体系下，集群企业的集群共享竞争力越高，其整合全球共享资源的能力越强。通过提高集群共享竞争力，具有混合组织性质的集群企业可以通过集群共享经济模式为多边治理机制下的利益相关者创造全球共享经济价值。提高集群共享竞争力是集群企业获取全球共享社会产权的全球竞争能力基础和获取全球竞争社会产权的评价依据。集群企业的集群共享竞争力及其全球共享社会产权是构建、维系全球共享经济价值链体系、实现集群企业共享经济模式价值链创新和升级、优化全球价值链治理体系的本土化基础。集群共享竞争力影响集群企业获取全球共享合法性的全球共享经济价值链治理机理用框图描述，如图 7－6 所示。

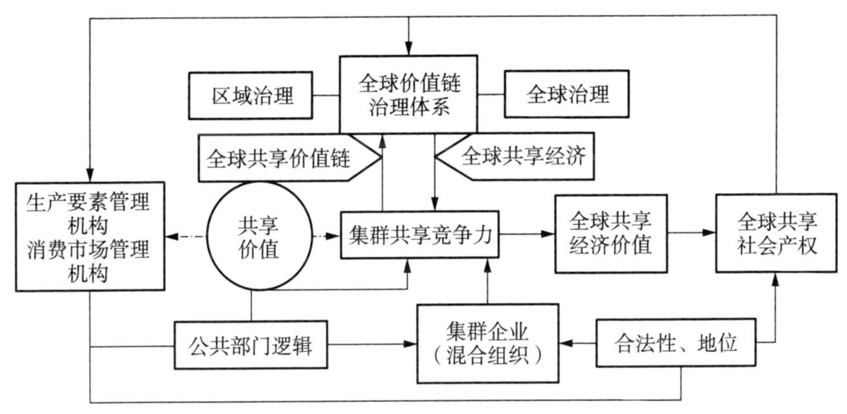

图 7－6　集群共享竞争力获取全球共享合法性组织机理示意图

按照图 7－5 中所示的集群共享竞争力获取全球共享合法性的组织机理，产业集群管理部门需要了解集群网络治理与全球价值链治理之间的相互作用，准确识别全球价值链治理体系中集群企业共享价值，履行或衔接促使集群企业提高集群价值共创力的公共政策，通过多边治理机制下的公共部门逻辑促使集群企业提高集群共享竞争力并设计与之相适应的组织结构，服从多维的制度逻辑约束。运用集群共享竞争力概念，评估集群企业建立在集群价值共创力和集群网络嵌入力基础上的集群共享竞争力，据此评价集群企业在全球价值链体系中实施全球共享经济模式的合法性，决定是否授予或变更集群企业的全球共享社会产权。

需要拓展集群共享经济体系国际视野的集群企业管理者，需要识别在全球价值链治理体系中存在的全球共享经济形式，了解集群治理与全球价值链治理之间相互作用对全球共享经济模式的影响机制，通过提高集群共享竞争力创造全球共享经济价值，从而获取全球共享社会产权，由此嵌入全球价值链治理体系之中。提高集群共享竞争力是集群企业服从全球价值链体系中的公共部门逻辑，获取合法性的有效路径。集群企业的全球共享社会产权及其集群共享竞争力可以通过全球价值链治理形式改善全球价值链治理体系，提高集群企业全球共享经济体系的可持续能力。

2. 集群共享竞争力提升集群企业全球共享经济竞争力

获取全球价值链共享社会产权的集群企业可以在全球共享经济体系中的双边治理机制下，与供应商、竞争者、消费者等通过共享价值形成战略合作伙伴关系。集群企业的利益相关者依照全球共享经济体系中区域治理和全球价值链治理相互作用体制，需要遵守既竞争又合作的混合逻辑制度约束，并依据集群企业的全球共享经济模式所展现的全球共享经济竞争力来评价企业集群在全球共享经济体系中的声誉和地位。

在全球共享经济体系混合逻辑制度的规制下，集群企业的集群共享竞争力是赖以共享全球共享经济价值链、整合全球共享经济资源、实施全球共享经济模式、提高全球共享经济竞争力的有效战略路径。依据全球共享经济体系中共享价值，通过为利益相关者创造全球共享经济价值，提高集群共享竞争力，提升集群企业服从混合逻辑的战略能力。不断提高集群共享竞争力，可以持续提高全球共享经济竞争力，持续积累在全球共享经济体系中的声誉，谋求在全球共享经济体系中有利的地位或地位变迁。

集群企业通过提高集群共享竞争力提升其全球共享经济竞争力，从而拓展集群企业共享经济模式发展空间、提高可持续发展能力，其组织机理可归纳、总结如图 7 – 7 所示。

依据图 7 – 7 所示的组织机理，产业集群公共管理部门可以依据全球共享

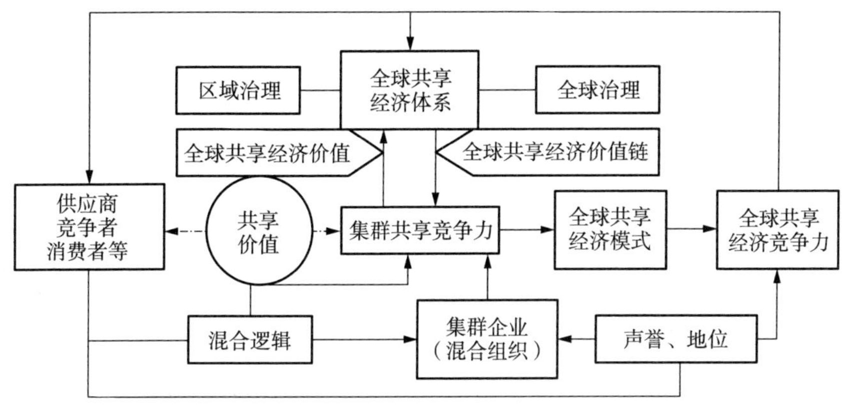

图7－7　集群共享竞争力提高全球共享经济竞争力组织机理示意图

经济体系中区域治理和全球价值链治理之间的治理机制及其相互作用，准确判断双边治理机制下集群企业的共享价值结构，积极为集群企业提高集群共享竞争力搭建全球共享经济价值链平台，将集群共享竞争力作为评估集群企业服从既竞争又合作的混合逻辑能力的基本依据。通过全球共享经济体系中的共享商、竞争者和消费者等利益相关者对集群企业的集群价值共创力和全球共享经济模式所展现的全球共享经济竞争力，客观评价集群企业在全球共享经济体系中的声誉和地位，并依照集群共享竞争力所能创造的全球共享经济价值和全球共享经济竞争力对全球共享经济体系所产生的影响，分析与评估集群企业共享经济模式对全球共享经济体系所带来的影响，以及由此产生的可持续发展能力。

集群企业管理者需要洞察全球共享经济体系中集群治理和全球价值链治理之间相互作用而形成的多边和双边治理机制特点，准确判断双边治理机制下集群企业及其利益相关者的共享价值结构，深入了解利益相关者主导下的既竞争又合作的混合制度逻辑要求，努力提高集群价值共创力和集群网络嵌入力，从而提高集群企业的集群共享竞争力。持续提高集群共享竞争力，可以不断改进服从全球共享经济体制规制集群企业行为的制度逻辑的战略能力，在全球共享经济价值链中不断积累声誉、谋求有利的价值链地位和价值链升级。此外，管理者还需要认知到，集群企业可以协同利益相关者提高集群共享竞争力，和全球共享经济竞争力优化全球共享经济价值链结构，拓展集群企业共享经济模式的国际空间，实现集群共享经济体系的创新和价值链升级，为集群企业共享经济模式实现可持续发展提供必要的国际保障。

（五）结论综合与分析

本书在“结构—行为—绩效”架构下，通过系统的理论分析和实证检验，笔者系统论证了本书主题：集群企业价值共创力提高共享经济可持续发展能力。其中第一个结论：集群共享经济体系规制集群价值共创导向，表明集群企业提高价值共创力是提高其共享经济模式可持续发展能力的必要条件。第二个结论：集群价值共创力提高集群共享竞争力（侧重生产力），论证了提高集群价值共创力是提高集群共享经济可持续发展的有效战略路径。第三个结论：集群网络嵌入力提升集群共享竞争力（侧重创新力），论证了集群网络嵌入力是提高集群价值共创力的组织保障。由于战略和组织是影响企业持续竞争优势的两个核心要素，因此，结论 2 和结论 3 一起论证了提高集群企业共享经济模式的充分条件。第四个结论：集群共享竞争力提高集群企业共享经济模式的国际竞争力，表明建立在集群价值共创力和集群网络嵌入力基础上，集群共享竞争力可以拓展集群企业共享经济模式的国际竞争时空，提高集群企业在全球共享经济体系中的竞争优势。

本书系统分析了集群企业共享经济模式的环境结构、存在于产业集群不同时空环境的共享经济形式、治理机制，以及规制集群企业共享经济模式的制度特征，在此基础上详尽解析了集群价值共创力和集群网络嵌入力整合产业共享经济、集群网络共享经济的组织机理，理论分析和实证检验了集群价值共创力和集群网络嵌入力提高集群共享竞争力的路径，并理论分析了集群共享竞争力提高集群共享经济模式国际竞争力的组织机理。这种跨学科分析范式打破了传统的单一学科研究范式的局限，系统地论证了集群价值共创力提高集群共享经济模式可持续发展能力的环境规制机制和组织机理，较之传统的零散的单一学科的研究成果，具有更强的说服力。

由于本书既系统分析了集群企业的产业集群环境规制集群企业战略行为的路径特征，又分析了集群企业如何适应集群共享经济体系制度约束逻辑，提高集群企业共享经济模式可持续发展能力的有效战略路径组织形式，因此，本书研究成果一方面可以为区域经济或产业集群管理机构制定促进集群企业共享经济模式可持续发展的公共政策提供参考；另一方面，也可以为集群企业管理者选择实现集群共享经济模式的有效战略和组织形式提供指导意见。在集群共享经济体系中，政府管理机构和企业事实上形成了角色不同但目标一致的共享集群共享经济收益，同时共担其风险的利益共同体。本书所做的系统研究成果，可以帮助政府提高制定公共政策约束企业行为的针对性，也可以帮助集群企业准确识别集群共享经济体的制度环境特点，提高战略和组织的有效性，从而实现政府机构公共政策和企业战略选择的协同一致，更好地实现集群共享经济的可持续发展。

二、创新讨论

在“结构—行为—绩效”架构下，本书采用多学科研究范式，针对主流企业共享经济理论、企业战略管理和组织理论中存在的不足，构建了一系列可以描述集群企业共享经济环境规制集群战略导向和集群企业战略导向影响集群企业可持续发展能力的概念。

（一）集群企业共享经济环境分析理论创新

集群共享经济可以更为系统而完整地描述集群企业共享经济环境诱因，集群社会资本可以用来评估集群企业共享经济的网络条件，集群竞争力和集群选择力可以用来评价影响集群企业战略行为的经济和社会力量，集群价值共创可以用来分析集群共享体系的价值导向。这些概念丰富了主流共享经济理论、战略管理理论和组织理论中关于集群企业共享经济环境分析的理论范畴。

本书运用这些概念分析和提出并被验证的系列路径假设则系统地揭示了集群共享经济体系规制集群价值共创导向的环境规制机理。这些结论弥补了主流共享经济理论中关于多边市场机制解释能力的不足，也为传统战略管理和组织理论中关于企业环境分析的理论提供了新的解释范式。

（二）集群共享经济可持续发展组织机理理论创新

集群价值共创力和集群网络嵌入力可以用来描述影响集群企业长期竞争优势的有效战略和组织形式，集群共享合法性、集群共享声誉和集群共享地位可以用来分析集群企业适应集群共享经济制度的制度特征，集群共享竞争力、集群共享生产力和集群共享创新力可以用来评估集群企业共享经济的可持续能力。这些理论丰富了主流战略管理组织理论。

本书运用这些概念提出并检验的集群价值共创力和集群网络嵌入力影响集群共享生产力和集群贡献创新力的路径假设，为阐释集群共享经济模式实现可持续发展的有效战略路径、组织形式影响集群企业的集群共享生产力和集群共享创新力的组织机理提供了新的解释范式。这些结论弥补了主流战略管理和组织理论中关于解释集群企业共享经济模式可持续发展机理的不足。

（三）集群企业共享经济可持续发展系统解释理论创新

按传统的研究范式，描述集群企业共享经济模式的环境分析、战略行为、组织结构以及战略绩效概念分属不同的学科，内涵不存在必然联系。在“结构—行为—绩效”架构下，本书运用主流共享经济理论、战略管理理论和组织理论构建了内涵相互关联的系列概念。

通过跨学科的理论整合、深化以及内涵置换方法，以集群企业共享经济模式的环境规制与战略选择的相互作用为研究线索，本书实现了描述集群企业共享经济环境的新构建概念（集群共享经济、集群社会资本、集群竞争力、集群选择力和集群价值共创）和评价实现集群企业共享经济模式的有效战略和组织形式的概念（集群价值共创力、集群网络嵌入力、集群共享竞争力、集群共享生产力和集群共享创新力）之间内涵的统一性，为系统分析集群企业共享经济模式可持续发展机制提供了新的理论工具。

然后，用这些概念提出了集群共享经济制度环境规制集群企业战略行为，集群企业战略选择与组织形式适应集群共享经济体系、改善集群共享经济结构以及提高集群共享经济可持续发展能力的系列路径假设。这些假设突破了单一学科的束缚，具有严谨的逻辑联系。而这些假设经过检验之后转化而成的系列命题，打破了传统的单一学科研究方式的局限，在集群企业共享经济环境分析、战略行为、组织方式和战略绩效等多个研究领域之间搭建了一座立交桥，使一些原本被隔离在不同学科之中的概念之间赋予了内在联系，为系统研究集群企业共享经济模式可持续发展问题提供了新的系统的解释范式。

第二节　研究启示

一、研究方法启示

（一）理论研究启示

产业集群是现代经济存在的主要形式，作为构成产业集群的主要经济与社会实体，集群企业将成为现代企业的主要组织形式。在产业集群中，存在更多的共享经济机会。产业聚合时空的同质性企业、区域网络、产业集群以及全球价值链治理体系可以为企业共享经济模式提供共享经济资源，通过共享基础设施、公共服务、协同生产与创新提高可持续发展能力。

在产业聚合时空共享经济社会选择机制的制约下，具有混合组织特征的集群企业必须扮演多元角色作用，才能满足多元利益相关者的利益诉求。因此，在产业聚合时空中，集群企业的集群价值共创是集群企业获取集群共享产权，提高集群共享合法性、声誉并实现有利的地位变迁的有效路径。这完全合乎企业环境要素与战略之间相互作用逻辑的推理。

从集群价值共创的战略路径和价值创造特征来看，集群价值共创具有社会创业的特点。因此，虽然在企业社会创业领域内已经积累一定数量的研究成果，但是这些研究成果往往将集群企业的环境、战略决策、社会创业过程以及绩效评估割裂开来进行研究，没有任何一种研究成果具有系统的解释力，而且不同理论研究成果之间缺乏可以沟通的理论架构，因此，现有的企业社会创业理论远不能指导集群企业如何通过集群价值共创提高共享经济模式可持续发展。

波特的钻石系统理论、产业集群理论、五力模型、竞争优势与竞争战略以及创造共享价值（社会创业）理念，从范式特点看，它们属于不同层面的学科范畴，事实上，这些理论的落脚点都是如何整合产业聚合时空中的区域或产业经济以及区域网络或产业集群的结构与演进机制优势，提高企业主体的区域或国际竞争力，因此，这些理论都可以用来界定集群企业和集群企业共享经济模式、集群共享经济体系的时空结构与治理机制以及实现集群企业共享经济模式可持续发展的有效战略路径和组织形式。

以主流共享经济理论中关于企业共享经济的解释范式为线索、以主流战略管理和组织理论的相关解释范式为补充，围绕集群企业共享经济模式进行系统的理论梳理，然后将这些理论与波特的理论进行整合与深化。本书通过这样的思路进行理论创新，使得所有新提出的概念和路径假设都具有主流理论的支持，并弥补了现有范式的不足，最后对所有概念的测度结构和路径假设进行了实证检验。因此，本书的研究方法实现了跨学科创新，研究成果可以丰富多种主流理论。

在解构与重组波特以及其他相关理论的基础上，本书提出了一些可以有效描述集群企业共享经济模式的环境结构、战略特以及制度约束等方面的定义，在产业聚合体系下构建了集群企业如何整合产业聚合时空优势，通过有效的时空战略提高集群企业的集群共享竞争力的理论模型与假设体系。这些研究本质上是对波特竞争论思想的继承与发展，此外在传统组织与战略管理理论以及波特提出的相关理论基础上，本书还提出了可以系统阐释集群企业集群价值共创力提高集群企业共享经济可持续发展能力的系列概念和路径假设。

运用本书构建的理论架构分析，获取集群共享经济体系社会产权的集群企业可以利用集群共享经济获取低成本优势，这是源于地理空间中自然资源禀赋与地理接近性所产生的竞争优势，属于李嘉图经济租；集群企业通过集群社会资本，提高共享经济模式的协同生产、创新与价值链升级能力，这是时间维度的竞争优势，属于熊彼特经济租。

提高集群价值共创力和集群网络嵌入力的本质是获取产业聚合时空中的两种形式的经济租，提高集群共享竞争力，通过集群共享竞争力中的集群共享生产力和集群共享创新力维系与增加集群共享经济体系中两种经济租的存量与增量，构建整个集群共享经济体系区域或全球竞争优势。本书整合了理论体系和实证研究结论，可以更为系统地解释集群企业共享经济模式。

（二）实证研究启示

由于企业共享经济理论、企业社会创业理论均属于企业管理研究的前沿领域，基本处于前范式阶段。验证本书主题，需要横向整合多学科解释范式，纵向分析集群共享经济环境要素规制集群价值共创导向以及集群价值共创力提高集群共享竞争力，本书在综合运用主流理论的基础上提出了一些用于跨学科研究的新定义。通过 CFA 检验，这些定义的内涵与外延结构与实证数据吻合程度较好，说明虽然本书构建的新概念属于不同的学科，可以从不同的角度揭示集群共享经济环境结构、贡献经济行为以及共享竞争优势的某一方面的属性，跨学科进行理论的整合与深化不乏理论基础。

为了逐步解释集群共享经济环境要素规制集群价值共创导向的路径特征，本书依次对聚合要素影响集群企业的单因素因果关系、中介和交互作用效应以及综合影响路径进行系统的检验。结果显示，在直接和间接效应的叠加效应作用下，综合路径系数和显著性与单因素因果模型以及中介和交互作用模型中路径的路径系数和显著性之间存在很大差别。

任何经济现象都产生于特定的社会结构，在集群网络结构中考察一种因素与另一种因素的关联性更加客观和真实。与其他模型中的单一的或中介效应路径关系相比，综合路径模型中反映的环境约束机制更具有学术和实践指导意义。而通过不同模型中路径系数的比较与分析，则可以更为细致地了解不同集群共享经济要素影响集群企业集群价值共创的路径特征。

在进行集群价值共创力提高集群企业共享竞争力的实证检验时，本书对组织要素影响集群共享竞争力的单因素因果路径、交互作用路径以及综合路径也进行了实证检验。与环境约束机制检验相类似，集群价值共创力提高集群共享竞争力综合模型中的组织要素，影响集群共享生产力和集群共享创新力的路径系数和显著性。

由于战略和组织是影响企业竞争优势的双重基础，因此，综合模型中揭示的路径关系比其他模型中揭示的因果关系更具有指导价值。同时，比较分析单因素因果关系和双因素中介效应有助于深入理解综合路径的形成机理。

尽管实证检验中使用了一些新定义，构建的模型较为复杂，但是由于理论模型的构建过程进行了较为严格的理论推演，因此，理论模型和实证检验结果之间的吻合程度较高。这说明严谨而细致的理论研究是提高实证数据检验信度和效度的基础，做好理论研究对于整体研究质量非常重要。

通过跨学科理论整合的关于集群共享经济环境要素的定义、运用传统组织理论和战略理论构建的组织要素定义较好地揭示了集群共享经济环境的经济和社会结构属性以及集群集群共享经济有效战略和组织形式的多维结构特征。表明选用的结构方程工具适应于揭示一些具有复杂结构特征的管理行为属性。

在“结构—行为—绩效”下，本书通过跨学科理论分析提出并检验的系列路径假设较好地揭示了集群共享经济体制战略环境与战略行为之间的相互作用机制以及集群价值共创力提高集群企业共享经济模式可持续发展能力的组织机理，表明跨学科构建的新概念虽然分别属于不同的学科，但是在不同的时空范围、从不同的角度解释了集群企业共享经济模式的环境特征、战略选择和战略绩效的本质属性，这些概念之间的关系展现的是集群企业共享经济模式实施过程中环境约束机制和战略绩效的形成机理，而实证检验中的综合模型则验证了跨学科理论研究的科学性和实现的创新之处。

二、“双创”实践启示

科技创新是大国崛起的基石，创新与创业是我国经济新常态的重要表现形式。万众创新、大众创业是促进产业升级、提高经济发展质量的重要举措。通过供给侧改革盘活经济存量优化产业结构是提高我国经济运行质量的重要政策。在这样的历史和现实背景下，如何提高技术成果的转化效率，如何更好地发挥企业家精神，如何提高小微企业的成功概率，是创新和创业的核心。产业集群是现代经济的主要存在形式，企业是承担创新与创业的经济和社会主体。

共享经济在全球范围内具有广阔的发展空间，可以促进我国产业融合，催生新业态，提高闲置资产的利用价值，在一定程度上缩小由产权约束带来的社会财富分配不均的现象。集群价值共创是提高集群企业共享经济模式可持续发展能力的有效时空战略。在我国创新创业、供给侧改革、产业集群创新和升级等现实背景下，本书的研究结论具有重要的现实意义。

集群共享经济体系的环境要素影响集群企业集群价值共创导向环境约束路径，这一研究成果表明：在“看得见的手”和“看不见的手”的共同作用下，集群共享经济体系具有促进集群企业集群价值共创导向的区域性社会价值导向。这一结论是集群意识的体现，也是利益相关者相互博弈的结果。环境规制机制是实现集群共享经济可持续发展的重要保障。

集群共享经济体系中的共享经济形式和共享价值具有共性，但是产业聚合体系中不同环境要素对集群价值共创具有不同的影响路径，集群共享经济只是有利于集群企业选择共享经济模式的环境诱因，集群社会资本也具有公共品性质，集群竞争力和集群选择力对集群价值共创导向具有相反的影响路径，通过市场机制和动态的社会选择机制激励和约束集群集群价值共创导向。

因此，威海新信息产业集群管理部门在制定促进集群集群价值共创导向的公共政策时，只考虑如何提高集群共享经济的环境诱因激励集群企业选择共享经济模式，不能只通过搭建平台提高集群的社会资本提高创新力，更不能仅靠优惠政策提高小微企业的长期竞争优势，而应该在努力改善集群共享经济体系的基本经济和社会属性的基础上，综合平衡产业竞争力和社会选择力的影响效力，通过双边和多边治理机制提高对集群价值共创导向的促进作用，这是保证集群共享经济可持续发展的体系保证。

本书理论研究依据的是具有一般性的主流理论，所有新概念和路径假设均经过实证检验。虽然不同区域或产业的产业集群和集群企业具有差异，但是产业集群得以产生和持续发展的逻辑具有一致性。实现集群企业共享经济的可持续发展是所有区域经济或产业集群管理部门的共同目标，集群共享经济环境规制集群价值共创导向的时空环境结构、治理机制和规制路径具有一般性。因此，本书得出的结论不仅适用于样本选取区域，对其他具有类似共享经济体系结构的区域或产业集群的管理部门同样具有一定的借鉴意义。

在集群共享经济环境要素影响集群价值共创导向的环境约束机制下，集群价值共创力和集群网络嵌入力可以作为集群企业能否获取集群共享产权的判断依据，也是集群企业提高集群共享合法性、集群共享声誉和集群共享地位的有效战略路径和组织形式。集群价值共创力可以提高集群企业有效整合产业聚合体系中的时空优势，获取位于不同时空范围中的共享经济，提高集群共享生产力和集群共享创新力；集群网络嵌入型则是集群企业获取集群共享经济信息、捕捉集群共享经济机会、整合集群共享经济资源、履行共享经济混合组织属性的结构基础，集群企业不断提高社会创业导向的时空集群价值共创力和集群网络嵌入力，可以提高集群企业共享经济模式的可持续发展能力。

由于集群价值共创力、集群网络嵌入力不同于传统层级组织常用的战略和组织能力，因此，威海市新信息产业集群企业如果选择和实施共享经济模式，可以依据集群价值共创力和集群网络嵌入力的测评结构，选择可以提高集群企业共享生产力和集群共享创新力的合理战略路径和组织形式。集群价值共创力和集群网络嵌入力是构建集群企业共享经济模式可持续发展的组织基础，其战略影响力可以通过集群网络提高协同组织的集群共享生产力和集群共享创新力，进而促进区域经济和产业集群的创新和升级能力。这对于构建集群企业的长期竞争优势具有重要的指导意义。

集群企业价值共创力和网络嵌入力提高集群企业的集群共享竞争力的理论和实证研究成果是建立在主流战略管理理论和组织理论基础上的，本书构建的关于集群企业共享经济模式的新概念具有一般意义，集群企业共享经济模式、集群企业提高集群共享竞争力的战略路径和组织形式也具有一般性。因此，本书关于集群价值共创力提高集群共享竞争力的命题也在一定程度上适用于其他区域或产业的集群企业共享经济模式。

提高集群企业共享经济模式可持续发展能力，需要集群共享经济体系有效规制集群价值共创导向，还需要集群企业通过提高集群价值共创力和集群网络嵌入力提高集群共享竞争力。政府部门的公共政策和集群管理者的价值导向只有协同一致，才能确保集群企业共享经济模式的可持续发展。

第三节　不足与展望

一、研究不足

与严格按照学科分类的主流研究范式相比，主流研究从单一或几个视角研究企业共享经济现象的属性或现象与现象的联系，具有更为严谨的逻辑分析和更为充分的理论依据。本书采用跨学科研究的方法提出的新定义之间的逻辑关系没有直接的理论依据，有待更多的实证检验，新定义的内涵需要进一步提炼。

在实证研究中，部分潜变量的测度结构还不够合理，部分 CFA 模型、单路径模型，尤其是综合影响机制模型的适配度指标还需进一步改善。对于集群共享经济环境要素的评价、组织属性的认知以及时空竞争力的评估都源于对集群企业管理者的调研，只能局部地反映产业聚合环境、组织属性以及竞争力的真实状况，由于实证调研条件的局限，样本数量偏少，在一定程度上影响了实证效果。

二、研究展望

未来研究可在已经建立的理论架构和基本实证研究方法的基础上，进一步从巩固与扩大集群共享经济体系环境约束机制以及集群企业集群价值共创提高集群共享竞争力组织机制的研究成果：

第一，进一步提炼关于描述集群共享经济环境要素概念的内涵，更加深入地解析集群共享现象；优化集群共享环境要素量表和测度题项，更加系统而准确地分析集群共享体系时空结构；扩大样本量，将更多测度数据纳入模型之中；选取威海市其他产业集群或者其他区域的更多类别的产业集群为样本总体，提高实证研究的信度与效度，为管理机构制定公共政策提供更为准确的参考模型。

第二，进一步提炼关于集群企业集群价值共创组织机制相关概念的内涵，更加准确地把握提高集群企业集群共享竞争的战略路径和绩效考评方式；优化描述组织机制要素的量表和测度题项，开发出适应面更广、更加精确的量表结构和测度信息；选取更多类型和数量的集群企业为样本，提高实证研究的信度与效度，为提高集群企业集群共享竞争力提供更为精确的战略路径和组织形式。

这些研究成果今后应用到我国更广的时空范围，可以为制定促进集群集群价值共创的具有更为明确的系统影响力的公共政策提供直接理论，为分析影响集群共享体系的内在动力提供基本范式，为集群企业管理提高集群价值共创力、集群网络嵌入力和集群共享竞争力提供直接指导。

参考文献

[1] Aaron C, Edward L, Glaeser W, et al. Clusters of entrepreneurship and innovation [EB/OL]. http: //www. nber. org/papers/w192013.

[2] Adizes I. Corporation Lifecycle: how and why corporations grow and die and what to do about it [M]. New Jersey: Prentice Hall, 1988.

[3] Zaheer A, Remzi G, Milanov H. It' s the connections: the network perspective in interorganizational research [J]. Academy of Management Perspectives, 2011, 24 (1): 62 - 77.

[4] Aldrich H E, Fiol C M. Fools rush in? The institutional context of industry creation [J]. Academy of Management Review, 1994 (19): 645 - 670.

[5] Bitektine A, Montreal H. Toward a theory of social Judgments of organizations : the case of legitimacy, reputation, and status [J]. Academy of Management Review, 2011, 36 (1): 151 - 179.

[6] Amit R, Schoemaker P. Strategic assets and organizational rent [J]. Strategic Management Journal, 1993 (14): 33 - 46.

[7] Andreas B, Eisinggerich S J. How can clusters sustain performance? The role of network strength, network openness, and environmental uncertainty [J]. Research Policy, 2010, 39 (2): 239 - 253.

[8] Pache A C, Chowdhury I. Social Entrepreneurs as Institutionally Embedded Entrepreneurs: Toward a New Model of Social Entrepreneurship Education [J]. Academy of Management Learning & Education, 2012, 11 (3): 494 - 510.

[9] Arrow K. Economic welfare and the allocation of resources for invention [C]. // Nelson R. The Rate and Direction of Inventive Activity : Economic and Social Factors [M]. Princeton: Princeton university Press, 2015.

[10] Austin J, Stevenson H, Wei - Skillern I. Social and commercial entre-

preneurship: Same, different, or both? [J]. Entrepreneurship: Theory and Practice, 2006 (30): 1 -22.

[11] Baker T, Gedajlovic E, Lubatkin M. The global entrepreneurship mosaic: A framework for fitting the piece together [C]. Unpublished manuscript, 2003.

[12] Bardhi F, Eckhardt G M. Access - based consumption: The case of car sharing [J]. Journal of comsumer research. 2012, 39 (4): 881 -898.

[13] Bansal P, Clelland I. Talking trash: Legitimacy, impression management, and unsystematic risk in the context of the natural environment [J]. Academy of Management, 2017 (12) .

[14] Barbana S. Global Change, Regional Response: The New International Context of DevelopmentCambridge [M]. New York: Cambridge University Press, 2013: 100 -142.

[15] Barney J. Firm resources and sustained competitive advantage [J]. Journal of Management. 1991 (17): 99 -120.

[16] Barrett H, Balloun J L, Weinstein A. The impact of creativity on performance in non - profits [J]. International Journal of Nonprofit and Voluntary Sector Marketing, 2005, 10 (4): 213 -223.

[17] Battilana J, Dorado S. Building sustainable hybrid organizations: The case of commercial microfinance organizations [J]. Academy of Management Journal, 2010 (6): 1419 -1440.

[18] Baum J A, Oliver C. Institutional linkages and Organizational Mortality [J]. Administrative Science Quarterly, 1991 (36): 187 -218.

[19] Baumol W. Formal entrepreneurship theory in economics: Existence and bounds [J]. Journal of Business Venturing, 1993 (8): 197 -210.

[20] Benjamin M. Oviatt P, McDougall P. Defining International Entrepreneurship and Modeling the Speed of Internationalization [M]. Texas: Baylor University, 2005: 1042 -2587.

[21] Berger J, Ridgeway C L, Fisek M H, et al. The legitimation and delegitimation of power and prestige orders [J]. American Sociological Review, 1998 (63): 379 -405.

[22] Caves R. American Industry: Structure, Conduct and Performance [M]. New Jersey: Prentice - Hall, 1967.

[23] Chtain O, Zemsky P. Value Creation and Value Capture With Fictions [J]. Strategic Management Journal, 2011: 1206-1213.

[24] Combes P P, Duranton G, Overman H G. Agglomeration and the Adjustment of The Spatial Economy [J]. Regional Science, 2005, 84 (3): 311-349.

[25] Cowan R, Jonard N. Knowledge Portfolios and the Organization of Innovation Networks [J]. Academy of Management Review, 2009 (2): 34.

[26] Daniel J, Galaskiewicz J, Greve H. Taking Stock of Networks and Organizations: a Multilevel Perspectives [J]. Academy of Management Journal. 2004, 47 (6): 795-817.

[27] Dart R. The Legitimacy of Social Enterprise [J]. Nonprofit Management & Leadership, 2005, 14 (4): 411-424.

[28] Roberts D, Woods C. Changing the world on a shoestring: The concept of social entrepreneurship [J]. University of Auckland Business Review, 2005.

[29] Dees J G. The Meaning of " Social Entrepreneurship" [C]. Comments and suggestions contributed from The Kauffman Center for Entrepreneurial Leadership, 1998.

[30] Dobbin F. Forging industrial policy: The United States, Britain, and France in the railway age [M]. Cambridge: Cambridge university Press, 1994.

[31] Drucker P F. Innovation and entrepreneurship: practice and principles [M]. San Francisco: Harper & Row, 1985.

[32] Feldman M P, Audretsch D B. Innovation in cities: Science-based diversity, specialization and localized monopoly [J]. European Economic Review, 1999 (43): 409-429.

[33] Fombrun C, Rindova V P. The road to transparency: Reputation management at Royal Dutch [C]. // Schultz M, Hatch M J, Larsen M H. The Expressive Organizatien: Linking Identity, Reputation and the Corprate Brand [M]. ford: ford university Press, 2000: 77-94.

[34] Franco M, Richard N. Learning and Catching up in Different Sectoral Systems: Evidence from Six Industries [J]. Industrial and Corporate Change, 2011, 20 (6): 1645-1675

[35] Fraibergers S, Sundararajan A. Peer-to-peer rental markets in the sharing economy [R]. NYU Stern school of Business working paper, 2015.

[36] Gartner W. A conceptual framework for describing the phenomenon of new venture creation [J]. Academy of Management Review, 1985 (10): 696 –708.

[37] Gary G. The Organization of Buyer – Driven Global Commodity Chains: How US Retailers Shape Overseas Production Networks [M]. New York: Praeger Publishers, 1994: 95 –122.

[38] Gary G, John H, Timothy S. The governance of global value chains [EB/OL]. Review of International Political Economy, http: //www. tandfonline. com/loi/rrip20. Published online, 2006 –08 –15.

[39] Gary G, Karina F. Global Value Chain Analysis: A Primer [J]. Governance & Competitiveness, 2011 (05): 31.

[40] Gary Hamel. The Future of Management [M]. Human Resource Management International Digest, 2008.

[41] Granovetter M. The strength of weak ties [J]. American Journal of Sociology, 1973 (78): 1360 –1380.

[42] Granovetter M. Economic action and social structure: The problem of embeddedness [J]. American Journal of Sociology, 1985 (91): 481 –510.

[43] Lumpkin G T, Todd W, Moss D, et al. Entrepreneurial processes in social contexts: how are they different, if at all? [J]. Small Business Economy, 2013 (40): 761 –783.

[44] Golovin. The economics of uber [EB/OL]. http: //bruegel. Org.

[45] Gurley B. A deeper look at uber' s dynamic price model [EB/OL]. http: //abovethecrowd. Com, 2014.

[46] Hagiu A, Wight J. Multi – sided platforms [R]. Harford Business School working paper, 2011: 15 –37.

[47] Hamby A P, Brinberg M. A Conception Framework to Structure Research in Strategic and Social Entreprenrurship [J]. Journal of Asia – Pacific Business, 2010 (11): 166 –178.

[48] Hansen M T. The search – transfer problem: The role of weak ties in sharing knowledge across organization subumits [J]. Administrative Science Quarterly, 1999 (44): 82 –111.

[49] Hemingway C A. Personal values as a catalyst for corporate social entrepreneurship [J]. Journal of Business Ethics, 2005, 60 (3): 233 –249.

[50] Spitzeck H, Chapman S. Creating shared value as a differentiation strategy: the example of BASF in Brazil [J]. Corporation Governance, 2012, 12 (4): 499-513.

[51] Heinrichs H. Sharing economy: A potential new pathway to sustainability [J]. Gaia, 2013, 22 (4): 228-231.

[52] Hirsch P M, Lounsbury M. Putting the organization back into organization theory: Action, change, and the "new" institutionalism [J]. Journal of Management Inquiry, 1997, 6 (1): 79-88.

[53] Hitt M, Ireland R D. The intersection of entrepreneurship and strategic management research. In D. L. 2000.

[54] Hwy-Chang Moon, Jimmyn Pare, So Hyun Yim, et al. An Extension of porter and kramers' s creating shared value (csv): Reorienting strategies and seeking international cooperation [J]. Journal of International and Area Studies, 2011, 18 (2): 49-64.

[55] Ingram P, Roberts P W. Friendships among competitors in the Sydney hotel industry [J]. American Journal of Sociology, 2001 (106): 387-423.

[56] Mahmood I P. Where can capabilities come from? Network ties and capability acquisition in business groups [J]. Strategic Management Journal, 2011 (32): 820-848.

[57] Austin J, Stevenson H, Wei-Skillern J. Social and Commercial Entrepreneurship: Same, Different, or Both? [J] Entrepreneurship Theory and Practice, 2006 (01).

[58] Martinez-del-Rin J. Competitiveness and legitimation: The logic of companies going green in geographical clusters [J]. Journal of Business Ethics, 2014 (120): 131-146.

[59] Humphrey J, Schmitz H. Governance and Upgrading: Linking Industrial Cluster and Global Value Chain Research [R]. IDS Working Paper, 2000: 120.

[60] Bundy J, Shropshire C, Buchholtz A K. Stratigc Cognition and Issue Salience: Toward an Explanation of Firm Responsiveness to Stakeholder Concerns [J]. Academy of Management Review, 2013, 38 (3): 352-376.

[61] Battilana J U, Dorado S. Building sustainable hybrid of organizations: The case of commercial microfinance organization [J]. Academy of Management

Journal 2010, 53 (6): 1419 - 1440.

[62] Yu J, Randall J. Regional Innovation Clusters: A Critical Review [J]. Growth and Change, 2011, 42 (2): 111 - 124.

[63] Scumpeter J A. The Theory of Economic Development [M]. Cambridge : Harvard University Press, 2013 (47): 93 - 103.

[64] Kirzner I. Entrepreneurial discovery and the competitive market process: An Austrian approach [J]. Journal of Economic Literature, 1997, 35 (1): 60 - 85.

[65] Kogut B. The network as knowledge: Generative rules and the emergence of structure [J]. Strategic Management Journal, 2000 (21): 405 - 425.

[66] Krugman P. Increasing Returns and Economic Geography [J]. Journal of Political Economy, 1991, 99 (3): 183 - 199.

[67] Lounsbury M. A tale of two cities: Competing logics and practice variation in the professionalization of mutual funds [J]. Academy of Management Journal, 2007 (50): 289 - 307.

[68] Mesquita L F. Starting Over When the Bickering Never Ends: Rebuilding Aggregate Trust Among Clustered Firms Throuch Trust Facilitators [J]. Academy of Management Review 2007, 32 (1): 72 - 91.

[69] Mair J, Marti I. Social entrepreneurship research: A source of explanation, prediction, and delight [J]. Journal of World Business, 2006 (41): 36 - 44.

[70] Markusen A. Sticky places in slippery space: A typology of industrial districts [J]. Economic Geography, 1996 (72): 293 - 313.

[71] Marquis C, Lounsbury M. Vive la resistance: Competing logics and the consolidation of U. S. community banking [J]. Academy of Management Journal, 2007 (50): 799 - 820.

[72] McDougall P P, Oviatt B M. International entrepreneurship literature in the 1990s and 1997: 291 - 320.

[73] McDougall P P, Oviatt B M. International entrepreneurship: The intersection of two research paths [J]. Academy of Management Journal, 2000 (43): 902 - 908.

[74] Mercedes D, Michael E. Porter, Scott S. Clusters, Convergence, and Economic Performance [R]. Cambridge: National Bureau of Economic Research, 2012.

[75] Mercedes D, Porter M E, Scott S. Defining clusters of related industries [R]. Cambridge: National Bureau of Economic Research.

[76] Michael E P. Changing Patterns of International Competition [J]. California Management Review, 1986, 28 (2): 9 -40.

[77] Michael E. Porter. Towards a Dynamic Theory of Strategic [J]. Strategic Management Journal, 1991 (12): 95 -117.

[78] Porter M E, Rivkin J W. In Contest to A ttract High Value Business Activities The U. S is Losing Out More Than It Should [J]. Harvard Business Review, 2012 (03).

[79] Porter M E, Kramer M R. Creating Shared Value [J]. Harvard Business Review, 2011: 63 -77.

[80] Porter M E. On Competition [M]. Cambridge: Harvard Business Press, 2008: 73 -93.

[81] Porter M E. The Competitive Advantage of Nations [J]. Harvard Business Review, 1990 (11/12): 73 -93.

[82] Porter M E. Industry Structure and Competitive Strategy: Keys In Profitability [J]. Financial Analysis Journal, 1980 / 7 -8.

[83] Porter ME, Rivkin JW. In Contest to Attract High Value Business Activities The U. S is Losing Out More Than It Should [J]. Harvard Business Review, 2012 (3).

[84] Michael S.. Aggloration, Trade, and Spatial Development Bringing Dynamics Back In [J]. Journal of Regional Science, 2010, 50 (1): 313 -342.

[85] Porter M E. Clusters and The New Economics of Competition [J]. Harvard Business Review, 1998 (11/12): 77 -90.

[86] Mills E. Location and The Theory of Production [J]. Quarterly Journal of Economics, 1980, 78 (2): 259 -272.

[87] Mercedes D, Porter ME. Clusters, Convergence, and Economic Performance [R]. Cambridge: National Bureau of Economic Research, 2012: 142 - 193.

[88] Oliver C. The collective strategy framework: An application to competing predictions of isomorphism [J]. Administrative Science Quarterly, 1988 (33): 543.

[89] Oliver C. Determinants of interorganizational relations: Integration and future directions [J]. Academy of Management Review, 1990 (15): 241 -265.

[90] Oliver C. Strategic responses to institutional processes [J]. Academy of Management Review, 1991 (16): 145 -179.

[91] Olsen M. The logic of Collective Action: Public Goods and The Theory of Groups [J]. Cambridge: Harvard University Press, 1965: 81 -95.

[92] Owang J. People are sharing in the collabarative economy for convenience and price [EB/OL]. www. wed - strategist. com, 2014 -03 -24.

[93] Rogers, B. The social cost of uber [R]. Temple university legal studies research paper, 2015: 28.

[94] Schor, J. Debeting the sharing economy [EB/OL]. http://www. Greattransiton. org.

[95] Pache A C, Santos F. When worlds collide: The internal dynamics of organizational responses to conflicting institutional demands [J]. Academy of Management Review, 2010 (35): 455 -476.

[96] Pache A C, Santos F. Inside the hybrid organization: Selective coupling as a response to enduringly competing institutional logics [J]. Academy of Management Journal, 2012.

[97] Rauch A, Wiklund J, Lumpkin G T, et al. Entrepreneurial orientation and business performance: An assessment of past research and suggestions for the future [J]. Entrepreneurship Theory and Practice, 2009, 33 (3): 761 -787.

[98] Rindova V P, Pollock T G, Hayward M L. Celebrity firms: The social construction of market popularity [J]. Academy of Management Review, 2006 (31): 50 -71.

[99] Roberts N C, King P J. Policy entrepreneurs: Their activity structure and function in the policy process [J]. Journal of Public Administration Research and Theory, 1991, 1 (2): 147 -151.

[100] Ronald S B. Structural Holes Vs Network Closure as Social Capital [C]. // Social Capital: Theory and Research [M]. New Brunswick: Aldine Transaction, 2001.

[101] Ruef M, Scott W R. A Multidim Ensional Model of Organizational Legitimacy: Hospital Survival in Changing Institutional Environments [J]. Administra-

tive Science Quarterly, 1998 (43): 877 -904.

[102] Wageman R, Gordon F M. As the twig is bent: How grop values shape emergent task interdependence in groups [J]. Organization Science, 2005, 16 (6): 687 -700.

[103] Sahlman W A. Some thoughts on business plans [C]. // Sahlman W A, Stevenson H, Roberts M J, et al. A positive theory of social entrepreneurship [J]. INSEAD Working Paper, 1996.

[104] Estrin S, Mickiewicz T, Stephan U. Social Capital, and Institutions: Social and Commercial Entrepreneurship across Nations [M]. Baylor: Baylor University Press, 2013: 1042 -2587.

[105] Schmitz H, Nadvi K. Clustering and industrialization: Introduction [J]. World Development, 1999 (27): 1503 -1514.

[106] Schumpeter J. Capitalism, Socialism, and Democracy [M]. New York: Harper & Row, 1934.

[107] Shane S, Venkataraman S S. The Promise of Entrepreneurship as a Field of Research [J]. Academy of Management Review, 2000, 25 (1): 217 -220.

[108] Scott W R. Institutions and organizations: Toward a theoretical synthesis [C]. // Scott W R, Meyer J W. Institutional environments and organizations: Structural complexity and individualism [M]. Thousand Oaks: Sage, 1994: 55 -80.

[109] Scott W R, Meyer J. The organization of societal sectors: Propositions and early evidence [C]. // DiMaggio P J, Powell W. The new institutionalism in organizational analysis [M]. Chicago: University of Chicago Press, 1991: 108 -142.

[110] Scott A J. Variations on The Theme of Agglomeration and Growth: The Gem and Jewelry Industry in Los Angeles and Bangkok [J]. Geo -forum, 1994, 25 (3): 249 -263.

[111] Sexton, Landstrom H. The Blackwell handbook of entrepreneurship [J]. Strategic Management journal, 2001 (21): 405 -425.

[112] Zahra S, Dess G G. Entrepreneurship As a Field of Research: Encouraging Dialogue and Debate [J]. Academy of Management Review, 2001 (26): 8 -20.

[113] Shane S, Venkataraman S. The promise of entrepreneurship as a field of research [J]. Academy of Management Review, 2000 (25): 217 -226.

[114] Simon. J. Bell, Paul Tracey, Jan B. Heide, The organizational of regional cluasters [J]. Academy of Management Beview 2009, 34 (4): 623 -642.

[115] Stevenson HH. A perspective on entrepreneurship. [C] //. Stevenson HH, Roberts MJ, Grousebeck H. New business venture and the entrepreneur [M]. Boston: Harvard Business School Press, 1985.

[116] Stinchcombe A L. Social structure and organizations. // March JG. Handbook of organizations [M]. ford: Routledge, 1965.

[117] Suchman M C. Managing legitimacy: Strategic and Institutional Approaches [J]. Academy of Management Review, 1995 (20): 571 -610.

[118] Suddaby R, Greenwood R. Rhetorical strategies of legitimacy [J]. Administrative Science Quarterly, 2005 (50): 35 -67.

[119] Sullivan M, Werawardena G J, Carnegie K. Social Entrepreneurship: Toward Conceptualisation [J]. International Journal of Non - profit and Voluntary Sector Marketing, 2003, 8 (1): 76 -88.

[120] Thomas K, Michael S. Is Specialization Good for Regional Economic Development? [EB/OL]. http: //dx. doi. org/10. 1080/00343404. 2014. 899691.

[121] Thomas K, Michael S. Specialization and Regional Economic Development [J]. Regional Studies, 2012 (10): 153 -216.

[122] Thornton P H, OcasioW. Institutional logics [C]. // Greenwood R, Oliver C, Suddaby R, et al. The Sage handbook of organizational institutionalism [M]. London: Sage, 2008: 840.

[123] Tracey P, Phillips N, Jarvis O. Bridging institutional entrepreneurship and the creation of new organizational forms: A multilevel model [J]. Organization Science, 2011 (22): 60 -80.

[124] Uzzi B, Spiro J. Small worlds and big differences in success [D]. Working paper, Evanston: Northwestern University, 2004.

[125] Washington M, Zajac E J. Status evolution and competition: Theory and evidence [J]. Academy of Management Journal, 2005 (48): 281 -296.

[126] Watts D J. Networks, dynamics, and the small world phenomenon [J]. American Journal of Sociology, 1999 (105): 493 -527.

[127] Weerawardena J, Mort G S. Investigating social entrepreneurship: A multidimensional model [J]. Journal of World Business, 2006, 41 (1): 21 -35.

[128] Weigelt K, Camerer C. Reputation and corporate strategy: A review of recent theories [J]. Strategic Management Journal, 1988 (9): 443 -454.

[129] Wright RW, Ricks D A. Trends in international business research: Twenty - five years later [J]. Journal of International Business Studies, 1994 (25): 687 -701.

[130] Xibo Wu, Shuai Geng, Jun Li, et al. Shared resources and competitive advantage in clustered firms: the missing link [J]. European Planning Studies, 2010, 18 (9).

[131] Zilber T. Institutionalization as an interplay between actions, meanings, and actors: The case of a rape crisis center in Israel [J]. Academy of Management Journal, 2002 (45): 234 -254.

[132] 陈劲，王皓白. 社会创业与社会创业者的概念界定与研究视角探讨[J]. 外国经济与管理，2007 (8): 10 -15.

[133] 戴克清，陈万明，李小涛. 共享经济研究脉络及其发展趋势[J]. 经济学动态，2017 (11): 126 -140.

[134] 冯其予. 共享经济：有“规矩”才能有未来[N]. 经济日报，2017 -10 -30: 013.

[135] 光明日报理论部. 2017 年度中国十大学术热点[N]. 光明日报，2018 -01 -17: 011.

[136] 姜雪，严中华. 社会创业组织价值创造模式研究的意义与思路[J]. 技术经济与管理研究，2009 (06): 44 -47.

[137] 金碚. 共享经济发展取决于公共道德[N]. 企业家日报，2017 -12 -20: 001.

[138] 胡立军，石军伟，谢伟丽. “十三五”期间中国产业发展研究：“中国工业经济”青年学者论坛观点综述[J] 中国工业经济，2014，49 (9): 91.

[139] 韩炜，杨俊，张玉利. 创业网络混合治理机制选择的案例研究[J]. 管理世界，2014 (2): 118 -136.

[140] 贺俊. 技术创新、制度创新与产业升级[J]. 中国工业经济，2014，49 (9): 91.

[141] 洪俊杰，刘志强，黄微. 区域振兴战略与中国工业空间结构变动[J]. 经济研究，2014 (8): 28 -40.

[142] 焦豪，邬爱其．国外经典社会创业过程模型评介与创新[J]. 外国经济与管理，2008（03）：29－33.

[143] 李华晶，张玉利．创业与伦理的融合：研究评析与前瞻[J]. 管理学报，2014（11）：1686－1691.

[144] 李扬．提质增速 适应增速新常态[N]. 人民日报，2014－06－11：10.

[145] 李斌，彭星，欧阳铭柯．环境规制、绿色全要素生产率与中国工业发展方式转变——基于36个工业行业数据的实证研究[J]. 产业经济，2013（4）：56－68.

[146] 梁海霞，张锦，严中华．社会创业组织与政府的关系研究及其思考[J]. 技术经济与管理研究，2009（03）：90－92.

[147] 林海，严中华，袁晓斌，等．社会创业组织商业模式研究综述及展望[J]. 科技管理研究，2011（20）：25－29.

[148] 刘奕，夏长杰．共享经济理论与政策研究动态[J]. 经济学动态，2016（4）：116－125.

[149] 琼－玛格丽塔．竞争战略论：一本书读懂迈克尔·波特[M]. 北京：中信出版社，2012.

[150] 谭崇台．应该重视大国经济发展理论的研究[J]. 经济研究，2014（6）：189－192.

[151] 吴晓冰．集群企业创新网络、创新搜索及创新绩效关系研究[D]. 杭州：浙江大学，2009：219－223.

[152] 习近平．谋求持久发展共筑亚太梦想——在亚太经合组织工商领导人峰会开幕式上的演讲[N]. 人民日报，2014－11－10.

[153] 夏清华，宋慧．基于内容分析法的国内外学者创业动机研究[J]. 管理学报，2011（08）：1190－1194；1200.

[154] 原毅军，谢荣辉．环境规制的产业结构调整效应研究——基于中国省际面板数据的实证检验[J]. 中国工业经济，2014，49（8）：57－69.

[155] 邬爱其，焦豪．国外社会创业研究及其对构建和谐社会的启示[J]. 外国经济与管理，2008（1）：17－22.

[156] 张锦，梁海霞，严中华．国外社会创业组织绩效评价模式与整合研究[J]. 技术经济与管理研究，2009（04）：28－30.

[157] 张辉．产业集群研究的主要流派[J]. 理论参考，2006（9）.

[158] 赵丽缦，Zahra S，顾庆良. 国际社会创业研究前沿探析：基于情境分析视角[J]. 外国经济与管理，2014（05）：12-22.

[159] 中国人民大学宏观经济分析与预测课题组. 我国产业结构调整的新取向：市场驱动和激励兼容[J]. 产业经济，2013，236（10）：41-53.

[160] 周业安. 共享经济的边界[N]. 中国经营报，2017-12-18：E03.

[161] 祝乃娟. 尽快为共享经济确立各种规则[N]. 21 世纪经济报道，2017-12-20：004.

索　　引

R

S

W

X

Y

Z

附录

>>> 调查问卷

问卷说明

尊敬的受访者：

您好！

这是为一项国家自然科学基金而设计的调查问卷，旨在探求产业集群内企业管理者的环境识别能力、战略选择倾向对企业持续竞争力的影响机制。

问卷研究主题对于集群企业如何通过有效的战略行为整合产业或区域经济优势，提高企业、产业、产业集群的区域或国际竞争力，促进区域经济的发展具有较为重要的意义，研究者已经花费了多年时间研究相关理论，并已形成具有一定解释力的理论模型。为此，期望得到您的帮助，将理论模型发展为可以具体解释集群企业区域竞争优势形成机制的本土化实证研究成果。

问卷所有需要您协助回答的内容经过抽象处理之后，只需要你按照问卷选项做出选择或填写简短信息便可；我们保证对所有信息进行保密。本问卷答案无对错之分，仅供学术研究之用，希望您抽出一点宝贵的时间回答下述问题。问卷设计了五部分调研内容，整套问卷共 6 页，需要您耐心填写问卷信息，信息不完整将会使您的问卷失去研究价值，务请不要遗漏。衷心感谢您的参与支持。

敬祝

事业顺利，宏图大展！

填写人姓名：________________ E－mail：________________
公司名称：__________________邮　编：________________
您在目前企业工作的年限：____________联系电话：________________
〖填写说明：下列选项请您将认同的选项标红〗
职位：(1) 基层 (2) 中层 (3) 高层
学历：(1) 其他 (2) 专科 (3) 本科 (4) 硕士研究生 (5) 博士研究生
年龄：(1) 25 岁以下 (2) 25－35 岁 (3) 35－55 岁 (4) 55 以上

第一部分　企业的基本信息

〖填写说明：下列选项，请将认同的选项标红〗

一、企业已经经历了（　）华诞

(1) 3 年以内　　(2) 3－5 年　　(3) 5 年以上

二、企业目前员工数

(1) 300 及以下　　(2) 301－1000　　(3) 1000 以上

三、企业目前的销售额（万元）

(1) 3000 及以下　　(2) 3001－10000　　(3) 10000 以上

四、企业目前的资产总额（万元）

(1) 500 以下　　(2) 501－1000　　(3) 10000 以上

五、企业主营业务是否进入 2 个以上的行业？

(1) 否　(2) 是

六、企业的所有制性质

内资企业：(1) 国营企业 (2) 集体企业 (3) 私营企业 (4) 股份有限

公司

港澳台投资企业：（5）港澳台商独资企业（6）合资企业（7）合作经营

外商投资企业：（8）中外合资企业（9）外商独资（10）中外合作企业

第二部分 集群共享经济环境调研

〖填写说明：下列问题涉及的是您对企业产业或区域经济环境的认识，请您略花些时间考虑，然后将认同的选项标红，题中“本土”概念意指以企业为地理中心的国内高铁2小时圆周地理空间。〗

集群共享经济：请依据本土基础设施、制度环境和要素市场情况，对下列选项做出选择。					
	非常不满意	不满意	一般	满意	非常满意
EIX11 交通状况	1	2	3	4	5
EIX12 通讯设施	1	2	3	4	5
EIX13 能源供应	1	2	3	4	5
EIX14 自然资源禀赋	1	2	3	4	5
EIX21 集群意识	1	2	3	4	5
EIX22 社会保障	1	2	3	4	5
EIX23 公共服务	1	2	3	4	5
EIX24 区域文化	1	2	3	4	5
EIX31 物质交易市场	1	2	3	4	5
EIX32 金融资本市场	1	2	3	4	5
EIX33 人力资本市场	1	2	3	4	5
EIX34 创业活跃程度	1	2	3	4	5
集群社会资本：请依据集群网络状况对下列选项做出选择。					
	非常不满意	不满意	一般	满意	非常满意
ENX11 与协同生产组织关系密切	1	2	3	4	5
ENX12 信任协同生产组织	1	2	3	4	5
ENX13 与协同生产组织业务交往频繁	1	2	3	4	5
ENX14 与协同生产组织业务互惠性强	1	2	3	4	5
ENX15 协同生产组织群体意识强	1	2	3	4	5
ENX21 协同创新组织关系密切	1	2	3	4	5
ENX22 信任协同创新组织	1	2	3	4	5
ENX23 与协同创新组织业务交往频繁	1	2	3	4	5
ENX24 与协同创新组织业务互惠性强	1	2	3	4	5
ENX25 协同创新组织群体意识强	1	2	3	4	5
ENX31 与服务型组织关系密切	1	2	3	4	5
ENX32 信任服务组织	1	2	3	4	5
ENX33 与服务型组织业务交往频繁	1	2	3	4	5
ENX34 与服务型组织业务互惠性强	1	2	3	4	5
ENX35 服务型组织群体意识强	1	2	3	4	5

集群竞争力：请依据产业结构实际情况，对下列选项做出选择。					
	非常激烈	不激烈	一般	激烈	非常激烈
ECX1 同行竞争程度	1	2	3	4	5
ECX2 与供应商的讨价还价	1	2	3	4	5
ECX3 与消费者的讨价还价	1	2	3	4	5
ECX4 与潜在进入者的竞争	1	2	3	4	5
ECX5 与替代品的竞争	1	2	3	4	5

第三部分　集群共享社会环境调研

〖填写说明：下列问题涉及的是您对企业制度环境的认识，请您略花些时间考虑，然后将认同的选项标红。题中“本土”概念意指以企业为地理中心的国内高铁2小时圆周地理空间，利益相关者影响力判断依据为各利益相关者的利益诉求与治理机制。〗

集群选择力：请依据您对企业制度环境的实际情况，参照标杆企业分析多边治理机制下的利益相关者：管理机构、行业协会、公共媒体以及消费者协会对企业合法性、声誉和地位变迁的影响力；双边治理机制下的利益相关者对于企业合法性、声誉、地位以及竞合关系的影响力；对下列选项做出选择。					
	很小	小	一般	大	很大
SSX11 管理机构的影响力	1	2	3	4	5
SSX12 公共媒体的影响力	1	2	3	4	5
SSX13 消费者协会的影响力	1	2	3	4	5
SSX21 竞争者的影响力	1	2	3	4	5
SSX22 供应商的影响力	1	2	3	4	5
SSX23 协同组织的影响力	1	2	3	4	5
SSX24 投资者的影响力	1	2	3	4	5

第四部分　集群共享竞争力的构建基础调研

〖填写说明：下列问题涉及的是您对企业适应多维制度环境的组织性质的认知以及对企业可以选择的战略路径的评价，请您略花些时间考虑，然后将

认同的选项标红。】

一、集群网络嵌入力调研

集群网络嵌入力：请依据组织适应嵌入产业集群的网络结构特征，对下列选项做出选择。					
	非常不赞同	不赞同	一般	赞同	非常赞同
OSX11 自己决定工作流程	1	2	3	4	5
OSX12 自行解决工作问题	1	2	3	4	5
OSX13 决策由任务团队做出	1	2	3	4	5
OSX14 实施新想法不需监管	1	2	3	4	5
OSX21 经常组织集体学习	1	2	3	4	5
OSX22 各部门间和谐、协调	1	2	3	4	5
OSX23 内部信息、资源流动顺畅	1	2	3	4	5
OSX24 各部门资源分配合理	1	2	3	4	5
OSX31 客户能参与新产品开发	1	2	3	4	5
OSX32 协同组织参与研发	1	2	3	4	5
OSX33 协同组织参与生产	1	2	3	4	5
OSX34 协同组织参与治理	1	2	3	4	5

二、集群价值共创力调研

可持续支持度：请您依照企业实际战略行为倾向，综合权衡战略行为带来的收益和付出成本的配比情况，对照同行标杆企业，做出选择。					
	非常不赞成	不赞成	一般	赞成	非常赞成
SEX11 降低单位能耗	1	2	3	4	5
SEX12 提高单位资源产值	1	2	3	4	5
SEX13 强化环境保护措施	1	2	3	4	5
协同与竞争意识：请您依照企业与产业集群中协同组织之间的相关关系与治理实际情况，对照同行标杆企业，对企业的“协同主动性”和“竞争积极性”做出选择。					
	非常不满意	不满意	一般	满意	非常满意
SEX31 协同采购	1	2	3	4	5
SEX32 协同营销	1	2	3	4	5
SEX33 协同研发	1	2	3	4	5
SEX34 协同培训	1	2	3	4	5
	非常不赞同	不赞同	一般	赞同	非常赞同
SEX41 选择最高的质量标准	1	2	3	4	5
SEX42 总部设在本土	1	2	3	4	5
SEX43 持续投资	1	2	3	4	5

第五部分　集群共享竞争力调研

〖填写说明：最后需要您选择的问题涉及企业竞争力的评价，请您依据企业经营的实际情况，对下列绩效指标略花些时间考虑，然后将认同的选项标红。〗

集群共享生产力：请您依照企业近3年的相关财务报表，对比同行标杆企业的财务绩效之后，对下列选项做出尽可能客观的选择

	非常不满意	不满意	一般	满意	非常满意
PRY1 对销售增长率的满意度	1	2	3	4	5
PRY2 对净利润的满意度	1	2	3	4	5
PRY3 对销售利润率的满意度	1	2	3	4	5
PRY4 对现金流状况的满意度	1	2	3	4	5
PRY5 对投资回报率的满意度	1	2	3	4	5

集群共享创新力：请您依据企业近3年的新产品开发状况，对比同行标杆企业的创新能力，对下列选项做出尽可能客观的选择

	非常不满意	不满意	一般	满意	非常满意
INY1 新产品链的差异性	1	2	3	4	5
INY2 新产品的资源配置	1	2	3	4	5
INY3 新产品开发周期	1	2	3	4	5
INY4 新产品社会责任	1	2	3	4	5

后　　记

本书是在2016年12月通过答辩的博士学位论文基础上修改完善的。博士论文的题目是“集群企业社会创业时空环境规制与时空竞争力”，整篇论文的理论梳理以创新创业理论为坐标，聚焦企业社会创业理论。在“结构—行为—绩效”架构下，本书系统研究了产业聚合体系规制集群企业社会创业导向的环境结构、治理机制与制度影响路径特征以及集群企业社会创业导向提高集群企业及其协同组织的生产和创新能力的组织机理。

学位答辩之后，笔者以博士论文中3个综合性结构方程模型为基础，结合学科发展我国企业管理实践的动态，重新梳理相关理论。撰写这几篇论文时，企业共享经济模式的研究已成为学术界关注的热点问题。鉴于集群企业整合产业聚合优势的选择动机、运作方式与治理机制具有与企业共享经济模式具有类似的逻辑，社会创业或创造共享价值可以作为集群企业实现共享经济模式可持续发展的有效战略路径，笔者将企业共享经济理论整合到博士论文的研究思路之中。在完成3篇学术性论文的理论梳理，投稿并得到同行专家认可之后。笔者重新整理博士论文的研究思路，完成了本书的撰写。

本书的大部分的研究工作是在攻读博士学位过程中完成的，其实证研究中的一手数据与博士论文完全相同。本书得以付梓，离不开武汉大学博士导师谭力文教授的辛勤辅导、武汉大学经济与管理学院众多教授的理论和方法的传授，离不开同门和同事的鼓励和帮助，也离不开家人的默默无闻的担当与无私的支持。每念及此，感激之情油然而生。本书收尾，谨以博士论文中致谢之词，再次向所有亲人和朋友们表示真挚的谢意。

一介寒门，入册武大，阅珞珈胜景，浴智慧之光。赏樱花烂漫，观梧桐蔽日，听紫藤摇铃，闻丹桂飘香，感银杏参天，叹枫叶染霜，赞红梅傲雪，自习在巍峨壮观的老斋舍、漫步于十八栋的曲径通幽处、凝视宋卿体育馆的斗角重檐……更得与同门学子，拜恩师膝下，朝夕研读，如切如磋，如琢如磨，历经数载，不忘初心，且歌且行……何其幸哉。今于本命猴年之际，完成博士论文，奠定新的人生基石，感激之情，宛如东湖之水，浩渺无垠！

首先要感谢恩师谭力文教授的悉心指导与言传身教。论文的选题得益于恩师关于波特战略管理思想的传授与启发，在论文的开题、实证资料的收集、论文的写作和预答辩过程中，恩师投入了大量的心血，无论是投稿的期刊论文还是博士论文，导师以近古稀之年，一遍又一遍不厌其烦地修改。至今还感慨论文预答辩时，为了增加有效写作时间，恩师和我同时从珞珈山西头和东头出发，我们会于珞珈山中部，站在路边讨论迷津！恩师传承门第书香，在管理学界孜孜不倦、勤耕不辍，其因材施教、言无不尽、高风亮节的学者风范和高尚师德更是激励我克服一次又一次困难，完成博士论文的内在动力。

在武汉大学经济与管理学院，还有一些像恩师一样的授课教师，为我完成博士论文提高管理科学素养提供了不同层面的知识营养和智慧启示。赵锡斌老师的战略环境分析方法、吴先明老师的创造性价值的获得模型、严若森老师的公司治理理论、海峰老师的区域物流思想、夏清华老师的企业成长理论、李燕萍老师和寿志刚老师讲授的管理研究方法、伍新木和曾国安老师讲授的区域经济方面的专题都为论文的研究提供了写作灵感和方法论支持。

陈立敏老师、卫武老师、刘明霞老师、邓新民老师以及龚红老师在预答辩环节提供了宝贵的意见和建议，也为继续完善论文提供了支持与鼓励。还有我的硕士导师张焱老师，在完成我的硕士论文指导后，持续关注我的工作进步与学术成就；同门师兄刘林青老师长期为我的博士学习和论文写作提供最新的学术动态消息。感谢武汉大学经济与管理学院的所有老师！

难忘与同门师兄、师弟、师姐、师妹在珞珈山一起奋斗的岁月，在武大学习的代伊博、王娜、张箐、孔刚、宋晟欣、曹祖毅、张毅衡、丁靖坤、徐鑫、兰建英、曹文翔、伊真真和赵瑞……武汉工作的李好、包玉泽、马海燕、张远凤、田毕飞……从北京深圳回校参与答辩的冯长辉、丛阳、周省时、邓奎、邓湘衡、李琦……所有这些熟悉的名字和面容伴随了论文写作的全过程，导师倡导的互帮互学、奋发有为的良好门风是我完成学业的重要保障。

博士学习和论文完成过程中，我所在的工作单位哈尔滨工业大学（威海）经济管理学院的领导和老师们给予了大量的支持。本科同学兼单位领导曲世友副校长为收集实证资料帮忙联系企业负责人，北洋集团的朋友郭建荣和卞继伟两位经理为收集一手收集提供了便利条件。韩东萍院长提供了调整教学时间的便利条件，高鹏斌老师主动承担我应承担的一些工作任务。总校的本科老师田也壮教授、沈玉华教授、杨洋教授与同学也为论文写作在研究思路、数据分析方法以及科研课题支持提供了必要的帮助。

最后，要感谢我的爱人王冬美女士、儿子何然和其他亲友的支持。是我的妻子主动承担了几乎所有的家务劳动，才让我得以有足够的时间专注于博士学习和论文写作；是家中妻儿安于清贫，才使我免于为生计奔波而消磨时光。每次离开家中前往武大学习征求孩子的意见时，儿子都说："爸爸，你去吧，安心把自己的事做好，我的事自己能行。"家人的大力支持，为我完成论文提供了有力的后勤保障。还有，在武汉工作的大姐冬秀、大姐夫鄢来斌在我读博期间，婉劝所有的亲戚朋友不要为不必要的琐事打扰我，让我有了足够的学习时间。感谢所有的亲人！